GUIDE

01 직업기초능력

1. 직업기초능력이란 무엇인가?

직업기초능력이란 모든 직무자에게 필요한 공통적이고 핵심적인 능력이다. 대부분의 직종에서 직무를 성공적으로 수행하는 데 공통으로 요구되는 지식, 기술, 태도 등을 말한다.

2. 직업기초능력의 중요성

① 업무성과의 핵심요소
② 공통으로 요구되는 능력
③ 자기 동기부여, 자기관리, 창의력, 문제해결능력의 근본

3. 직업기초능력의 평가

① 직무상황의 제시 : 직업적 개연성 및 구체적 미션 제공
 - 문항에서 제시되는 상황은 직업적인 개연성이 있어야 함
  → 직무자들이 회사에서 겪을 수 있는 상황
 - 문항의 발문에서는 문항에 제시된 직무자가 수행해야 하는 업무가 무엇인지가 구체적으로 명시되어야 할 뿐만 아니라, 업무와 관련된 사항(목적, 수행 이유, 관련 업무 등)도 함께 제시해야 함
② 직무수행에 실제로 필요한 능력을 평가 문항에 반영
 - 실제 업무 상황에서 필요한 능력을 평가하는 문항

02 직업기초능력 시험 유형

1. 채용 필기시험의 변화 과정

전공		NCS		NCS + 전공
• 전공 문제로 신입사원 채용 • 전공자에게 집중된 채용 방식 • 공기업별 시험 난도 상이	→ 도입	• 직무와 관련된 지식·기술·태도를 평가하기 위해 직무를 성공적으로 수행하는 데 요구되는 내용을 평가하고자 함 • 인적성 및 PSAT형 문제의 유입으로 NCS 도입의 목적이 불분명해짐 • 직무수행능력을 평가하는 데 관련성이 적음	→ 변화	• NCS 채용의 불분명성에 따라 NCS의 정통이라 할 수 있는 모듈형 문제로 출제 방향이 변화 • 전공의 비중을 높여 업무 전문성을 높임

2. 직업기초능력 시험 유형 및 특징

구분	특징
모듈형	• 이론·개념을 활용하여 풀이하는 유형 • 채용기업 및 직무에 따라 직업기초능력 10개 영역 중 선별하여 출제 • 기업의 특성을 고려한 직무 관련 문제를 출제 • 대개 1문제당 1분의 시간이 소요 • 주어진 상황에 대한 판단 및 이론 적용을 요구
PSAT형	• 대부분 의사소통능력, 수리능력, 문제해결능력을 중심으로 출제되며, 일부 기업의 경우 자원관리능력, 조직이해능력이 추가로 출제됨 • 자료에 대한 추론, 해석 능력을 요구
피듈형 (PSAT+모듈형)	• 기초·응용 모듈을 구분하여 풀이하는 유형 • '기초인지모듈'과 '응용업무모듈'로 구분하여 출제 • 유형이 정형화되어 있고, 유사한 유형의 문제가 세트로 출제됨

03 왜 모듈형을 공부해야 하는가?

• NCS는 산업현장에서 직무를 수행하기 위해 요구되는 지식·기술·태도 등의 내용을 국가가 체계화한 것이다. 기업에서는 직무분석자료, 인적자원관리 도구, 인적자원개발 프로그램, 특화자격 신설, 일자리정보 제공 등을 원하고, 기업교육훈련기관은 산업현장의 요구에 맞는 맞춤형 교육훈련과정을 개설하여 운영하기를 원한다. 이에 따라 능력 있는 인재를 개발해 핵심인프라를 구축하고, 나아가 국가경쟁력을 향상시키기 위해 국가직무능력표준이 필요하다.

• 직업기초능력을 평가하기 위한 국가직무능력표준(NCS; National Competency Standards)이 현장의 '직무 요구서'라고 한다면, NCS 학습모듈은 NCS의 능력단위를 교육훈련에서 학습할 수 있도록 구성한 '교수·학습 자료'이다. NCS 학습모듈은 구체적 직무를 학습할 수 있도록 이론 및 실습과 관련된 내용을 상세하게 제시하고 있다.

• 모듈형은 NCS의 정통이라 할 수 있다. 모듈형은 '학습모듈'의 내용을 인지했는지의 여부를 판단하는 문제로 구성된다. 따라서 NCS 영역별 이론을 정립하고, 이에 대한 연습이 필요하다.

04 NCS 영역별 모듈형 파악하기

영역	내용
의사소통능력	글과 말을 들음으로써 다른 사람이 뜻한 바를 파악하고, 자기가 뜻한 바를 글과 말을 통해 정확하게 쓰거나 말하는 능력이다.
수리능력	사칙연산, 통계, 확률의 의미를 정확하게 이해하고, 이를 업무에 적용하는 능력이다.
문제해결능력	문제 상황이 발생하였을 경우, 창조적이고 논리적인 사고를 통하여 이를 올바르게 인식하고 적절히 해결하는 능력이다.
자원관리능력	시간, 자본, 재료 및 시설, 인적자원 등의 자원 가운데 무엇이 얼마나 필요한지를 확인하고, 이용 가능한 자원을 최대한 수집하여 실제 업무에 어떻게 활용할 것인지를 계획하여, 계획대로 업무 수행에 이를 할당하는 능력이다.
정보능력	업무와 관련된 정보를 수집하고, 이를 분석하여 의미 있는 정보를 찾아내며, 의미 있는 정보를 업무수행에 적절하게 조직하고, 조직된 정보를 관리하며, 업무 수행에 이러한 정보를 활용하기 위해 컴퓨터를 사용하는 능력이다.
조직이해능력	업무를 원활하게 수행하기 위해 국제적인 추세를 포함하여 조직의 체제와 경영에 대해 이해하는 능력이다.
기술능력	업무를 수행함에 있어서 도구, 장치 등을 포함하여 필요한 기술에는 어떠한 것들이 있는지 이해하고, 실제로 업무를 수행하면서 적절한 기술을 선택하여 적용하는 능력이다.
직업윤리	원만한 직업생활을 위해 필요한 태도, 매너, 올바른 직업관이다.
대인관계능력	업무를 수행하면서 접촉하게 되는 사람들과 문제를 일으키지 않고 원만하게 지내는 능력이다.
자기개발능력	업무를 추진하는 데 스스로를 관리하고 개발하는 능력이다.

05 주요 대행사별 출제기업 소개(2024년 기준)

주요 대행사	출제기업
사람인	국민연금공단, 경기도 공공기관 통합채용, 신용보증기금, 한국가스기술공사, 한국남동발전, 한국동서발전, 한국자산관리공사, 한국중부발전, SH 서울주택도시공사 등
인크루트	국민건강보험공단, 기술보증기금, 항만공사 등
휴노	강원랜드, 한국공항공사, 한국농어촌공사 7급, 한국도로공사, 한국수자원공사, 한국전력공사, 한국조폐공사, 한전KPS 등
휴스테이션	건강보험심사평가원, 서울교통공사, 서울시설공단 등
엑스퍼트컨설팅	한국농어촌공사 5 · 6급 등
서원	한국디자인진흥원, 한전KDN 등
트리피	한국산업안전보건공단, 한국전기안전공사 등
매일경제	한국서부발전, 한국수력원자력, LH 한국토지주택공사 업무직 등
커리어넷	대구교통공사 등

온라인 모의고사

모듈형 NCS 온라인 모의고사

 합격시대 홈페이지 접속
(www.sdedu.co.kr/pass_sidae_new) ⇨ 홈페이지 우측 상단 '쿠폰 입력하고 모의고사 받자'
클릭 → 쿠폰번호 등록 ⇨ 내강의실 → 모의고사 → 합격시대 모의고사
클릭 후 응시하기

  www.sdedu.co.kr/pass_sidae_new ☎ 1600-3600 평일 9시~18시 (토·공휴일 휴무)

PC/모바일 무료동영상 강의
무료NCS특강 제공

1 시대에듀 홈페이지 접속(www.sdedu.co.kr)

2 상단 카테고리 「회원혜택」클릭

3 「이벤트존」-「NCS 도서구매 특별혜택 이벤트」클릭

4 쿠폰번호 확인 후 입력 XIJ-60038-18033(기간 : ~2025년 12월 31일)

※ 해당 강의는 본 도서를 기반으로 하지 않습니다.

1권

2024 ~ 2022년 모듈형 NCS

기출복원 모의고사

www.sdedu.co.kr

〈문항 및 시험시간〉

평가영역	문항 수	시험시간	모바일 OMR 답안채점 / 성적분석 서비스
의사소통능력 / 수리능력 / 문제해결능력 / 조직이해능력 / 정보능력 / 자원관리능력 / 기술능력 / 자기개발능력 / 대인관계능력 / 직업윤리	60문항	60분	

2024 ~ 2022년
모듈형 NCS 기출복원 모의고사

| 문항 수 : 60문항 |
| 시험시간 : 60분 |

01 다음 중 한자성어의 뜻이 바르게 연결되지 않은 것은?

① 水魚之交 : 아주 친밀하여 떨어질 수 없는 사이
② 結草報恩 : 죽은 뒤에라도 은혜를 잊지 않고 갚음
③ 靑出於藍 : 제자나 후배가 스승이나 선배보다 나음
④ 指鹿爲馬 : 윗사람을 농락하여 권세를 마음대로 함
⑤ 刻舟求劍 : 말로는 친한 듯 하나 속으로는 해칠 생각이 있음

02 다음 중 단어와 그 발음법이 바르게 연결되지 않은 것은?

① 결단력 – [결딴녁]
② 옷맵시 – [온맵씨]
③ 몰상식 – [몰상씩]
④ 물난리 – [물랄리]
⑤ 땀받이 – [땀바지]

03 다음과 같이 일정한 규칙으로 수를 나열할 때 빈칸에 들어갈 수는?

| • 7 | 13 | 4 | 63 |
| • 9 | 16 | 9 | ( ) |

① 45　　　　　　　　　　　　　　　② 51
③ 57　　　　　　　　　　　　　　　④ 63
⑤ 69

04 다음 중 갈등의 과정 단계를 순서대로 바르게 나열한 것은?

> ㄱ. 이성과 이해의 상태로 돌아가며 협상과정을 통해 쟁점이 되는 주제를 논의하고, 새로운 제안을 하고, 대안을 모색한다.
> ㄴ. 설득보다는 강압적, 위협적인 방법 등 극단적인 모습을 보이며 상대방의 생각이나 의견, 제안을 부정하고, 상대방은 그에 대한 반격으로 대응함으로써 자신들의 반격을 정당하게 생각한다.
> ㄷ. 의견 불일치가 해소되지 않아 감정이 개입되어 상대방의 주장에 대한 문제점을 찾기 시작하고, 상대방의 입장은 부정하면서 자기주장만 하려고 한다.
> ㄹ. 서로 간의 생각이나 신념, 가치관 차이로 인해 의견의 불일치가 생겨난다.
> ㅁ. 회피, 경쟁, 수용, 타협, 통합의 방법으로 서로 간의 견해를 일치하려 한다.

① ㄹ - ㄱ - ㄴ - ㄷ - ㅁ
② ㄹ - ㄴ - ㄷ - ㄱ - ㅁ
③ ㄹ - ㄷ - ㄴ - ㄱ - ㅁ
④ ㅁ - ㄱ - ㄴ - ㄷ - ㄹ
⑤ ㅁ - ㄹ - ㄴ - ㄷ - ㄱ

05 다음 중 실무형 팔로워십을 가진 사람의 자아상으로 적절한 것을 〈보기〉에서 모두 고르면?

> ─────〈보기〉─────
> ㄱ. 기쁜 마음으로 과업을 수행
> ㄴ. 판단, 사고를 리더에 의존
> ㄷ. 조직의 운영방침에 민감
> ㄹ. 일부러 반대의견을 제시
> ㅁ. 규정과 규칙에 따라 행동
> ㅂ. 지시가 있어야 행동

① ㄱ, ㄴ
② ㄴ, ㄷ
③ ㄷ, ㅁ
④ ㄹ, ㅁ
⑤ ㅁ, ㅂ

06 다음과 같은 특성을 가진 대인관계 유형으로 가장 적절한 것은?

> • 단순하고 솔직하며 대인관계에서 너그럽고 겸손한 경향을 의미한다.
> • 타인에게 잘 설득당해 주관 없이 타인에게 너무 끌려 다닐 수 있으며 잘 속거나 이용당할 가능성 높다.
> • 원치 않는 타인의 의견에 반대하지 못하고 화가 나도 타인에게 알리기 어렵다.

① 복종형
② 순박형
③ 친화형
④ 사교형
⑤ 실리형

07 다음 중 B에 대한 A의 행동이 직장 내 괴롭힘에 해당하지 않는 것은?

① A대표는 B사원에게 본래 업무에 더해 개인적인 용무를 자주 지시하였고, B사원은 과중한 업무로 인해 근무환경이 악화되었다.

② A팀장은 업무처리 속도가 늦은 B사원만 업무에서 배제시키고 청소나 잡일만을 지시하였다. 이에 B사원은 고의적인 업무배제에 정신적 고통을 호소하였다.

③ A팀장은 기획의도와 맞지 않는다는 이유로 부하 B사원에게 수차례 보완을 요구하였다. 계속해서 보완을 명령받은 B사원은 늘어난 업무량으로 인해 스트레스를 받아 휴직을 신청하였다.

④ A대리는 육아휴직 후 복직한 동기인 B대리를 다른 직원과 함께 조롱하고 무시하며 따돌렸다. 이에 B대리는 우울증을 앓았고 결국 퇴사하였다.

⑤ A대표는 실적이 부진하다는 이유로 B과장을 다른 직원이 보는 앞에서 욕설 등 모욕감을 주었고 이에 B과장은 정신적 고통을 호소하였다.

08 다음 중 A의 사례에서 볼 수 있는 직업윤리 의식으로 가장 적절한 것은?

> 어릴 적부터 각종 기계를 분해하고 다시 조립하는 취미가 있던 A는 공대를 졸업한 뒤 로봇 엔지니어로 활동하고 있다. A는 자신의 직업이 적성에 꼭 맞는다고 생각하여 더 높은 성취를 위해 성실히 노력하고 있다.

① 소명의식   ② 봉사의식
③ 책임의식   ④ 직분의식
⑤ 천직의식

09 다음 중 경력개발의 단계별 이해로 적절하지 않은 것은?

① 직업 선택 : 외부 교육 등 필요한 교육 이수
② 조직 입사 : 조직의 규칙과 규범에 대해 배움
③ 경력 초기 : 역량을 증대시키고 꿈을 추구해 나감
④ 경력 중기 : 이전 단계를 재평가하고 좀 더 업그레이드 된 꿈으로 수정함
⑤ 경력 말기 : 지속적으로 열심히 일함

10 다음 중 성급한 일반화의 오류를 범한 사례로 적절한 것을 〈보기〉에서 모두 고르면?

─────〈보기〉─────
ㄱ. 진호는 성철이보다 크고, 성철이는 상현이보다 크므로 진호는 상현이보다 클 것이다.
ㄴ. C동굴에 박쥐가 있으므로 모든 박쥐는 C동굴에서만 살 것이다.
ㄷ. 그 갈색 음료수가 커피이므로, 모든 갈색 음료수는 커피일 것이다.
ㄹ. 수연이는 점심에 햄버거를 먹었으므로 주말에 늦잠을 잘 것이다.

① ㄱ, ㄴ   ② ㄱ, ㄹ
③ ㄴ, ㄷ   ④ ㄴ, ㄹ
⑤ ㄷ, ㄹ

11 다음 명제에서 나타난 논리적 오류로 옳은 것은?

• 밤에만 볼 수 있는 동물은 야행성 동물이다.
• 고양이는 야행성 동물이다.
• 따라서 고양이는 밤에만 볼 수 있는 동물이다.

① 후건긍정의 오류
② 전건부정의 오류
③ 논점 일탈의 오류
④ 허수아비 공격의 오류
⑤ 무지에 호소하는 오류

12 다음과 같이 G마트에서 파는 물건을 상품코드와 크기에 따라 엑셀 프로그램으로 정리하였다. 상품코드가 S3310897이고 크기가 중인 물건의 가격을 구하는 함수로 옳은 것은?

	A	B	C	D	E	F
1						
2		상품코드	소	중	대	
3		S3001287	18,000	20,000	25,000	
4		S3001289	15,000	18,000	20,000	
5		S3001320	20,000	22,000	25,000	
6		S3310887	12,000	16,000	20,000	
7		S3310897	20,000	23,000	25,000	
8		S3311097	10,000	15,000	20,000	
9						

① =HLOOKUP(S3310897,$B$2:$E$8,6,0)

② =HLOOKUP("S3310897",$B$2:$E$8,6,0)

③ =VLOOKUP("S3310897",$B$2:$E$8,2,0)

④ =VLOOKUP("S3310897",$B$2:$E$8,6,0)

⑤ =VLOOKUP("S3310897",$B$2:$E$8,3,0)

13 다음 글과 같이 한자어 및 외래어를 순화한 내용으로 적절하지 않은 것은?

열차를 타다 보면 한 번쯤은 다음과 같은 안내방송을 들어 봤을 것이다.
"○○역 인근 '공중사상사고' 발생으로 KTX 열차가 지연되고 있습니다."
이때 들리는 안내방송 중 한자어인 '공중사상사고'를 한 번에 알아듣기란 일반적으로 쉽지 않다. 실제로 S교통공사 관계자는 승객들로부터 안내방송 문구가 적절하지 않다는 지적을 받아 왔다고 밝혔으며, 이에 S교통공사는 국토교통부와 협의를 거쳐 보다 이해하기 쉬운 안내방송을 전달하기 위해 문구를 바꾸는 작업에 착수하기로 결정하였다고 전했다.
우선 가장 먼저 수정하기로 한 것은 한자어 및 외래어로 표기된 철도 용어이다. 그중 대표적인 것이 '공중사상사고'이다. S교통공사 관계자는 이를 '일반인의 사상사고'나 '열차 운행 중 인명사고' 등과 같이 이해하기 쉬운 말로 바꿀 예정이라고 밝혔다. 이 외에도 열차 지연 예상 시간, 사고복구 현황 등 열차 내 안내방송을 승객에게 좀 더 알기 쉽고 상세하게 전달할 것이라고 전했다.

① 열차시격 → 배차간격

② 전차선 단전 → 선로 전기 공급 중단

③ 우회수송 → 우측 선로로의 변경

④ 핸드레일(Handrail) → 안전손잡이

⑤ 키스 앤 라이드(Kiss and Ride) → 환승정차구역

14 다음 〈보기〉의 맥킨지 7S 모델을 소프트웨어적 요소와 하드웨어적 요소로 바르게 구분한 것은?

───────〈보기〉───────
- ㉠ 스타일(Style)
- ㉡ 구성원(Staff)
- ㉢ 전략(Strategy)
- ㉣ 스킬(Skills)
- ㉤ 구조(Structure)
- ㉥ 공유가치(Shared Values)
- ㉦ 시스템(Systems)

	소프트웨어	하드웨어
①	㉠, ㉡, ㉢, ㉥	㉣, ㉤, ㉦
②	㉠, ㉡, ㉣, ㉥	㉢, ㉤, ㉦
③	㉡, ㉢, ㉥, ㉦	㉠, ㉣, ㉤
④	㉡, ㉣, ㉤, ㉦	㉠, ㉢, ㉥
⑤	㉢, ㉤, ㉥, ㉦	㉠, ㉡, ㉣

15 다음 중 빈칸 ㉠ ～ ㉢에 들어갈 용어를 순서대로 바르게 나열한 것은?

- ㉠ : 인간관계를 지향하게 하고 사회적 행동을 유발하는 욕구
- ㉡ : 개인이 인간과 인간관계에 대해 가지고 있는 지적인 이해, 믿음
- ㉢ : 인간관계를 성공적으로 이끌어 갈 수 있는 사교적 능력

	㉠	㉡	㉢
①	대인신념	대인기술	대인동기
②	대인신념	대인동기	대인기술
③	대인동기	대인신념	대인기술
④	대인동기	대인기술	대인신념
⑤	대인기술	대인동기	대인신념

16 다음 중 도덕적 해이(Moral Hazard)의 특징으로 적절하지 않은 것은?

① 결정을 내리고 책임지기보다 상급기관에 결정을 미루는 행동방식을 취한다.

② 법률 위반과 차이가 있어 적발과 입증이 어렵다.

③ 사익을 추구하지 않는 방만한 경영 행태는 도덕적 해이에 포함되지 않는다.

④ 조직의 틀에 어긋나는 개인의 이익실현 행위이다.

⑤ 신규업무에 관심을 갖지 않는 등 소극적인 모습을 보인다.

17 다음 중 S사원에게 필요한 능력으로 가장 적절한 것은?

> 신입사원인 S는 최근 고민이 생겼다. 익숙하지 않은 업무조건으로 인해 충분히 해낼 수 있을 것으로 예상한 업무를 제시간에 완료하지 못했고, A과장으로부터 문책을 당했기 때문이다. 이 사건 이후 S사원은 크게 위축되어 자신의 능력에 회의감을 가지게 되었고, 주어진 업무를 완수할 수 없을 것 같다는 불안감에 업무효율은 더욱 떨어지게 되었다.

① 자기관리   ② 자아존중감
③ 경력개발   ④ 강인성
⑤ 낙관주의

18 다음 중 목표 달성을 위한 SMART 기법으로 옳지 않은 것은?

① 목표는 구체적으로 정의되어야 한다.

② 목표는 능력, 시간, 자원 등을 고려하여 현실적으로 달성 가능한 수준이어야 한다.

③ 목표는 측정할 수 있는 객관적 지표로 평가할 수 있어야 한다.

④ 목표는 예기치 못한 사태를 대비해 시간 제약을 두어서는 안 된다.

19 성부장은 올해 연말에 B해수욕장에서 개최할 신년맞이 불꽃놀이 행사에 대한 기획 초안을 검토하고 있다. 다음 중 기획안의 예상 비용에서 직접비용과 간접비용을 바르게 분류한 것은?

〈20○○년 신년맞이 불꽃놀이 기획 초안 〉

- 개최일 : 2020년 12월 31일
- 개최시각 : 22시 00분 ~ 01시 00분
- 개최지 : ○○시 B해수욕장
- 목적 : 연말 및 신년맞이 행사와 연계한 지역 관광 상품 홍보 및 ○○시 지역 경제 활성화 도모
  추후 국제 행사 개최지 유치 위한 ○○시 이미지 개선 및 홍보
- 초대가수 : ○○○, ○○○, ○○○ 등
- 행사 순서

시각	내용
22:00 ~ 22:30	개회식 및 ○○시 시장 축사
22:30 ~ 23:50	초대가수 축하공연
23:50 ~ 00:10	신년맞이 불꽃놀이 및 새해 소원 기원
00:10 ~ 00:50	초대가수 축하공연
00:50 ~ 01:00	폐회식

- 예상 비용

항목	비용
㉠ 무대 설치비	1억 원
㉡ 무대 설치 인건비	5천만 원
㉢ 초대 가수 섭외비	4천 5백만 원
㉣ 행사 광고비	2억 5천만 원
㉤ 외부 발전차 임대료	1천 2백만 원
㉥ 행사용 폭죽	2천 5백만 원

제출일 : 2020년 ○○월 ○○일

보고자 : 최○○

	직접비용	간접비용
①	㉠, ㉣, ㉥	㉡, ㉢, ㉤
②	㉠, ㉡, ㉣, ㉤, ㉥	㉢
③	㉠, ㉡, ㉤, ㉥	㉢, ㉣
④	㉠, ㉡, ㉢, ㉤, ㉥	㉣

▌ 부산교통공사(23상) / 수리능력

20 다음은 A중학교 B반 학생 9명을 대상으로 50m 달리기 기록을 정리한 표이다. 이 반에 새로 전학 온 학생의 기록이 10초일 때, 전학생이 오기 전 50m 달리기 기록의 중앙값과 전학생이 온 후 50m 달리기 기록의 중앙값은?

7.8	9.6	7.2	8.3	10.2	8.8	7.5	11.2	8.9

	전학생이 오기 전	전학생이 온 후
①	8.8초	8.85초
②	8.8초	8.9초
③	10.2초	9.25초
④	10.2초	9.5초

▌ 부산교통공사(23상) / 수리능력

21 구슬 여러 개를 갖고 있는 A는 친구 B~D에게 구슬을 남김없이 나누어 주고자 한다. B에게 전체의 $\frac{1}{2}$, C에게 전체의 $\frac{1}{3}$, D에게 남은 구슬의 $\frac{1}{4}$을 나누어 주었더니 E에게 줄 수 있는 구슬이 18개였다. 처음에 A가 갖고 있던 구슬의 개수는?

① 144개
② 156개
③ 168개
④ 180개

▌ SH 서울주택도시공사(23상) / 수리능력

22 S마스크 회사에서는 지난달에 제품 A, B를 합하여 총 6,000개를 생산하였다. 이번 달의 생산량은 지난달에 비하여 제품 A는 6% 증가하고, 제품 B는 4% 감소하여 전체 생산량은 2% 증가하였다고 한다. 이번 달 두 제품 A, B의 생산량의 차이는 얼마인가?

① 1,500개
② 1,512개
③ 1,524개
④ 1,536개
⑤ 1,548개

23 다음 중 기계적 조직의 특징으로 적절한 것을 〈보기〉에서 모두 고르면?

─────────〈보기〉─────────

ⓐ 변화에 맞춰 쉽게 변할 수 있다.

ⓑ 상하 간 의사소통이 공식적인 경로를 통해 이루어진다.

ⓒ 대표적으로 사내벤처팀, 프로젝트팀이 있다.

ⓓ 구성원의 업무가 분명하게 규정되어 있다.

ⓔ 많은 규칙과 규제가 있다.

① ㉠, ㉡, ㉢　　　　　　　　② ㉠, ㉣, ㉤

③ ㉡, ㉢, ㉣　　　　　　　　④ ㉡, ㉣, ㉤

⑤ ㉢, ㉣, ㉤

24 다음 중 글로벌화에 대한 설명으로 적절하지 않은 것은?

① 범지구적 시스템과 네트워크 안에서 기업 활동이 이루어지는 국제경영이 중요시된다.

② 글로벌화가 이루어지면 시장이 확대되어 기업 경쟁이 상대적으로 완화된다.

③ 경제나 산업에서 벗어나 문화, 정치 등 다른 영역까지 확대되고 있다.

④ 조직의 활동 범위가 세계로 확대되는 것을 의미한다.

⑤ 글로벌화에 따른 다국적 기업의 증가에 따라 국가 간 경제통합이 강화되었다.

25 다음 중 팀워크에 대한 설명으로 적절하지 않은 것은?

① 조직에 대한 이해 부족은 팀워크를 저해하는 요소이다.

② 팀워크를 유지하기 위해 구성원은 공동의 목표의식과 강한 도전의식을 가져야 한다.

③ 공동의 목적을 달성하기 위해 상호관계성을 가지고 협력하여 업무를 수행하는 것이다.

④ 사람들이 집단에 머물도록 만들고, 집단의 멤버로서 계속 남아 있기를 원하게 만드는 힘이다.

⑤ 효과적인 팀은 갈등을 인정하고 상호신뢰를 바탕으로 건설적으로 문제를 해결한다.

26 다음 중 Win – Win 전략에 의거한 갈등 해결 단계에 포함되지 않는 것은?

① 비판적인 패러다임을 전환하는 등 사전 준비를 충실히 한다.

② 갈등 당사자의 입장을 명확히 한다.

③ 서로가 받아들일 수 있도록 중간지점에서 타협적으로 입장을 주고받아 해결점을 찾는다.

④ 서로의 입장을 명확히 한다.

⑤ 상호 간에 중요한 기준을 명확히 말한다.

27 다음 중 직업이 갖추어야 할 속성과 그 의미가 옳지 않은 것은?

① 계속성 : 주기적으로 일을 하거나 계절 또는 명확한 주기가 없어도 계속 행해지며, 현재 하고 있는 일을 계속할 의지와 가능성이 있어야 한다.

② 경제성 : 직업은 경제적 거래 관계가 성립되는 활동이어야 한다.

③ 윤리성 : 노력이 전제되지 않는 자연발생적인 이득 활동은 직업으로 볼 수 없다.

④ 사회성 : 모든 직업 활동이 사회 공동체적 맥락에서 의미 있는 활동이어야 한다.

⑤ 자발성 : 속박된 상태에서의 제반 활동은 직업으로 볼 수 없다.

28 다음 중 직장에서의 예절로 적절한 것을 〈보기〉에서 모두 고르면?

―〈보기〉―
㉠ 악수는 상급자가 먼저 청한다.
㉡ 명함을 받았을 때는 곧바로 집어넣는다.
㉢ 상급자가 운전하는 차량에 단 둘이 탑승한다면 조수석에 탑승해야 한다.
㉣ 엘리베이터에서 상사나 손님이 탑승하고 내릴 때는 문열림 버튼을 누르고 있어야 한다.

① ㉠, ㉡   ② ㉠, ㉣

③ ㉠, ㉢, ㉣   ④ ㉡, ㉢, ㉣

⑤ ㉠, ㉡, ㉢, ㉣

29 다음 중 근로윤리의 판단 기준으로 적절한 것을 〈보기〉에서 모두 고르면?

---〈보기〉---

ㄱ 예절   ㄴ 준법
ㄷ 정직한 행동   ㄹ 봉사와 책임
ㅁ 근면한 자세   ㅂ 성실한 태도

① ㄱ, ㄴ, ㄷ   ② ㄱ, ㄴ, ㄹ
③ ㄴ, ㄷ, ㅁ   ④ ㄷ, ㅁ, ㅂ
⑤ ㄹ, ㅁ, ㅂ

30 다음 중 담화의 구성요소에 대한 설명으로 적절하지 않은 것은?

① 담화의 의미는 고정되어 있다.
② 담화 내 발화는 통일된 주제로 모여 있어야 한다.
③ 맥락은 담화가 이루어지는 시간, 장소 등의 배경이다.
④ 담화에는 화자, 청자, 내용, 맥락이 있어야 한다.
⑤ 독백은 화자와 청자가 같은 담화의 일종으로 볼 수 있다.

31 다음 대화에서 민철이가 범한 논리적 오류로 가장 적절한 것은?

상호 : 어제 무슨 일 있었어?
민철 : 어제 새로 개장한 놀이공원으로 여자친구와 데이트를 하러 갔는데 사람이 너무 많아서 놀이기구는 거의 타지도 못하고 기다리기만 했어. 모든 놀이공원은 이렇게 사람만 많고 정작 놀거리는 없는 곳이 야. 앞으로 데이트할 때는 놀이공원 말고 다른 곳을 가야겠어.

① 인신공격의 오류   ② 성급한 일반화의 오류
③ 허수아비 공격의 오류   ④ 순환 논증의 오류
⑤ 복합 질문의 오류

32 다음 중 시간을 관리하는 방법의 성격이 다른 것은?

① 집에서 30분 거리에 있는 곳에서 친구와 만나기로 한 기현이는 약속시간보다 30분 일찍 출발했다.

② S사 고객지원팀에 근무하는 예서는 어제 쌓인 고객 문의를 확인하고자 평소보다 1시간 일찍 도착하였다.

③ 임마누엘 칸트는 매일 똑같은 시간에 똑같은 장소에서 산책하였다고 한다.

④ 시험시간마다 OMR카드 오기입 등 실수를 자주 하는 현수는 수능 때 검토시간을 만들어 보고자 시험 종료 15분 전까지 모든 문제를 푸는 연습을 하였다.

⑤ 다음 달에 첫 출근을 하는 희수는 집으로부터 45분 거리에 있으나 출근 정시로부터 1시간 20분 전에 출발하기로 하였다.

33 다음 중 OJT에 대한 설명으로 옳은 것은?

① 별도의 외부 기관을 통해 직무 교육을 받으며 기업에 적응할 수 있도록 돕는 시스템이다.

② 지도자는 교육자가 스스로 깨달아야 하므로 지식을 전달하는 능력은 부족하여도 무관하다.

③ OJT는 과거에는 없던 최신식 신입사원 직무 교육 과정이다.

④ 신입사원에게 직무 경험을 쌓을 수 있는 기회를 제공한다.

⑤ 보통 같은 신입사원끼리 짝을 이루어 경쟁하는 과정에서 직무를 익힌다.

34 다음 중 기술선택에 대한 설명으로 옳지 않은 것을 〈보기〉에서 모두 고르면?

─────〈보기〉─────

ㄱ. 상향식 기술선택은 기술경영진과 기술기획자들의 분석을 통해 기업이 필요한 기술 및 기술수준을 결정하는 방식이다.

ㄴ. 하향식 기술선택은 전적으로 기술자들의 흥미 위주로 기술을 선택하여 고객의 요구사항과는 거리가 먼 제품이 개발될 수 있다.

ㄷ. 수요자 및 경쟁자의 변화와 기술 변화 등을 분석해야 한다.

ㄹ. 기술능력과 생산능력, 재무능력 등의 내부 역량을 고려하여 기술을 선택한다.

ㅁ. 기술선택 시 최신 기술로 진부화될 가능성이 적은 기술을 최우선순위로 결정한다.

① ㄱ, ㄴ, ㄹ 　　　　　　　　② ㄱ, ㄴ, ㅁ

③ ㄴ, ㄷ, ㄹ 　　　　　　　　④ ㄴ, ㄹ, ㅁ

⑤ ㄷ, ㄹ, ㅁ

35 다음 중 맥킨지 매트릭스의 특징에 대한 설명으로 옳은 것을 〈보기〉에서 모두 고르면?

─〈보기〉─

ⓐ 기업의 현재 포트폴리오를 분석하고, 사업부문에 따라 취해야 할 전략적 투자 혹은 철수 등의 전략을 제시하는 것을 목적으로 한다.
ⓑ 맥킨지 매트릭스에 따르면 기업의 특정 사업부문이 시장에서의 지위는 낮고 시장매력도가 중간 수준인 경우 취해야 할 적절한 전략은 위험이 적은 영역만을 대상으로 제한적으로 사업을 확장하고, 수익을 실현하는 것이다.
ⓒ 시장 지위와 시장 매력도를 기준으로 전략을 제시한다.
ⓓ 사업 단위 간의 상호작용이 반영되어 있다는 점에서 강점이 있다.

① ㄹ
② ㄱ, ㄴ
③ ㄴ, ㄹ
④ ㄱ, ㄴ, ㄷ
⑤ ㄴ, ㄷ, ㄹ

36 다음 중 제시된 상황에 대한 설명으로 옳은 것을 〈보기〉에서 모두 고르면?

지윤 : 이번 상품의 마케팅은 외주를 주는 것이 합리적일 것 같습니다.
희재 : 우리 팀이 그동안 미리 준비해왔습니다. 외주를 주는 것은 적절하지 않아 보이네요.
지윤 : 미리 마케팅을 준비하면서 여러 안을 검토하느라 고생했지만, 말씀하시는 대로 외주를 줘도 괜찮을 것 같습니다.
정아 : 검토 중인 외주 업체들 모두 이번 상품에 대한 이해도도 높고, 마케팅 역량도 뛰어난 곳들입니다. 우리가 직접 하는 것보다 품질 측면에서 나을 수 있어요. 우리도 외주 업체를 검토하느라 고생했습니다.
영환 : 아니면 미리 준비한 이번 상품은 우리가 직접 하고, 이번과 유사한 다음 상품의 마케팅을 외주 주는 것은 어떨까요?
세휘 : 아직 다음 달까지 시간이 있으니 그때 결정할까요? 급한 일도 아닌데 지금 논의할 필요는 없을 것 같습니다.

─〈보기〉─

ⓐ 목표에 대한 불일치로 인한 갈등상황에 해당된다.
ⓑ 불필요하고 해결 불가능한 갈등에 해당된다.
ⓒ 세휘는 회피형 갈등해결 방식을 보이고 있다.
ⓓ 지윤은 수용형 갈등해결 방식을 보이고 있다.

① ㄱ, ㄴ
② ㄱ, ㄷ
③ ㄴ, ㄷ
④ ㄴ, ㄹ
⑤ ㄷ, ㄹ

37 다음 중 협상전략에 대한 설명으로 옳지 않은 것은?

① 쟁점에 대해 자신의 입장을 위압적으로 천명하는 것은 강압전략에 해당된다.

② 단기적 성과보다 장기적인 관계유지를 중시하는 경우에는 회피전략보다 유화전략이 적절하다.

③ 요구사항의 철회는 협력전략에 해당된다.

④ 협상 이외의 방법으로 쟁점의 해결이 가능한 경우에는 회피전략을 취하는 것이 적절하다.

⑤ 협력전략은 문제를 해결하는 합의에 이르기 위해 협상 당사자들이 서로 협력하는 전략으로서 당사자 간 신뢰의 유지가 중요하다.

38 다음 중 $1^2 - 2^2 + 3^2 - 4^2 + \cdots + 199^2$의 값은?

① 17,500

② 19,900

③ 21,300

④ 23,400

⑤ 25,700

39 개발팀 사원 4명의 평균나이는 32세이다. 올해 신입사원 1명이 들어와서 다시 평균나이를 계산해보니 31세가 되었다. 신입사원의 나이를 구하면?

① 23세

② 24세

③ 25세

④ 26세

⑤ 27세

40 무게가 1개당 15g인 사과와 20g인 자두를 합하여 14개를 사는데 총 무게가 235g 이상 250g 이하가 되도록 하려고 한다. 사과를 최대 몇 개까지 살 수 있는가?

① 7개

② 8개

③ 9개

④ 10개

⑤ 11개

41 다음 중 리더와 관리자를 비교한 내용으로 적절하지 않은 것은?

	리더	관리자
①	계산된 리스크(위험)를 수용한다.	리스크(위험)를 최대한 피한다.
②	'어떻게 할까'를 생각한다.	'무엇을 할까'를 생각한다.
③	사람을 중시한다.	체제・기구를 중시한다.
④	새로운 상황을 만든다.	현재 상황에 집중한다.
⑤	내일에 초점을 둔다.	오늘에 초점을 둔다.

42 다음 중 임파워먼트의 장애요인과 그에 대한 내용으로 적절하지 않은 것은?

① 개인 차원 : 주어진 일을 해내는 역량의 결여, 대응성, 동기 결여, 결의 부족, 책임감 부족 등
② 대인 차원 : 다른 사람과의 성실성 결여, 약속 불이행, 성과를 제한하는 조직의 규범(Norm) 등
③ 관리 차원 : 효과적 리더십 발휘능력 결여, 경험 부족, 정책 및 기획의 실행능력 결여 등
④ 조직 차원 : 공감대 형성이 없는 구조와 시스템, 제한된 정책과 절차 등
⑤ 업무 차원 : 새로운 동기부여에 도움이 되는 시스템, 환경 변화에 따라 변화하는 업무 실적 등

43 어떤 물건에 원가의 50% 이익을 붙여 판매했지만 잘 팔리지 않아서 다시 20% 할인해서 판매했더니 물건 1개당 1,000원의 이익을 얻었다. 이 물건의 원가는 얼마인가?

① 5,000원   ② 5,500원
③ 6,000원   ④ 6,500원
⑤ 7,000원

44 두 비커 A, B에는 각각 농도가 6%, 8%인 소금물 300g이 들어 있다. A비커에서 소금물 100g을 퍼서 B비커에 옮겨 담고, 다시 B비커에서 소금물 80g을 퍼서 A비커에 옮겨 담았다. 이때 A비커에 들어 있는 소금물의 농도는?(단, 소수점 둘째 자리에서 반올림한다)

① 5.2%   ② 5.6%
③ 6.1%   ④ 6.4%
⑤ 7.2%

45 문제 해결을 위해서는 전체를 각각의 요소로 나누어 분석하는 분석적 사고가 필요하다. 지향하는 문제 유형에 따라 분석적 사고가 다르게 요구된다고 할 때, 다음 빈칸에 들어갈 말이 바르게 연결된 것은?

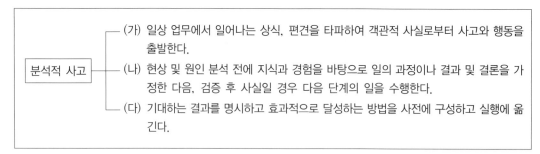

분석적 사고
- (가) 일상 업무에서 일어나는 상식, 편견을 타파하여 객관적 사실로부터 사고와 행동을 출발한다.
- (나) 현상 및 원인 분석 전에 지식과 경험을 바탕으로 일의 과정이나 결과 및 결론을 가정한 다음, 검증 후 사실일 경우 다음 단계의 일을 수행한다.
- (다) 기대하는 결과를 명시하고 효과적으로 달성하는 방법을 사전에 구성하고 실행에 옮긴다.

	(가)	(나)	(다)
①	사실 지향의 문제	가설 지향의 문제	성과 지향의 문제
②	사실 지향의 문제	성과 지향의 문제	가설 지향의 문제
③	성과 지향의 문제	가설 지향의 문제	사실 지향의 문제
④	성과 지향의 문제	사실 지향의 문제	가설 지향의 문제

46 다음은 문화적 커뮤니케이션에 대한 설명이다. 빈칸 ㉠, ㉡에 들어갈 단어를 바르게 연결한 것은?

직업인이 외국인과 함께 일하는 국제 비즈니스에서는 커뮤니케이션이 매우 중요하다. 직업인은 자신이 속한 조직의 목적을 달성하기 위해 외국인을 설득하거나 이해시켜야 한다. 이와 같이 서로 상이한 문화 간 커뮤니케이션을 ㉠ 이라고 한다. 반면에 ㉡ 은 국가 간의 커뮤니케이션으로 직업인이 자신의 일을 수행하는 가운데 문화배경을 달리하는 사람과 커뮤니케이션을 하는 것은 ㉠ 에 해당된다.

 ㉠ 은 언어적과 비언어적으로 구분된다. 언어적 커뮤니케이션은 의사를 전달할 때 직접적으로 이용되는 것으로 이는 외국어 사용능력과 직결된다. 그러나 국제관계에서는 이러한 언어적 커뮤니케이션 외에 비언어적 커뮤니케이션 때문에 여러 가지 문제를 겪는 경우가 많다. 즉, 아무리 외국어를 유창하게 하는 사람이라고 하더라도 문화적 배경을 잘 모르면 언어에 내포된 의미를 잘못 해석하거나 수용하지 않을 수도 있다. 또한, 대접을 잘 하겠다고 한 행동이 오히려 모욕감이나 당혹감을 주는 행동으로 비춰질 수도 있다. 따라서 국제사회에서 성공적인 업무 성과를 내기 위해서는 외국어활용능력을 키우는 것뿐만 아니라 상대국의 문화적 배경에 입각한 생활양식, 행동규범, 가치관 등을 사전에 이해하기 위한 노력을 지속적으로 기울여야 한다.

	㉠	㉡
①	비공식적 커뮤니케이션	공식적 커뮤니케이션
②	다문화 커뮤니케이션	국제 커뮤니케이션
③	이문화 커뮤니케이션	국제 커뮤니케이션
④	이문화 커뮤니케이션	국가 커뮤니케이션

47 2022년 새해를 맞아 K공사에서는 직사각형의 사원증을 새롭게 제작하려고 한다. 기존의 사원증은 개당 제작비가 2,800원이고 가로와 세로의 비율이 1 : 2이다. 기존의 디자인에서 크기를 변경할 경우, 가로의 길이가 0.1cm 증감할 때마다 제작비용은 12원이 증감하고, 세로의 길이가 0.1cm 증감할 때마다 제작비용은 22원이 증감한다. 새로운 사원증의 길이가 가로 6cm, 세로 9cm이고 제작비용은 2,420원일 때, 디자인을 변경하기 전인 기존 사원증의 둘레는 얼마인가?

① 30cm ② 31cm
③ 32cm ④ 33cm
⑤ 34cm

48 K사는 동일한 제품을 A공장과 B공장에서 생산한다. A공장에서는 시간당 1,000개의 제품을 생산하고, B공장에서는 시간당 1,500개의 제품을 생산하며, 이 중 불량품은 A공장과 B공장에서 시간당 45개씩 발생한다. 지난 한 주간 A공장에서는 45시간, B공장에서는 20시간 동안 이 제품을 생산하였을 때, 생산된 제품 중 불량품의 비율은 얼마인가?

① 3.7% ② 3.8%
③ 3.9% ④ 4.0%
⑤ 4.1%

49 다음은 직장생활에서 나타나는 근면한 태도의 사례이다. A ~ E씨의 사례 중 근면한 태도의 성격이 다른 것은?

① A씨는 자기 계발을 위해 퇴근 후 컴퓨터 학원에 다니고 있다.
② B씨는 아침 일찍 출근하여 업무 계획을 세우는 것을 좋아한다.
③ C씨는 같은 부서 사원들의 업무 경감을 위해 적극적으로 프로그램을 개발하고 있다.
④ D씨는 다가오는 휴가를 대비하여 프로젝트 마무리에 최선을 다하고 있다.
⑤ E씨는 상사의 지시로 신제품 출시를 위한 설문조사를 계획하고 있다.

50 다음 〈보기〉의 비윤리적 행위에 대한 유형이 바르게 연결된 것은?

───────────〈보기〉───────────

㉠ 제약회사에서 근무하는 A사원은 자신의 매출실적을 올리기 위하여 계속해서 병원에 금품을 제공하고 있다.

㉡ B건설회사는 완공일자를 맞추기에 급급하여 안전수칙을 제대로 지키지 않았고, 결국 커다란 인명사고가 발생하였다.

㉢ C가구업체는 제품 설계 시 안전상의 고려를 충분히 하지 않아, 제품을 구매한 소비자들에게 안전사고를 유발시켰다.

㉣ IT회사의 D팀장은 관련 업계의 회사 간 가격담합이 이루어지고 있음을 발견하였으나, 별다른 조치를 취하지 않았다.

	도덕적 타성	도덕적 태만
①	㉠, ㉡	㉢, ㉣
②	㉠, ㉢	㉡, ㉣
③	㉠, ㉣	㉡, ㉢
④	㉡, ㉢	㉠, ㉣
⑤	㉡, ㉣	㉠, ㉢

51 다음은 고객 불만처리 프로세스 8단계를 나타낸 것이다. 밑줄 친 (가) ~ (마)에 대한 설명으로 옳지 않은 것은?

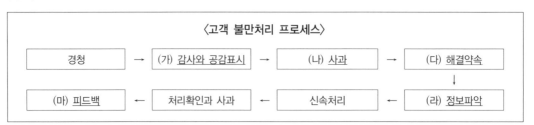

① (가)의 경우 고객이 일부러 시간을 내서 해결의 기회를 준 것에 대한 감사를 표시한다.

② (나)의 경우 고객의 이야기를 듣고 문제점에 대한 인정과 잘못된 부분에 대해 사과한다.

③ (다)의 경우 고객이 납득할 수 있도록 신중하고 천천히 문제를 해결할 것임을 약속한다.

④ (라)의 경우 문제해결을 위해 꼭 필요한 질문만 하여 정보를 얻는다.

⑤ (마)의 경우 고객 불만 사례를 회사 및 전 직원에게 알려 다시는 동일한 문제가 발생하지 않도록 한다.

52 다음 사례에 나타난 S씨의 현재 경력개발 단계는?

> S씨는 33세에 건축회사에 취업하여 20년 가까이 직장생활을 하다가 문득 직장생활을 되돌아보고 창업을 결심하였고 지난달 퇴사하였다. 현재는 창업 관련 서적을 구입하기도 하고, 관련 박람회를 찾아 가기도 하며 많은 노력을 기울이고 있다.

① 경력 초기   ② 경력 말기
③ 경력 중기   ④ 직업 선택
⑤ 조직 입사

53 J사는 직원들의 다면평가를 실시하고, 평가항목별 점수의 합으로 상대평가를 실시하여 성과급을 지급한다. 상위 25% 직원에게는 월급여의 200%, 상위 25 ~ 50% 이내의 직원에게는 월급여의 150%, 나머지는 월급여의 100%를 지급한다. 다음 자료를 참고할 때, 직원 A와 수령하는 성과급의 차이가 가장 적은 직원은?

〈경영지원팀 직원들의 평가 결과〉

(단위 : 점, 만 원)

직원	업무전문성	조직친화력	책임감	월급여
A	37	24	21	320
B	25	29	20	330
C	24	18	25	340
D	21	28	17	360
E	40	18	21	380
F	33	21	30	370

〈전체 직원의 평가 결과〉

구분	합산점수 기준
평균	70.4
중간값	75.5
제1사분위 수	50.7
제3사분위 수	79.8
표준편차	10.2

① B   ② C
③ D   ④ E
⑤ F

54 다음 중 토론의 정의에 대한 설명으로 가장 적절한 것은?

① 주어진 주제에 대하여 찬반을 나누어, 서로 논리적인 의견을 제시하면서 상대방의 의견이 이치에 맞지 않다는 것을 명확하게 하는 논의이다.

② 주어진 주제에 대하여 찬반을 나누어, 서로의 주장에 대한 논리적인 근거를 제시하면서, 상호 간의 타협점을 찾아가는 논의 방식이다.

③ 주어진 주제에 대한 자신의 의견을 밝히고 이에 대한 추론적인 근거를 들어가면서, 상대방과 청중을 설득하는 말하기이다.

④ 주어진 주제에 대하여 찬성하는 측과 반대하는 측이 다양한 의견을 제시하고, 제시된 의견에 대해 분석하면서 해결방안을 모색하는 말하기 방식이다.

⑤ 주어진 주제에 대하여 제시된 다양한 의견을 인정하고 존중하되, 자신의 의견에 대한 논리적인 근거를 제시하며 말하는 논의이다.

55 다음 중 개인차원에서의 인적자원관리에 대한 설명으로 가장 적절한 것은?

① 개인은 핵심 인맥을 통하여 다양한 정보를 획득하고, 파생 인맥을 통하여 다양한 정보를 전파할 수 있다.

② 자신과 직접적으로 관계가 형성된 사람들 또는 그런 사람들을 통해 관계가 형성된 사람들을 핵심 인맥, 그 밖의 우연한 계기로 관계가 형성된 사람들을 파생 인맥이라 지칭한다.

③ 정치적, 경제적 또는 학문적으로 유대관계가 형성된 사람들과의 관계만을 국한적으로 관리하는 것을 의미한다.

④ 개인의 인맥은 파생 인맥을 통해 끝없이 생겨날 수 있기 때문에, 한 개인의 인맥은 계속하여 확장될 수 있다.

⑤ 개인은 인적자원관리를 위해 핵심 인맥 및 파생 인맥의 능동성, 개발가능성, 전략적 자원을 고려하여 인맥관리를 진행하여야 한다.

56 다음 중 인적자원의 특성에 대한 설명으로 옳은 것을 〈보기〉에서 모두 고르면?

─〈보기〉─
ㄱ. 인적자원은 가지고 있는 양과 질에 따라 공적에 기여하는 정도가 달라지는 수동적 성격의 자원에 해당한다.
ㄴ. 기업의 관리 여하에 따라 인적자원은 기업의 성과에 천차만별적으로 반응한다.
ㄷ. 인적자원은 자연적으로 성장하며, 짧은 기간 안에 개발될 수 있다.
ㄹ. 기업은 효율적인 인적자원의 활용을 위해 전략적으로 자원을 활용하여야 한다.

① ㄱ, ㄴ 　　　　② ㄱ, ㄹ
③ ㄴ, ㄷ 　　　　④ ㄴ, ㄹ
⑤ ㄷ, ㄹ

57 다음 중 지식재산권에 대한 설명으로 옳지 않은 것은?
① 개발된 기술에 대해 독점적인 권리를 부여해줌으로써, 기술개발이 활성화될 수 있도록 한다.
② 기술을 통해 국가 간의 협력이 이루어지면서 세계화가 장려되고 있다.
③ 실질적인 형체가 없는 기술 상품의 특성으로 인해 타국과의 수출입이 용이하다.
④ 새로운 것을 만들어내는 활동 또는 경험 등을 통해 최초로 만들어 내거나 발견한 것 중 재산상 가치가 있는 것에 대해 가지는 권리를 말한다.
⑤ 금전적 가치를 창출해낼 수 있는 지식·정보·기술이나, 표현·표시 또는 그 밖에 유·무형적인 지적 창작물에 주어지는 권리를 말한다.

58 다음 〈보기〉 중 공문서 작성 방법에 대한 설명으로 옳지 않은 것은 모두 몇 개인가?

─────〈보기〉─────
ㄱ. 회사 외부 기관에 송달되는 문서인 만큼 육하원칙에 따라 명확하게 작성하여야 한다.
ㄴ. 날짜의 연도와 월일을 함께 작성하며, 날짜 다음에 마침표를 반드시 찍는다.
ㄷ. 내용이 복잡하게 얽혀 있는 경우, '-다음-' 또는 '-아래-'와 같은 표기를 통해 항목을 나누어 서술하도록 한다.
ㄹ. 대외 문서인 공문서는 특성상 장기간 보관되므로 정확한 기술을 위해 여러 장을 사용하여 세부적인 내용까지 기술하도록 한다.
ㅁ. 공문서 작성 후 마지막에는 '내용 없음'이라는 문구를 표기하여 마무리하도록 한다.

① 1개   ② 2개
③ 3개   ④ 4개

59 다음 중 인사관리의 법칙에 대한 설명과 원칙이 바르게 연결되지 않은 것은?

① 적재적소 배치의 원리 : 해당 업무에 있어 가장 적격인 인재를 배치하여야 한다.
② 공정 보상의 원칙 : 모든 근로자에게 근로의 대가를 평등하게 보상하여야 한다.
③ 종업원 안정의 원칙 : 종업원이 근로를 계속할 수 있다는 신뢰를 줌으로써 근로자가 안정을 갖고 근로를 할 수 있도록 하여야 한다.
④ 창의력 계발의 원칙 : 근로자가 새로운 것을 생각해낼 수 있도록 다양한 기회를 제공함은 물론 이에 상응하는 보상을 제공하여야 한다.

60 시간낭비 요인은 외적 시간낭비 요인과 내적 시간낭비 요인으로 분류할 수 있다. 다음 중 성격이 다른 하나는?

① 타인의 요청을 거절하지 못하는 성격
② 업무를 한꺼번에 몰아서 하는 경향
③ 주변에서 발생하는 소음에 영향 받는 성격
④ 불성실한 동료 직원의 근무 태도

2권

제1회
모듈형

NCS 모의고사

www.sdedu.co.kr

〈문항 및 시험시간〉

평가영역	문항 수	시험시간	모바일 OMR 답안채점 / 성적분석 서비스
의사소통능력 / 수리능력 / 문제해결능력 / 조직이해능력 / 정보능력 / 자원관리능력 / 기술능력 / 자기개발능력 / 대인관계능력 / 직업윤리	60문항	60분	

제1회 모의고사

문항 수 : 60문항
시험시간 : 60분

▌의사소통능력

01 다음은 기안문 작성 시 유의해야 할 사항에 대한 자료이다. 이를 바탕으로 (가) ~ (라)에 해당하는 유의사항을 〈보기〉에서 찾아 바르게 연결한 것은?

〈기안문 작성 시 유의사항〉

올바른 문서 작성은 정확한 의사소통을 위하여 필요할 뿐만 아니라 문서 자체의 품격을 높이고, 그 기관의 대외적인 권위와 신뢰도를 높여 준다. 문서의 올바른 작성을 위하여 다음과 같은 사항에 유의할 필요가 있다.

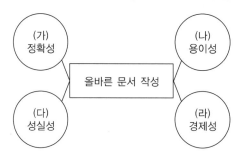

〈보기〉

㉠ 서식을 통일하여 규정된 서식을 사용하는 것이 경제적이다.
㉡ 상대방의 입장에서 이해하기 쉽게 작성한다.
㉢ 애매모호하거나 과장된 표현에 의하여 사실이 왜곡되지 않도록 한다.
㉣ 감정적이고 위압적인 표현을 쓰지 않는다.

	(가)	(나)	(다)	(라)
①	㉠	㉡	㉢	㉣
②	㉠	㉢	㉣	㉡
③	㉡	㉢	㉠	㉣
④	㉢	㉡	㉣	㉠
⑤	㉢	㉣	㉠	㉡

02 다음 〈보기〉 중 언어의 친교적 기능이 드러난 대화를 모두 고르면?

─────〈보기〉─────

㉠ A : 오늘 날씨가 춥네. 밥은 먹었니?
  B : 옷을 좀 더 따뜻하게 입고 다녀야겠네.
㉡ A : 얘, 이제 곧 저녁 먹어야 하는데 지금 어디 가니?
  B : 우체국에 잠시 다녀올게요.
㉢ A : 이만 가봐야겠다. 이따가 전화하자.
  B : 오늘 정말 즐거웠어.
㉣ A : 김대리, 여행은 어디로 다녀왔나?
  B : 네, 부장님. 홍콩과 마카오로 다녀왔습니다.
㉤ A : 이렇게 헤어지기 너무 아쉽다.
  B : 그래, 조만간 밥 한번 먹자.
㉥ A : 오랜만이네. 너 요즘도 거기서 근무하니?
  B : 그래, 너도 잘 지내고 있지?

① ㉠, ㉡
② ㉡, ㉣
③ ㉠, ㉢, ㉤
④ ㉢, ㉤, ㉥
⑤ ㉠, ㉢, ㉤, ㉥

03 다음 중 조직 내 의사소통이 중요시되는 이유로 적절하지 않은 것은?

① 의사소통을 통해 상호 간 이해와 동의를 얻을 수 있기 때문이다.
② 인간관계는 의사소통을 통해 이루어지는 상호과정이기 때문이다.
③ 의사소통을 통한 무조건적인 정보의 전달이 이루어지기 때문이다.
④ 의사소통이 제각기 다른 사람들의 서로에 대한 지각의 차이를 좁혀 주기 때문이다.
⑤ 의사소통은 서로에 대한 선입견을 줄이거나 제거해 줄 수 있는 수단이기 때문이다.

04 다음 상황에서 K기업이 얻을 수 있는 효과로 적절하지 않은 것은?

> K기업은 전자가격표시기(ESL; Electronic Shelf LKbel)를 점포별로 확대 설치한다고 밝혔다. 전자가격표
> 시기는 과거 종이에 표시했던 상품의 가격 등을 전자 종이와 같은 디지털 장치를 활용해 표시하는 방식으로,
> 중앙 서버에서 상품정보를 변경하면 무선 통신을 통해 매장 내 전자가격표시기에 자동 반영된다. 기존 시스
> 템의 경우 매주 평균 3,700여 개의 종이 가격표를 교체하는 데 평균 31시간이 걸렸으나, 전자가격표시기
> 도입 이후 관련 업무에 투입되는 시간은 기존의 1/10 수준인 3.8시간으로 단축됐다. 또한, 현장에서 근무하
> 는 직원들은 세일 행사 직전에는 30분 ~ 1시간 정도 일찍 출근하거나 전날 늦게 퇴근해 가격을 점검해야 했
> 다. 그러나 전자가격표시기를 도입한 이후 업무가 간소화되면서 정시 출퇴근도 수월해졌다는 반응이다. K기
> 업은 전자가격표시기 운영 데이터를 바탕으로 업그레이드 버전을 확대 적용할 방안이다.

① 생산성 향상　　　　　　　　　② 가격 인상
③ 위험 감소　　　　　　　　　　④ 시장 점유율 증가
⑤ 고용 인력 증가

05 다음 글을 읽고 이해한 내용으로 적절하지 않은 것은?

> 중소기업 영업부에서 수주업무를 담당하는 S과장은 거래처 한 곳에서 큰 프로젝트를 수주할 좋은 기회를 얻
> 게 되었고, 이를 위하여 기술부와 영업부 직원 모두가 며칠 동안 밤을 세우며 프로젝트를 추진했다. 드디어
> 입찰하는 날이 되었고, S과장은 뿌듯한 기분으로 운전을 하며 입찰장소로 향하고 있었다. 그런데 운전 중이
> 던 S과장은 앞에서 달리고 있던 승용차 한 대가 사람을 친 후 뺑소니치는 것을 목격했다. S과장은 출혈도
> 심하고 의식이 없던 환자를 차에 태우고 인근병원으로 정신없이 운전하였고, 결국 상당한 시간이 지체되었
> 다. 그 후 S과장은 황급히 입찰장소로 향했으나 교통체증이 너무 심했고, 현장에 도착하니 입찰은 이미 다
> 끝나 버린 상태였다.

① 회사의 입장에서 S과장은 좋은 일을 했다고 볼 수 있다.
② S과장의 행동은 직업인으로서 책임과 본분을 망각한 행위이다.
③ S과장은 환자를 태우고 가면서 회사에 상황을 보고했어야 한다.
④ 회사 업무 중에는 공적인 입장에서 판단해야 함을 알 수 있다.
⑤ 사회적 입장에서 S과장은 생명의 은인으로 찬사받을 수 있다.

김본부장 : 이팀장. 오늘 대표이사님께 보고드릴 매출자료 좀 같이 봅시다.

이팀장 : 네. 본부장님. 바로 출력해서 회의실로 가겠습니다.

김본부장 : (매출보고서를 살펴보며) A고객사는 이번 분기 매출이 안 늘었네요? 지난번 단가를 내려달라는 요청이
　　　　　와서 결재한 기억이 있는데 이러면 역마진이 날 텐데요.

이팀장 : 다음 분기에는 나아지겠죠. 기억하시는 것처럼 A사에서 갑자기 거래처를 바꾸겠다고 해서 저희가 급히
　　　　요구하는 수준으로 단가를 낮췄는데 생각만큼 주문물량이 늘어나지 않아서요.

김본부장 : 음. 그럼 이번 대표이사님 보고서에서 이 부분은 빼고 갑시다.

이팀장 : 사실대로 보고드리는 게 낫지 않을까요? 다음 분기도 저희 예상만큼 물량이 늘어난다는 보장도 없고
　　　　그때도 본부장님이 전결하신 건이라 대표이사님께는 보고가 되지 않았습니다.

김본부장 : 요즘 같은 때 뭐 좋은 일도 아닌데 굳이 이런 걸 보고하겠어요. 이번에는 그냥 넘어갑시다.

이팀장 : 그래도 나중에 문제가 커지는 것보다는 낫지 않을까요?

김본부장 : 나나 이팀장 둘 다 책임질 수 있는 것도 아닌데 다음 분기에 나아지면 그때 보고합시다.

이팀장 : 매도 먼저 맞는 게 낫다고 그래도 이번에 말씀 드리는 게 낫지 않을까요?

| 조직이해능력

06 다음 중 이팀장이 조직생활 과정에서 겪고 있는 상황으로 가장 적절한 것은?

① 집단 이기주의　　　　　　　② 공동행동의 룰

③ 윤리적 가치　　　　　　　　④ 윤리적 갈등

⑤ 공동체의식 결여

| 조직이해능력

07 다음 중 이팀장이 조직생활에서 고민하게 되는 요인으로 가장 적절한 것은?

① 진실 대 충성 : 진실을 말할 것인가? 상사에게 충성할 것인가?

② 단기 대 장기 : 자신의 결정이 단기적인 결과를 가져오는가? 장기적인 결과에 영향을 미치는가?

③ 개인 대 집단 : 자신의 결정이 개인에게 영향을 미치는가? 집단에 영향을 미치는가?

④ 위 세 가지 요인 모두를 고민하고 있다.

⑤ 위 세 가지 요인 중 '단기 대 장기', '개인 대 집단'의 두 가지를 고민하고 있다.

08 K사에 근무하는 Z사원은 최근 매주 금요일 업무시간이 끝나고 한 번씩 진행해야 하는 바닥 청소 당번 문제를 두고 동료인 A사원과 갈등 중에 있다. 둘 중 한 명은 매주 바닥 청소를 해야 하는데, 금요일에 일찍 퇴근하기를 원하는 Z사원과 A사원 모두 청소 당번에서 빠지고 싶어 하기 때문이다. 이러한 상황에서 갈등의 해결방법 중 하나인 '윈 – 윈(Win – Win) 관리법'으로 갈등을 해결하고자 할 때, 다음 중 A사원에게 제시할 수 있는 Z사원의 제안으로 가장 적절한 것은?

① 우리 둘 다 청소 당번을 피할 수는 없으니, 그냥 공평하게 같이 하죠.

② 제가 그냥 A사원 몫까지 매주 청소를 맡아서 할게요.

③ 저와 A사원이 번갈아가면서 청소를 맡도록 하죠.

④ 우선 금요일 업무시간 전에 청소를 할 수 있는지 확인해 보도록 하죠.

⑤ 저는 절대 양보할 수 없으니, A사원이 그냥 맡아서 해주세요.

09 다음 중 효과적으로 인맥을 관리하기 위한 방법으로 적절하지 않은 것은?

① A씨는 자신의 주변에 있는 인맥을 모두 하나의 인맥관리카드에 작성하여 관리하고 있다.

② NQ를 높이는 데 관심이 많은 B씨는 사람들의 경조사에 참석하며 인맥을 관리하고 있다.

③ 인맥을 키워나가기 위해 C씨는 먼저 인맥 지도를 그려 현재 자신의 인맥 상태를 점검하기로 하였다.

④ SNS상 많은 팔로워를 보유하고 있는 유명 인플루언서 D씨는 자신이 팔로우한 사람들의 SNS에 찾아가 댓글을 남기며 안부를 전한다.

⑤ 명함관리를 통해 효과적으로 인맥을 관리할 수 있다는 이야기를 들은 E씨는 명함에 상대방의 특징들을 메모하기 시작했다.

10 다음은 직장에서 문서를 작성할 경우 지켜야 하는 문서작성 원칙이다. 문서작성 원칙에 대해 잘못 이해하고 있는 사람은?

〈문서작성의 원칙〉

1. 문장은 짧고, 간결하게 작성하도록 한다.
2. 상대방이 이해하기 쉽게 쓴다.
3. 중요하지 않은 경우 한자의 사용을 자제해야 한다.
4. 간결체로 작성한다.
5. 문장은 긍정문의 형식으로 써야 한다.
6. 간단한 표제를 붙인다.
7. 문서의 주요한 내용을 먼저 쓰도록 한다.

---

① A : 문장에서 끊을 수 있는 부분은 가능한 한 끊어서 짧은 문장으로 작성하되, 실질적인 내용을 담아 작성해야 해.
② B : 상대방이 이해하기 어려운 글은 좋은 글이 아니야. 우회적인 표현이나 현혹적인 문구는 되도록 삭제하는 것이 좋겠어.
③ C : 문장은 되도록 자세하게 작성하여 빠른 이해를 돕도록 하고, 문장마다 행을 바꿔 문서가 깔끔하게 보이도록 해야겠군.
④ D : 표제는 문서의 내용을 일목요연하게 파악할 수 있게 도와줘. 간단한 표제를 붙인다면 상대방이 내용을 쉽게 이해할 수 있을 거야.
⑤ E : 일반적인 글과 달리 직장에서 작성하는 문서에서는 결론을 먼저 쓰는 것이 좋겠군.

11 다음 중 물적자원관리의 과정에 대한 설명으로 적절하지 않은 것은?

① 물품의 정리 및 보관 시 물품을 앞으로 계속 사용할 것인지 그렇지 않을지를 구분해야 한다.
② 유사성의 원칙은 유사품을 같은 장소에 보관하는 것을 말하며, 이는 보관한 물품을 보다 쉽고 빠르게 찾을 수 있도록 하기 위해서 필요하다.
③ 물품의 특성에 맞는 보관장소를 선정해야 하므로, 종이류와 유리 등은 그 재질의 차이를 고려하여 보관장소에 차이를 두는 것이 바람직하다.
④ 물품의 정리 시 회전대응 보관의 원칙은 입출하의 빈도가 높은 품목은 출입구 가까운 곳에 보관하는 것을 말한다.
⑤ 물품의 무게와 부피에 따라서 보관 장소를 달리해야 한다. 무게가 무겁거나 부피가 큰 것은 별도로 취급하여 개별 물품의 훼손이 생기지 않게 보관한다.

12 의사표현의 종류는 상황이나 사태와 관련하여 공식적 말하기, 의례적 말하기, 친교적 말하기로 구분할 수 있다. 다음 중 공식적 말하기에 해당하는 것을 〈보기〉에서 모두 고르면?

─〈보기〉─
㉠ 토론	㉡ 연설
㉢ 토의	㉣ 주례
㉤ 회의	㉥ 안부전화

① ㉠, ㉡

② ㉠, ㉥

③ ㉠, ㉡, ㉢

④ ㉠, ㉡, ㉣

⑤ ㉡, ㉢, ㉤

13 광고회사에 근무 중인 A대리는 K전자의 스마트폰 광고 프로젝트를 진행하게 되었고, 마침내 최종 결과물을 발표할 일만 남겨두고 있다. A대리가 광고를 의뢰한 업체의 관계자를 대상으로 프레젠테이션을 진행한다고 할 때, 다음 중 A대리가 준비해야 할 일을 〈보기〉에서 모두 고르면?

─〈보기〉─
㉠ 프레젠테이션할 내용을 완전히 숙지한다.
㉡ 프레젠테이션 예행연습을 한다.
㉢ 팀원들의 니즈를 파악한다.
㉣ 프레젠테이션에 활용할 다양한 시청각 기자재를 준비한다.
㉤ 요점을 구체적이면서도 자세하게 전달할 수 있도록 연습한다.

① ㉠, ㉡

② ㉡, ㉢

③ ㉠, ㉡, ㉢

④ ㉠, ㉡, ㉣

⑤ ㉡, ㉣, ㉤

14 다음은 직업의 의미에 대한 설명이다. 이를 참고할 때, 직업의 사례로 가장 적절한 것은?

> 직업은 경제적 보상이 있어야 하고, 본인의 자발적 의사에 의한 것이어야 하며, 장기적으로 계속해서 일하는 지속성을 가지고 있어야 한다.

① 보드게임을 좋아하는 승호는 퇴근 후 보드게임 동아리에 참여하고 있다.
② 커피를 좋아하는 현희는 카페에서 커피를 연구하며 바리스타로 일하고 있다.
③ 영희는 동네 요양원을 찾아가 청소, 빨래 등을 하며 봉사활동을 하였다.
④ 꽃을 좋아하는 민정이는 주말마다 꽃꽂이를 취미활동으로 하고 있다.
⑤ 지연이의 할아버지는 일본 제철소에서 강제노동에 시달린 경험을 갖고 계시다.

15 다음은 논리적 사고를 개발하기 위한 방법에 대한 그림이다. 이에 대한 설명으로 옳은 것은?

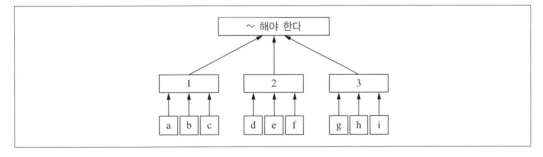

① 눈앞에 있는 정보로부터 의미를 찾아내어 가치 있는 정보를 이끌어낸다.
② 논리적으로 분해한 문제의 원인을 나무 모양으로 나열하여 문제를 해결한다.
③ 하위의 사실이나 현상부터 사고하여 상위의 주장을 만들어 간다.
④ 내·외부적으로 발생되는 장점 및 단점을 종합적으로 고려하여 해결 방안을 찾는다.
⑤ '중복 없이, 누락 없이'를 통해 상위의 개념을 하위의 개념으로 논리적으로 분해한다.

16 C사원은 현재 진행하는 업무가 자신의 흥미나 적성과 맞지 않아 고민이나, 현재까지 해왔던 일을 그만둘 수는 없는 상황이다. 다음 중 C사원이 취할 수 있는 방법으로 적절하지 않은 것은?

① '나는 지금 주어진 일이 적성에 맞는다.'라고 지속적으로 자기암시를 한다.

② 일을 너무 큰 단위로 하지 않고 작은 단위로 나누어 수행해 본다.

③ 선천적으로 부여되는 흥미나 적성은 개발이 불가능하므로 적성검사를 다시 수행한다.

④ 하루의 일과가 끝나면 자신이 수행한 결과물을 점검해 본다.

⑤ 회사의 문화와 풍토를 고려한다.

17 다음 사례와 같은 재해를 예방하기 위한 대책으로 적절하지 않은 것은?

〈재해 개요〉

X기업에 설치된 소각로 하부에서 피해자가 소각재 및 이물질을 하부 배출구로 밀어주는 4번 푸셔가 정상 작동되지 않아 경고판을 무시한 채 전원부의 차단 없이, 에어건을 사용하여 정비 작업 중 갑자기 작동된 4번 푸셔에 상체가 끼어 사망한 재해이다.

---

① 근로자 상호 간에 불안전한 행동을 지적하여 안전에 대한 이해를 증진시킨다.

② 설비의 정비, 청소 등의 작업 시 근로자가 위험해질 우려가 있는 경우 설비를 정지시킨다.

③ 설비의 운전을 정지하였을 때, 타인이 설비를 운전하는 것을 방지한다.

④ 끼임에 대한 위험성이 있는 장소에는 방호울이나 방책을 설치한다.

⑤ 기계가 양호한 상태로 작동되도록 유지 관리를 한다.

18 다음은 고객으로부터 사랑받는 브랜드의 요건에 대한 자료이다. 이를 토대로 자신을 브랜드화하기 위한 전략을 세우고자 할 때, 적절하지 않은 것은?

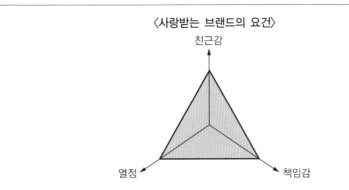

- 친근감 : 오랜 기간 관계를 유지한 브랜드에 대한 친숙한 느낌을 말한다.
- 열정 : 브랜드를 소유하거나 사용해 보고 싶다는 동기를 유발하는 욕구이다.
- 책임감 : 소비자가 브랜드와 애정적 관계를 유지하겠다는 약속으로, 소비자에게 신뢰감을 주어 지속적인 소비가 가능하도록 하는 것이다.

① 자신의 내면을 관리하여 다른 사람과의 관계를 돈독히 유지해야 한다.
② 다른 사람과 같은 보편성을 가지기 위해 능력을 끊임없이 개발해야 한다.
② 자신이 할 수 있는 범위에서 최상의 생산성을 낼 필요가 있다.
④ 자기 PR을 통하여 지속적으로 자신을 다른 사람에게 알리도록 한다.
⑤ 지속적인 자기개발이 이루어질 수 있도록 장단기 계획을 수립해야 한다.

19 농도가 12%인 소금물 600g에 물을 넣어 4% 이하의 소금물을 만들고자 한다. 이때, 부어야 하는 물은 최소 몇 g인가?

① 1,150g ② 1,200g
③ 1,250g ④ 1,300g
⑤ 1,350g

20 수도권 지하철 5호선의 배차간격은 4분이고, 6호선의 배차간격은 7분이다. 오전 9시에 5호선과 6호선의 환승역인 공덕역에서 두 지하철이 동시에 정차했다면, 오전 10시부터 오전 11시 사이 공덕역에서 동시에 정차하는 횟수는?

① 1번   ② 2번
③ 3번   ④ 4번
⑤ 5번

21 A~G 일곱 팀이 토너먼트로 시합을 하려고 한다. 다음과 같이 한 팀만 부전승으로 올라가 경기를 진행한다고 할 때, 대진표를 작성하는 경우의 수는 모두 몇 가지인가?

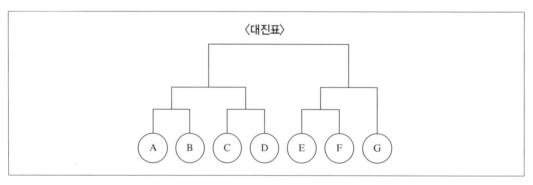

① 300가지   ② 315가지
③ 340가지   ④ 380가지
⑤ 400가지

K기업 기획팀의 이현수 대리는 금일 오후 5시까지 전산시스템을 통해 제출해야 하는 사업계획서를 제출하지 못하였다. 이는 K기업이 정부로부터 지원금을 받을 수 있는 매우 중요한 사안으로, 이번 사건으로 K기업 전체에 비상이 걸렸다. 이현수 대리를 비롯하여 사업계획서와 관련된 담당자들은 금일 오후 4시 30분까지 제출 준비를 모두 마쳤으나, 회사 전산망 마비로 전산시스템 접속이 불가능해 사업계획서를 제출하지 못하였다. 이들은 정부기관 측 담당자에게 사정을 설명하였으나, 담당자는 예외는 없다고 답변하였다. 이를 지켜본 강민호 부장은 '㉠ 이현수 대리는 기획팀을 대표하는 인재인데 이런 실수를 하다니 기획팀이 하는 업무는 모두 실수투성일 것이 분명할 것'이라고 말하였다.

| 문제해결능력

22 다음 중 윗글에서 나타난 문제와 문제점을 바르게 연결한 것은?

	문제	문제점
①	사업계획서 제출 실패	정부 담당자 설득 실패
②	정부 담당자 설득 실패	사업계획서 제출 실패
③	사업계획서 제출 실패	전산망 마비
④	전산망 마비	사업계획서 제출 실패
⑤	전산망 마비	정부 담당자 설득 실패

| 문제해결능력

23 다음 중 윗글의 밑줄 친 ㉠에서 나타난 논리적 오류는?

① 권위나 인신공격에 의존한 논증

② 무지의 오류

③ 애매성의 오류

④ 연역법의 오류

⑤ 허수아비 공격의 오류

※ 다음 글을 읽고 이어지는 질문에 답하시오. [24~25]

IT기술을 개발하는 회사의 글로벌 전략부 이과장은 새로운 기술을 도입하기 위해 기술선택을 하려고 한다. 이과장은 ㉠ 기술경영진과 기술기획담당자들에 의한 체계적인 분석을 통해 기업이 획득해야 하는 대상기술과 목표기술수준을 결정한다. 이과장의 기술선택 과정에서의 진행상황은 다음과 같다. 먼저 수요 변화 및 경쟁자 변화, 기술 변화 등을 분석하고 기업의 장기 비전, 중장기 매출목표 및 이익목표를 설정했다. 다음으로 기술능력, 생산능력, 마케팅 및 영업능력, 재무능력 등을 분석하였다. 그리고 최근에 사업 영역을 결정하고 경쟁 우위 확보 방안을 수립했다.

┃ 기술능력

24 다음 중 윗글의 밑줄 친 ㉠이 설명하는 기술선택 방식은?

① 확장적 기술선택   ② 상향식 기술선택

③ 하향식 기술선택   ④ 복합적 기술선택

⑤ 통합적 기술선택

┃ 기술능력

25 다음 중 윗글에 제시된 이과장의 기술선택 과정 다음으로 진행해야 할 절차가 아닌 것은?

① 핵심기술 선택   ② 기술전략 수립

③ 제품 생산공정 분석   ④ 내부역량 분석

⑤ 기술 획득 방법 결정

K기업에는 올해 상반기 신입사원 50명을 대상으로 보고서 작성 관련 교육을 진행하였다. 교육이 모두 끝난 후, 교육을 이수한 신입사원을 대상으로 설문조사를 실시하였다. 설문 문항은 총 5문항이며, 전반적인 강의 만족도, 교육 강사의 전문성, 강의 장소 및 시간에 대한 만족도, 강의 내용의 도움 정도, 향후 타 강의 참여 의향에 대해 질문하였다. 각 문항은 '매우 그렇다', '그렇다', '보통이다', '그렇지 않다', '매우 그렇지 않다'로 답변할 수 있도록 설문지를 구성하였다.

다음 표는 각 문항에 대하여 '매우 그렇다'와 '그렇다'라고 답변한 빈도와 백분율을 나타낸 것이다.

〈올해 상반기 보고서 작성 세미나 만족도 조사 결과 – 긍정 답변〉

구분	빈도	백분율
1. 나는 전반적으로 교육에 대해 만족한다.	30	㉠
2. 교육 강사의 전문성에 대해 만족하였다.	25	㉡
3. 강의 공간과 강의 시간에 대해 만족하였다.	48	㉢
4. 강의 내용은 향후 업무 수행에 도움이 될 것이다.	41	㉣
5. 향후 비슷한 강의가 있다면 참여하고 싶다.	30	㉤

| 수리능력

26 K기업 인사팀 A씨는 각 만족도 문항의 긍정 답변에 대해 백분율을 산출하려고 한다. 빈칸 ㉠~㉤에 들어갈 백분율이 바르게 연결된 것은?(단, 소수점 둘째 자리에서 반올림한다)

	㉠	㉡	㉢	㉣	㉤
①	15%	12.5%	24%	20.5%	15%
②	30%	25%	48%	41%	60%
③	30%	35%	60%	41%	96%
④	35%	30%	53%	46%	46%
⑤	60%	50%	96%	82%	60%

| 수리능력

27 K기업은 매년 신입사원 교육을 S교육 컨설팅에게 의뢰하여 진행하고 있는데, 매년 재계약 여부를 만족도 조사 점수를 통해 결정한다. K기업은 올해 만족도 조사 점수가 낮아 내년에도 S교육 컨설팅에게 교육을 맡겨야 하는지 고민 중이다. 다음 중 K기업의 만족도 점수 활용에 대한 설명으로 옳은 것은?

① 관찰 가능한 자료를 통해 논리적으로 어떠한 결론을 추출 또는 검증한다.
② 의사결정의 보조적인 수단으로 활용하였다.
③ 표본을 통해 연구대상 집단의 특성을 유추한다.
④ 많은 수량적 자료를 처리 가능하고 쉽게 이해할 수 있는 형태로 축소한다.
⑤ 불확실성을 제거해 일반화를 이루는 데 도움이 된다.

28 자원의 낭비요인을 다음과 같이 4가지로 나누어 볼 때, 〈보기〉의 사례에 해당하는 낭비요인이 바르게 연결된 것은?

〈자원의 낭비요인〉

(가) 비계획적 행동 : 자원을 어떻게 활용할 것인가에 대한 계획 없이 충동적이고 즉흥적으로 행동하여 자원을 낭비하게 된다.

(나) 편리성 추구 : 자원을 편한 방향으로만 활용하는 것을 의미하며, 물적자원뿐만 아니라 시간, 돈의 낭비를 초래할 수 있다.

(다) 자원에 대한 인식 부재 : 자신이 가지고 있는 중요한 자원을 인식하지 못하는 것으로, 무의식적으로 중요한 자원을 낭비하게 된다.

(라) 노하우 부족 : 자원관리의 중요성을 인식하면서도 자원관리에 대한 경험이나 노하우가 부족한 경우를 말한다.

〈보기〉

㉠ A는 가까운 거리에 있는 패스트푸드점을 직접 방문하지 않고 배달 앱을 통해 배달료를 지불하고 음식을 주문한다.

㉡ B는 의자를 만들어 달라는 고객의 주문에 공방에 남은 재료와 주문할 재료를 생각하여 일주일 안으로 완료될 것이라고 이야기하였지만, 생각하지 못한 재료의 배송 기간으로 제작 시간이 부족해 결국 약속된 기한을 지키지 못하였다.

㉢ 현재 수습사원인 C는 처음으로 프로젝트를 담당하게 되면서 나름대로 계획을 세우고 열심히 수행했지만, 예상치 못한 상황이 발생하자 당황하여 처음 계획했던 대로 진행할 수 없었고 결국 아쉬움을 남긴 채 프로젝트를 완성하였다.

㉣ D는 TV에서 홈쇼핑 채널을 시청하면서 품절이 임박했다는 쇼호스트의 말을 듣고는 무작정 유럽 여행 상품을 구매하였다.

	(가)	(나)	(다)	(라)
①	㉡	㉣	㉠	㉢
②	㉢	㉣	㉡	㉠
③	㉢	㉠	㉡	㉣
④	㉣	㉠	㉡	㉢
⑤	㉣	㉢	㉡	㉠

29 경영지원부의 김부장은 사내 소프트볼 대회에 앞서 소프트볼 구장의 잔디 정리를 하려고 한다. 소프트볼 구장에 대한 정보가 다음과 같을 때, 잔디 정리를 해야 할 면적은 얼마인가?

〈잔디 정리 면적〉

다음 그림의 색칠된 부분의 잔디를 정리하여야 한다.

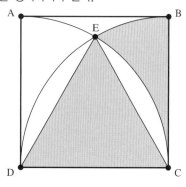

〈소프트볼 구장〉

• 소프트볼 구장은 가로, 세로가 12인 정사각형 모양이다.
• 점 E는 각각 점 C, D에서 부채꼴 모양을 그린 뒤 두 호가 만나는 지점이다.

---

① $36\sqrt{3} - 10\pi$

② $36\sqrt{3} - 11\pi$

③ $36\sqrt{3} - 12\pi$

④ $72\sqrt{3} - 11\pi$

⑤ $72\sqrt{3} - 12\pi$

30 다음 글을 읽고 정보관리의 3원칙을 바르게 나열한 것은?

> '구슬이 서말이라도 꿰어야 보배'라는 속담처럼 여러 가지 채널과 갖은 노력 끝에 입수한 정보가 우리가 필요한 시점에 즉시 활용되기 위해서는 모든 정보가 차곡차곡 정리되어 있어야 한다. 이처럼 정보의 관리란 수집된 다양한 형태의 정보를 어떤 문제해결이나 결론도출에 사용하기 쉬운 형태로 바꾸는 일이다. 정보를 관리할 때에는 특히 정보에 대한 사용목표가 명확해야 하며, 정보를 쉽게 작업할 수 있어야 하고, 즉시 사용할 수 있어야 한다.

① 목적성, 용이성, 유용성   ② 다양성, 목적성, 통일성
③ 용이성, 통일성, 다양성   ④ 통일성, 목적성, 유용성
⑤ 통일성, 목적성, 용이성

31 상대방을 설득시키기 위한 전략으로는 여러 가지 전략을 볼 수 있다. 다음 글에서 설명하고 있는 설득전략으로 가장 적절한 것은?

> 어떤 과학적인 논리보다도 동료를 비롯한 사람들의 말과 행동으로 상대방을 설득하는 것이 협상과정에서 생기는 갈등을 해결하기가 더 쉽다는 것이다. 즉, 사람은 과학적 이론보다 자신의 동료나 이웃의 말이나 행동에 의해서 쉽게 설득된다는 것이다. 예를 들어 광고를 내보내서 고객들로 하여금 자신의 제품을 구매하도록 설득하는 것보다 소위 '입소문'을 통해서 설득하는 것이 매출에 더 효과적임을 알 수 있다.

① See – Feel – Change 전략   ② 호혜 관계 형성 전략
③ 헌신과 일관성 전략   ④ 사회적 입증 전략
⑤ 희소성 해결 전략

32 다음 중 빈칸에 들어갈 말로 적절하지 않은 것은?

> 인적자원으로부터의 성과는 인적자원의 _____ 여하에 따라 결정된다. 따라서 수동적인 성격의 예산과 물적자원에 비해 인적자원은 능동적이고 반응적인 성격을 지닌다.

① 욕구   ② 동기
③ 태도   ④ 만족감
⑤ 양과 질

33 논리적인 사고를 하기 위해서는 생각하는 습관, 상대 논리의 구조화, 구체적인 생각, 타인에 대한 이해, 설득의 5가지 요소가 필요하다. 다음 중 글에서 설명하는 '설득'에 해당하는 것은?

> 논리적 사고의 구성요소 중 설득은 자신의 사상을 강요하지 않고, 자신이 함께 일을 진행하는 상대와 의논하기도 하고 설득해 나가는 가운데 자신이 깨닫지 못했던 새로운 가치를 발견하고 발견한 가치에 대해 생각해 내는 과정을 의미한다.

① 네가 하는 말이 이해가 잘 안 되는데, 내가 이해한 게 맞는지 구체적인 사례를 들어서 한번 얘기해볼게.

② 네가 왜 그런 생각을 하게 됐는지 이해가 됐어. 그래, 너와 같은 경험을 했다면 나도 그렇게 생각했을 것 같아.

③ 아, 네가 아까 했던 말이 이거였구나. 그래, 지금 해보니 아까 했던 이야기가 무슨 말인지 이해가 될 것 같아.

④ 네 말은 지금처럼 불안정한 시장 상황에서 무리하게 사업을 확장할 경우 리스크가 너무 크게 발생할 수 있다는 거지?

⑤ 네가 말한 내용이 업무 개선에 좋을 것 같다고 하지만, 명확히 왜 좋은지 알 수 없어 생각해 봐야 할 거 같아.

34 B팀장은 자신의 경력을 개발하기 위한 계획을 수립하려고 한다. 다음 중 B팀장이 경력개발계획을 수립하기 위한 과정을 순서대로 바르게 나열한 것은?

㉠ 경력개발 전략수립	㉡ 경력목표 설정
㉢ 직무정보 탐색	㉣ 자신과 환경이해

① ㉠ – ㉣ – ㉢ – ㉡　　　　② ㉡ – ㉢ – ㉣ – ㉠
③ ㉢ – ㉡ – ㉣ – ㉠　　　　④ ㉢ – ㉣ – ㉡ – ㉠
⑤ ㉣ – ㉢ – ㉠ – ㉡

35 다음 중 가장 적절한 의사표현법을 사용하고 있는 사람은?

① A대리 : (늦잠으로 지각한 후배 사원의 잘못을 지적하며) 오늘도 지각을 했네요. 어제도 늦게 출근하지 않았나요? 왜 항상 지각하는 거죠?

② B대리 : (후배 사원의 고민을 들으며) 방금 뭐라고 이야기했죠? 미안해요. 아까 이야기한 고민에 대해서 어떤 답을 해줘야 할지 생각하고 있었어요.

③ C대리 : (후배 사원의 실수가 발견되어 이를 질책하며) 이번 프로젝트를 위해 많이 노력했다는 것은 압니다. 다만, 발신 메일 주소를 한 번 더 확인하는 습관을 갖는 것이 좋겠어요. 앞으로는 더 잘할 거라고 믿어요.

④ D대리 : (거래처 직원에게 변경된 계약서에 서명할 것을 설득하며) 이 정도는 그쪽에 큰 손해 사항도 아니지 않습니까? 지금 서명해 주지 않으시면 곤란합니다.

⑤ E대리 : (후배 사원에게 업무를 지시하며) 이번 일은 직접 발로 뛰어야 해요. 특히 빨리 처리해야 하니까 반드시 이 순서대로 진행하세요!

36 다음은 K사 사보에 올라온 영국 처칠 수상의 일화이다. 이에 대한 직장생활의 교훈으로 가장 적절한 것은?

> 어느 날 영국의 처칠 수상은 급한 업무 때문에 그의 운전기사에게 차를 빠르게 몰 것을 지시하였다. 그때 교통 경찰관은 속도를 위반한 처칠 수상의 차량을 발견하고 차를 멈춰 세웠다. 처칠 수상은 경찰관에게 말했다. "이봐. 내가 누군지 알아?" 그러자 경찰관이 대답했다. "얼굴은 우리 수상 각하와 비슷하지만, 법을 지키지 않는 것을 보니 수상 각하가 아닌 것 같습니다." 경찰관의 답변에 부끄러움을 느낀 처칠은 결국 벌금을 지불했고, 교통 경찰관의 근무 자세에 감명을 받았다고 한다.

① 무엇보다 고객의 가치를 최우선으로 생각해야 한다.

② 업무에 대해서는 스스로 자진해서 성실하게 임해야 한다.

③ 모든 결과는 나의 선택으로 일어난 것으로 여긴다.

④ 조직의 운영을 위해서는 지켜야 하는 의무가 있다.

⑤ 직장동료와 신뢰를 형성하고 유지해야 한다.

37 다음 중 비판적 사고에 대한 설명으로 옳지 않은 것을 〈보기〉에서 모두 고르면?

〈보기〉

A. 비판적 사고의 목적은 주장의 단점을 명확히 파악하는 것이다.
B. 맹목적이고 무원칙적인 사고는 비판적 사고라 할 수 없다.
C. 비판적 사고를 하기 위해서는 감정을 철저히 배제한 중립적 입장에서 주장을 파악해야 한다.
D. 비판적 사고는 타고난 것이므로 학습을 통한 배움에는 한계가 있다.
E. 비판적 사고는 어떤 주장에 대해 적극적으로 분석하는 것이다.

① A, C   ② A, D
③ C, D   ④ C, E
⑤ D, E

38 다음 글을 읽고 이해한 내용으로 가장 적절한 것은?

최근 환경오염의 주범이었던 화학회사들이 환경 보호 정책을 표방하고 나섰다. 기업의 분위기가 변하면서 대학의 엔지니어뿐만 아니라 기업에 고용된 엔지니어들도 점차 대체기술, 환경기술, 녹색 디자인 등을 추구하는 방향으로 전환해 가고 있는 것이다.
또한, 최근 각광받고 있는 3R의 구호[줄이고(Reduce), 재사용하고(Reuse), 재처리하자(Recycle)]는 엔지니어들로 하여금 미래 사회를 위한 자신들의 역할에 대해 방향을 제시해 주고 있다.

① 개발이라는 이름으로 행해지는 개발독재의 사례로 볼 수 있다.
② 자연과학기술에 대한 연구개발의 사례로 적절하다.
③ 균형과 조화를 위한 지속가능한 개발의 사례로 볼 수 있다.
④ 기술이나 자금을 위한 개발수입의 사례이다.
⑤ 기업의 생산능률을 위한 조직개발의 사례로 볼 수 있다.

39 다음은 일상생활에서 자주 발견되는 논리적 오류에 대한 설명이다. (가) ~ (다)에 해당하는 논리적 오류 유형을 바르게 연결한 것은?

> (가) 상대가 의도하지 않은 것을 강조하거나 허점을 비판하여 자신의 주장을 내세운다. 상대방의 주장과 전혀 상관없는 별개의 논리를 만들어 공격하는 경우도 있다.
> (나) 적절한 증거 없이 몇몇 사례만을 토대로 결론을 내린다. 일부를 조사한 통계 자료나 대표성이 없는 불확실한 자료를 사용하기도 한다.
> (다) 타당한 논거보다는 많은 사람들이 수용한다는 것을 내세워 어떤 주장을 정당화하려 할 때 발생한다.

	(가)	(나)	(다)
①	인신공격의 오류	애매성의 오류	애매성의 오류
②	인신공격의 오류	성급한 일반화의 오류	과대 해석의 오류
③	허수아비 공격의 오류	성급한 일반화의 오류	대중에 호소하는 오류
④	허수아비 공격의 오류	무지의 오류	대중에 호소하는 오류
⑤	애매성의 오류	무지의 오류	허수아비 공격의 오류

40 최근 사회적으로 자주 등장하는 직장 내 문제로는 성희롱이 있다. 다음 중 성희롱에 해당하는 대화로 적절하지 않은 것은?

① 예쁘고 일도 잘해서 귀여워해 줬는데?
② 같이 일하는 사이라서 친밀감의 표시로 무심코 했는데 법정까지 간다면 무서워서 어떻게 일을 하나?
③ 그런 것은 아무래도 여자가 해야 어울리지. 남자들만 있는 곳에서 분위기 한 번 살려줄 수 있잖아?
④ 애가 아프다고 그랬지? 오늘은 일찍 들어가 봐요.
⑤ 오늘따라 치마가 짧고 좋은데?

41 다음 중 빈칸에 들어갈 말로 적절하지 않은 것은?

> 창의적 사고는 창조적인 가능성이다. 여기에는 '문제를 사전에 찾아내는 힘', '문제해결에 있어서 다각도로 힌트를 찾아내는 힘', 그리고 '문제해결을 위해 끈기 있게 도전하는 태도' 등이 포함된다. 다시 말해서 창의적 사고에는 사고력을 비롯하여 성격, 태도에 걸친 전인격적인 가능성까지도 포함된다. 이러한 창의적 사고는 창의력 교육훈련을 통해 개발할 수 있으며, _____일수록 높은 창의력을 보인다.

① 모험적   ② 적극적
③ 예술적   ④ 객관적
⑤ 자유분방적

42 다음 순서도에 의해 출력되는 값으로 옳은 것은?

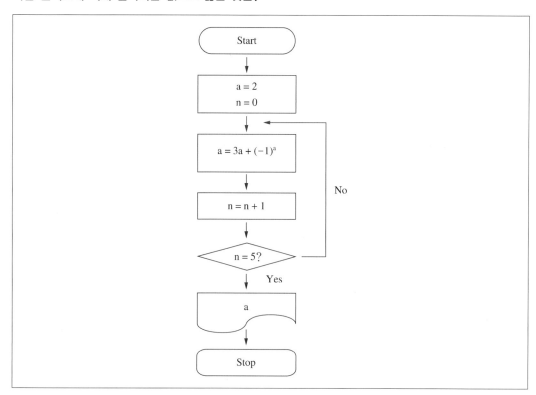

① 541   ② 543
③ 545   ④ 547
⑤ 549

43 다음 중 전자상거래(Electronic Commerce)에 대한 설명으로 옳은 것을 〈보기〉에서 모두 고르면?

─────────〈보기〉─────────

ㄱ. 내가 겪은 경험담도 전자상거래 상품이 될 수 있다.
ㄴ. 인터넷 서점, 홈쇼핑, 홈뱅킹 등도 전자상거래 유형이다.
ㄷ. 개인이 아닌 공공기관이나 정부는 전자상거래를 할 수 없다.
ㄹ. 팩스나 전자우편 등을 이용하면 전자상거래가 될 수 없다.

① ㄱ, ㄴ   ② ㄱ, ㄷ
③ ㄴ, ㄷ   ④ ㄴ, ㄹ
⑤ ㄷ, ㄹ

44 다음은 K회사에서 새롭게 개발한 립스틱에 대한 설명이다. 이를 읽고 효과적인 홍보 대안으로 가장 적절한 것은?

K회사 립스틱의 특징은 지속력과 선명한 색상, 그리고 20대 여성을 타깃으로 한 아기자기한 디자인이다. 하지만 립스틱의 홍보가 안 되고 있어 매출이 좋지 않다. 조사결과 저가 화장품이라는 브랜드 이미지 때문인 것으로 드러났다.

① 블라인드 테스트를 통해 제품의 질을 인정받는다.
② 홍보비를 두 배로 늘려 더 많이 광고한다.
③ 브랜드 이름을 최대한 감추고 홍보한다.
④ 무료 증정 이벤트를 연다.
⑤ 타깃을 30대 여성으로 바꾼다.

45 다음 SWOT 분석을 이해한 내용으로 가장 적절한 것은?

> SWOT 분석에서 강점은 경쟁기업과 비교하여 소비자로부터 강점으로 인식되는 것이 무엇인지, 약점은 경쟁
> 기업과 비교하여 소비자로부터 약점으로 인식되는 것이 무엇인지, 기회는 외부환경에서 유리한 기회요인은
> 무엇인지, 위협은 외부환경에서 불리한 위협요인은 무엇인지를 찾아내는 것이다. SWOT 분석의 가장 큰 장
> 점은 기업의 내부 및 외부환경의 변화를 동시에 파악할 수 있다는 것이다.

① 제품의 우수한 품질은 기회 요인으로 볼 수 있다.

② 초고령화 사회는 실버산업에 있어 기회 요인으로 볼 수 있다.

③ 기업의 비효율적인 업무 프로세스는 위협 요인으로 볼 수 있다.

④ 살균제 달걀 논란은 빵집에게 있어 약점 요인으로 볼 수 있다.

⑤ 근육운동 열풍은 헬스장에게 있어 강점 요인으로 볼 수 있다.

46 다음 중 정보의 가공 및 활용에 대한 설명으로 적절하지 않은 것은?

① 정보는 원형태 그대로 혹은 가공하여 활용할 수 있다.

② 수집된 정보를 가공하여 다른 형태로 재표현하는 방법도 가능하다.

③ 정적정보의 경우 이용한 이후에도 장래활용을 위해 정리하여 보존한다.

④ 비디오테이프에 저장된 영상정보는 동적정보에 해당된다.

⑤ 동적정보는 입수하여 처리한 후에는 해당 정보를 즉시 폐기해도 된다.

47 다음 중 비효율적인 일중독자의 특징으로 적절하지 않은 것은?

① 위기 상황에 과잉 대처한다.

② 자신의 일을 다른 사람에게 맡기지 않는다.

③ 최우선 업무보다 가시적인 업무에 전력을 다한다.

④ 작은 일을 크게 부풀리거나 과장한다.

⑤ 가장 생산성이 높은 일을 가장 오래 한다.

48 다음 중 빈칸에 들어갈 말을 순서대로 바르게 나열한 것은?

> 경청이란 다른 사람의 말을 주의 깊게 들으며, ___㉠___ 하는 능력이다. 경청은 대화의 과정에서 당신에 대한 ___㉡___ 을/를 쌓을 수 있는 최고의 방법이다. 우리가 경청하면 상대는 본능적으로 안도감을 느낀다. 그리고 우리가 말을 할 경우, 자신도 모르게 더 ___㉢___ 하게 한다. 이런 심리적 효과로 인해 우리의 말과 메시지, 감정은 아주 효과적으로 상대에게 전달된다.

	㉠	㉡	㉢		㉠	㉡	㉢
①	설득	인정	의지	②	설득	신뢰	의지
③	공감	신뢰	집중	④	공감	친분	집중
⑤	공감	친분	의지				

49 총무부에서 근무하던 B씨는 승진하면서 다른 부서로 발령이 났다. 기존에 같이 근무하던 D씨에게 사무인수인계를 해야 하는 상황에서 B씨와 D씨가 수행해야 할 사무인수인계 요령으로 적절하지 않은 것은?

① 기밀에 속하는 사항일수록 문서에 의함을 원칙으로 한다.

② 사무인수인계서는 기명날인 후 해당 부서에서 이를 보관한다.

③ 사무인수인계와 관련하여 편철된 부분과 오류의 수정이 있는 부분은 인수자와 인계자가 각각 기명날인을 한다.

④ 사무의 인수인계와 관련하여 인수자가 인계자에게 제증빙을 요구하였으나, 증빙이 미비하거나 분실한 경우에는 그 사실을 별지에 반드시 기재하도록 한다.

⑤ 사무인수인계서 1장을 작성하여 인계자와 인수자 및 입회자가 기명날인을 한 후 해당 부서에서 이를 보관한다.

50 다음 사례에서 알 수 있는 효과적인 팀의 특징으로 가장 적절한 것은?

> A ~ C가 운영 중인 커피전문점은 현재 매출이 꾸준히 상승하고 있다. 매출 상승의 원인을 살펴보면 A ~ C는 각자 자신이 해야할 일이 무엇인지 정확하게 알고 있다. A는 커피를 제조하고 있으며, B는 디저트를 담당하고 있다. 그리고 C는 계산 및 매장관리를 전반적으로 맡고 있다. A는 고객들이 다시 생각나게 할 수 있는 독창적인 커피 맛을 위해 커피 블렌딩을 연구하고 있으며, B는 커피와 적합하고, 고객들의 연령에 맞는 다양한 디저트를 개발 중이다. 그리고 C는 A와 B가 자신의 업무에 집중할 수 있도록 적극적으로 지원하고 있다. 이처럼 A ~ C는 서로의 업무를 이해하면서 즐겁게 일하고 있으며, 이것이 매출 상승의 원인으로 작용하고 있다.

① 의견의 불일치를 건설적으로 해결한다.

② 창조적으로 운영된다.

③ 결과에 초점을 맞춘다.

④ 역할을 명확하게 규정한다.

⑤ 개인의 강점을 활용한다.

51 다음 글에 해당하는 자원관리 시스템으로 옳은 것은?

> 미국의 코네티컷주 정보기술 컨설팅 회사인 가트너 그룹에서 처음으로 사용한 용어로, 인사·재무·생산 등 기업의 전 부문에 걸쳐 독립적으로 운영되던 인사정보 시스템·재무정보 시스템·생산관리 시스템 등을 하나로 통합하여 기업 내의 인적·물적 자원의 활용도를 극대화하고자 하는 경영혁신기법이다.
>
>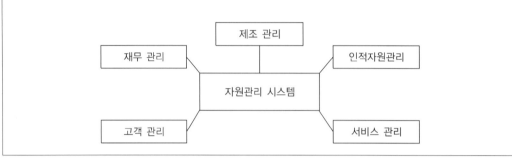

① TPS   ② MRP
③ ERP   ④ CRM
⑤ MIS

52 다음 중 자원과 자원관리능력에 대한 설명으로 가장 적절한 것은?

① 자원관리능력이 모든 사람에게 필요한 능력은 아니다.
② 한 가지 유형의 자원만 확보된다면 일을 진행할 수 있다.
③ 한 가지 유형의 자원이 없으면 다른 유형의 자원 확보가 어려울 수 있다.
④ 인적자원을 제외한 모든 자원은 제한적이다.
⑤ 자원이란 인간생활에 도움이 되는 자연계의 일부로, 자연자원만을 자원이라고 한다.

53 다음 자료를 토대로 할 때, 의사소통에 대한 설명으로 가장 적절한 것은?

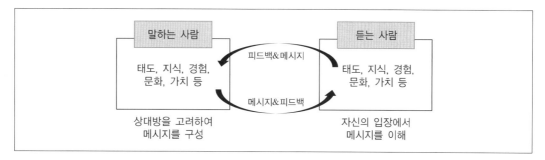

① 의사소통은 상대방에게 메시지를 전달하는 과정이다.

② 의사소통은 정보 전달만을 목적으로 한다.

③ 일방적인 문서를 통한 의사 전달도 의사소통으로 볼 수 있다.

④ 의사소통은 상대방과의 상호작용을 통해 메시지를 다루는 과정이다.

⑤ 성공적인 의사소통을 위해서는 상대방에게 자신의 정보를 최대한 많이 전달해야 한다.

54 기획팀의 A대리는 같은 팀의 B대리와 동일한 업무를 진행함에도 불구하고 항상 업무 마감 기한을 제대로 지키지 못해 어려움을 겪고 있다. B대리의 업무 처리 과정을 지켜본 결과 B대리는 업무 처리에 소요되는 시간을 미리 계획하여 일정을 여유 있게 조절하는 것을 알 수 있었다. 다음 중 A대리가 B대리의 업무 처리 과정을 따라 실천한다고 할 때, 얻을 수 있는 효과로 적절하지 않은 것은?

① A대리의 업무 스트레스가 줄어들 것이다.

② 기업의 생산성 향상에 도움을 줄 수 있을 것이다.

③ A대리는 다양한 역할 수행을 통해 균형적인 삶을 살 수 있을 것이다.

④ A대리의 업무 목표를 달성할 수 있을 것이다.

⑤ A대리는 앞으로 가시적인 업무에 전력을 다할 수 있을 것이다.

55 사냥개가 토끼의 뒤를 쫓고 있다. 사냥개가 세 걸음을 달리는 동안 토끼는 네 걸음을 달리고, 사냥개의 두 걸음의 길이는 토끼의 세 걸음의 길이와 같다. 사냥개와 토끼 사이의 거리가 10m라고 할 때, 사냥개가 토끼를 잡으려면 몇 m를 더 달려야 하는가?

① 82m   ② 85m

③ 88m   ④ 90m

⑤ 94m

56 작년 기획팀 팀원 20명의 평균 나이는 35세였다. 올해 65세 팀원 A와 55세 팀원 B가 퇴직하고 새로운 팀원 C가 입사하자 기획팀의 평균 나이가 작년보다 3세 줄었다. 이때, C의 나이는 몇 살인가?

① 28세   ② 30세

③ 32세   ④ 34세

⑤ 36세

57 다음 글에서 설명하는 조직의 원리로 가장 적절한 것은?

> 조직의 각 구성원은 누구나 한 사람의 직속상관에게만 보고하고, 또 그로부터 명령을 받아야 한다. 이는 조직 내의 혼란을 방지하고 책임의 소재를 분명히 하고자 하는 데 목적이 있다.

① 계층제의 원리   ② 분업의 원리

③ 조정의 원리   ④ 적도집권의 원리

⑤ 명령통일의 원리

58 다음 중 밑줄 친 ㉠, ㉡에 대한 설명으로 옳은 것은?

> 조직구조는 조직마다 다양하게 이루어지며, 조직목표의 효과적 달성에 영향을 미친다. 조직구조에 대한 많은 연구를 통해 조직구조에 영향을 미치는 요인으로는 조직의 전략, 규모, 기술, 환경 등이 있음을 확인할 수 있으며, 이에 따라 ㉠ 기계적 조직 혹은 ㉡ 유기적 조직으로 설계된다.

① ㉠은 의사결정 권한이 조직의 하부구성원들에게 많이 위임되어 있다.
② ㉡은 상하 간의 의사소통이 공식적인 경로를 통해 이루어진다.
③ ㉠은 규제나 통제의 정도가 낮아 의사소통 결정이 쉽게 변할 수 있다.
④ ㉡은 구성원들의 업무가 분명하게 정의된다.
⑤ 안정적이고 확실한 환경에서는 ㉠이 적절하고, 급변하는 환경에서는 ㉡이 적절하다.

59 다음 사례에서 나타난 A씨의 자원 낭비 요인은 무엇인가?

> A씨는 요즘 밤늦게까지 게임을 하느라 잠이 부족하다. 어젯밤에도 다음날 오전에 친구와 약속이 있다는 것을 알면서도 새벽까지 게임을 하느라 아침이 다 되어 잠이 들었다. 알람이 울려 잠시 눈을 떴지만, 잠을 더 자야겠다는 생각에 알람을 끄고 다시 눈을 감았다. 결국 해가 중천에 뜨고 나서야 일어난 A씨는 잔뜩 화가 난 친구의 문자를 확인하고 친구에게 전화를 걸었지만, 친구는 전화를 받지 않았다.

① 비계획적 행동   ② 편리성 추구
③ 자원에 대한 인식 부재   ④ 노하우 부족
⑤ 잘못된 가치 판단

60 다음은 갈등해결을 위한 6단계 프로세스이다. 3단계에 해당하는 대화로 가장 적절한 것은?

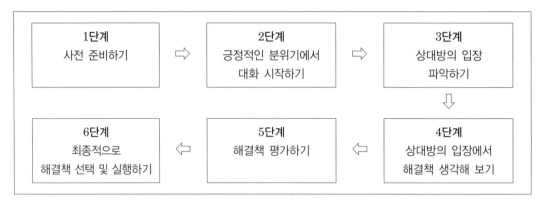

① 그럼 A씨의 생각대로 진행해 보시죠.

② 제 생각은 이런데, A씨의 생각은 어떠신지 말씀해 주시겠어요?

③ 저도 좋아요. 그것으로 결정해요.

④ 저는 모두가 만족하는 해결책을 찾고 싶어요.

⑤ A씨의 말은 아무리 들어도 이해가 안 되는데요.

3권

제2회
모듈형

NCS 모의고사

www.sdedu.co.kr

〈문항 및 시험시간〉

평가영역	문항 수	시험시간	모바일 OMR 답안채점 / 성적분석 서비스
의사소통능력 / 수리능력 / 문제해결능력 / 조직이해능력 / 정보능력 / 자원관리능력 / 기술능력 / 자기개발능력 / 대인관계능력 / 직업윤리	60문항	60분	

제2회 모의고사

문항 수 : 60문항
시험시간 : 60분

│ 의사소통능력

01 다음 중 문서이해의 절차를 순서대로 바르게 나열한 것은?

> ㉠ 문서의 목적을 이해
> ㉡ 상대방의 의도를 도표나 그림 등으로 메모하여 요약·정리
> ㉢ 문서를 통해 상대방의 욕구와 의도 및 요구되는 행동에 대한 내용 분석
> ㉣ 문서의 정보를 밝혀내고 문서가 제시하고 있는 현안 문제 파악
> ㉤ 문서에서 이해한 목적 달성을 위해 취해야 할 행동을 생각하고 결정
> ㉥ 문서가 작성되게 된 배경과 주제 파악

① ㉠ – ㉡ – ㉢ – ㉣ – ㉤ – ㉥
② ㉠ – ㉥ – ㉣ – ㉢ – ㉤ – ㉡
③ ㉡ – ㉢ – ㉣ – ㉤ – ㉥ – ㉠
④ ㉢ – ㉡ – ㉤ – ㉠ – ㉣ – ㉥
⑤ ㉥ – ㉠ – ㉣ – ㉢ – ㉤ – ㉡

│ 의사소통능력

02 A씨 부부는 대화를 하다 보면 사소한 다툼으로 이어지곤 한다. A씨의 아내는 A씨가 자신의 이야기를 제대로 들어주지 않기 때문이라고 생각한다. 다음 사례에 나타난 A씨의 경청을 방해하는 습관은 무엇인가?

> A씨의 아내가 남편에게 직장에서 업무 실수로 상사에게 혼난 일을 이야기하자 A씨는 "항상 일을 진행하면서 꼼꼼하게 확인하라고 했잖아요. 당신이 일을 처리하는 방법이 잘못됐어요. 다음부터는 일을 하기 전에 미리 계획을 세우고 체크리스트를 작성해보세요."라고 이야기했다. A씨의 아내는 이런 대답을 듣자고 이야기한 것이 아니라며 더 이상 이야기하고 싶지 않다고 말하며 밖으로 나가 버렸다.

① 짐작하기   ② 걸러내기
③ 판단하기   ④ 조언하기
⑤ 옳아야만 하기

03 다음 중 문서를 시각화할 때 고려해야 하는 사항으로 옳지 않은 것은?

① 한 눈에 보이도록 구성한다.

② 이해가 용이하도록 구성한다.

③ 다양한 방식을 통해 구성한다.

④ 최대한 구체적 자료를 담는다.

⑤ 숫자는 그래프로 표시한다.

04 다음 중 시간계획에 대한 설명으로 적절하지 않은 것을 〈보기〉에서 모두 고르면?

〈보기〉

㉠ 시간계획을 너무 자세하게 세우거나, 너무 간략하게 세우는 것은 좋지 않다.

㉡ 실현가능한 시간계획을 세우는 것이 중요하다.

㉢ 시간계획을 따르는 것이 가장 중요하므로 무슨 일이 있어도 계획에 따라 실천해야 한다.

㉣ 시간계획을 효과적으로 세운다면 실제 행동할 때와 차이가 거의 발생하지 않는다.

㉤ 자유로운 여유 시간은 시간계획에 포함되지 않는다.

① ㉠, ㉢

② ㉡, ㉢

③ ㉢, ㉣

④ ㉢, ㉤

⑤ ㉢, ㉣, ㉤

05 다음은 예산관리의 정의이다. 빈칸에 들어갈 단어로 적절하지 않은 것은?

예산관리는 활동이나 사업에 소요되는 비용을 산정하고, 예산을 _____하는 것뿐만 아니라 예산을 _____하는 것 모두를 포함한다고 할 수 있다. 즉, 예산을 _____하고 _____하는 모든 일을 예산관리라고 할 수 있다.

① 지원

② 편성

③ 통제

④ 수립

⑤ 집행

06 다음 중 조직목표의 기능에 대한 설명으로 옳지 않은 것은?

① 조직이 나아갈 방향을 제시해 주는 기능을 한다.

② 조직 구성원의 의사결정 기준의 기능을 한다.

③ 조직 구성원의 행동에 동기를 유발시키는 기능을 한다.

④ 조직을 운영하는 데에 융통성을 제공하는 기능을 한다.

⑤ 조직구조나 운영과정과 같이 조직 체제를 구체화할 수 있는 기준이 된다.

07 P사원의 상사가 P사원에게 다음과 같이 문서를 작성해 제출할 것을 요청하였을 때, P사원이 작성해야 할 문서의 종류는 무엇인가?

> 이번 문서를 토대로 P사원의 업무 결과가 평가되므로 이 점 유의하여 작성해 주시길 바랍니다. 최대한 핵심 적인 내용으로 간결하게 작성하시고, 복잡한 내용은 도표나 그림을 활용하는 것이 좋겠죠? 그리고 참고한 자료가 있다면 모두 함께 제시해 주어야 합니다. 최종적으로 부장님께 제출하기 전에 제가 확인을 할 예정이 지만, P사원도 제출하기 전에 잘못 작성한 부분은 없는지 등의 점검을 해 주시기 바랍니다.

① 보고서 ② 설명서

③ 기획서 ④ 제안서

⑤ 보도자료

08 다음은 문서작성 시 유의해야 할 한글 맞춤법 및 어법이다. 이를 참고할 때, 표기로 옳지 않은 것은?

〈한글 맞춤법 및 어법〉

1) 고 / 라고
   앞말이 직접 인용되는 말임을 나타내는 조사는 '라고'이다. '고'는 앞말이 간접 인용되는 말임을 나타내는 격조사이다.

2) 로써 / 로서
   지위나 신분 또는 자격을 나타내는 격조사는 '로서'이며, '로써'는 어떤 일의 수단이나 도구를 나타내는 격조사이다.

3) 율 / 률
   받침이 있는 말 뒤에서는 '렬, 률', 받침이 없는 말이나 'ㄴ' 받침으로 끝나는 말 뒤에서는 '열, 율'로 적는다.

4) 년도 / 연도
   한자음 '녀, 뇨, 뉴, 니'가 단어 첫머리에 올 때는 두음 법칙에 따라 '여, 요, 유, 이'로 적는다. 단, 의존 명사의 경우 두음 법칙을 적용하지 않는다.

5) 연월일의 표기
   아라비아 숫자만으로 연월일을 표시할 경우 마침표는 연월일 다음에 모두 사용해야 한다.

---

① 이사장은 "이번 기회를 통해 소중함을 깨닫게 되었으면 좋겠다."라고 말했다.

② 모든 것이 말로써 다 표현되는 것은 아니다.

③ 올해의 상반기 목표 성장률을 달성하기 위해서는 모두가 함께 노력해야 한다.

④ 노인 일자리 추가 지원 사업을 시작한 지 반 연도 되지 않아 지원이 끝이 났다.

⑤ 시험 원서 접수는 2024. 12. 06.(금)에 마감됩니다.

외국계 게임회사에서 신사업기획을 담당하다 2년 전 교육용 소프트웨어 회사의 기술영업직으로 이직을 한 김대리는 최근 자신에 대한 심각한 고민에 빠지기 시작했다. 처음 이직을 할 때는 자신감이 있었다. 외향적이며 적극적이라는 얘기도 주변에서 많이 들었고 무엇보다 영업을 하면 신사업기획을 할 때와는 달리 실제 현장에서 손에 잡히는 일을 할 수 있을 것이라고 느껴서 일을 시작하게 되었다. 그럼에도 불구하고 2년이 지난 지금 실적 문제로 인해 곤란한 상황에 놓이게 되었다. 팀 내에서도 실적이 제일 좋지 않아 매일 팀장 눈치를 보고 있고, 더군다나 경기도 안 좋아져서 조직 내 압박감도 크게 느끼고 있다.

기존에 신사업기획 직무를 맡았을 때는 인정도 받고 성과도 좋은 편에 속했다. 다만 스스로가 만족스럽지 않았다. 하는 일이 뜬구름 잡는 이야기 같고 내가 이걸 잘해서 뭘 할 수 있는지도 명확하지 않았다. 또한 조직의 상황이나 방향에 따라 열심히 해 놓은 사업기획이 실행되지 않는 것으로 의욕이 많이 꺾이기도 했다. 실제 현장에서 뛰는 영업은 자신도 있고 잘할 수 있을 것이라고 생각했는데 요즘은 전에 했던 직무가 더 맞는 것인지 다시 의문이 든다. 그러다 보니 일도 손에 잘 안 잡히고 고민만 늘어가기 시작했다.

┃ 자기개발능력

09 다음 중 업무전환에 대한 김대리의 문제점으로 볼 수 없는 것은?

① 객관적으로 자신을 바라보고 스스로를 잘 이해하지 못했다.
② 업무 수행을 위한 치밀한 준비와 노력이 선행되지 않았다.
③ 자신의 가치를 위해 한 단계 더 성장하고자 하는 욕구와 의지가 부족했다.
④ 업무전환에 대해 자신의 한계를 명확하게 인식하지 못했다.
⑤ 직업 생활에서 자신의 가치에 대한 확신이 부족했다.

┃ 자기개발능력

10 다음 중 김대리가 자신을 위해 해야 하는 행동으로 가장 적절한 것은?

① 지금 나타나는 자신의 한계를 돌파할 수 있는 단기적인 대응책을 찾아 실행해야 한다.
② 과거에 했던 일이나 지금 하는 일을 제외하고 현재 자신의 흥미는 무엇인지를 고민해야 한다.
③ 성장 욕구나 의지 부족이라고 생각하고 더 강한 정신력을 가질 수 있도록 스스로를 채찍질해야 한다.
④ 다시 원점으로 돌아가 자신의 내면을 파악하고 행동에 미치는 영향에 대해 생각해 보아야 한다.
⑤ 다른 사람들의 조언을 전부 수용하여 모두가 지향하는 모습으로 자기개발 방법을 설정해야 한다.

11 다음은 데이터베이스에 대한 설명이다. 데이터베이스의 특징으로 적절하지 않은 것은?

> 데이터베이스란 대량의 자료를 관리하고 내용을 구조화하여 검색이나 자료 관리 작업을 효과적으로 실행하는 프로그램으로, 삽입, 삭제, 수정, 갱신 등을 통하여 항상 최신의 데이터를 유동적으로 유지할 수 있으며, 이와 같은 다량의 데이터는 사용자의 질의에 대한 신속한 응답 처리를 가능하게 한다. 또한 이러한 데이터를 여러 명의 사용자가 동시에 공유할 수 있고, 각 데이터를 참조할 때는 사용자가 요구하는 내용에 따라 참조가 가능함은 물론 응용프로그램과 데이터베이스를 독립시킴으로써 데이터를 변경시키더라도 응용프로그램은 변경되지 않는다.

① 실시간 접근성 ② 계속적인 진화
③ 동시 공유 ④ 내용에 의한 참조
⑤ 데이터 논리적 의존성

12 다음 중 (가) ~ (다)의 문제해결 방법을 바르게 연결한 것은?

> (가) 상이한 문화적 토양을 가지고 있는 구성원을 가정하고, 서로의 생각을 직설적으로 주장하고 논쟁이나 협상을 통해 서로의 의견을 조정해 가는 방법이다. 이때 논리, 즉 사실과 원칙에 근거한 토론이 중심적 역할을 한다.
>
> (나) 깊이 있는 커뮤니케이션을 통해 서로의 문제점을 이해하고 공감함으로써 창조적인 문제해결을 도모한다. 초기에 생각하지 못했던 창조적인 해결 방법이 도출되고, 동시에 구성원의 동기와 팀워크가 강화된다.
>
> (다) 조직 구성원들을 같은 문화적 토양을 가지고 이심전심으로 서로를 이해하는 상황으로 가정한다. 무언가를 시사하거나 암시를 통하여 의사를 전달하고 기분을 서로 통하게 함으로써 문제해결을 도모하려고 한다.

	(가)	(나)	(다)
①	퍼실리테이션	하드 어프로치	소프트 어프로치
②	소프트 어프로치	하드 어프로치	퍼실리테이션
③	소프트 어프로치	퍼실리테이션	하드 어프로치
④	하드 어프로치	퍼실리테이션	소프트 어프로치
⑤	하드 어프로치	소프트 어프로치	퍼실리테이션

13 다음 글을 읽고 이해한 내용으로 적절하지 않은 것은?

> A와 B는 전파사를 운영하고 있다. A는 간단한 일로 부르는 고객의 집에는 바쁘다는 핑계로 가기를 거부하고, 전기의 합선을 고치는 등 돈벌이가 되는 일만 찾아다녔다. 뿐만 아니라 고객에게 터무니없이 많은 대가를 요구하는 버릇이 있었다. 반면 B는 고객의 요청만 있으면 일의 크고 작음을 가리지 않고 곧장 달려갔을 뿐만 아니라, 부당하게 많은 돈을 받는 일도 없었다. 이처럼 불성실하게 가게를 운영하던 A의 전파사는 매출이 오르지 않아 가게를 줄여서 변두리로 나가게 되었고, 성실하게 가게를 운영한 B의 전파사는 동생에게도 기술을 가르쳐서 또 하나의 가게를 낼 수 있을 정도로 성업을 이루었다.

① A의 경우 단시간에 돈을 벌기 위해서 성실하지 않은 태도를 보였다.
② 장기적으로 볼 때에는 성실한 사람이 결국 성공하게 됨을 알 수 있다.
③ A의 경우 고객에 대해 부정직한 모습도 볼 수 있다.
④ 당장 눈앞의 이익이 되는 일보다는 바람직한 일을 해야 한다.
⑤ B를 통해 항상 해오던 방식이 언제나 옳은 것은 아님을 알 수 있다.

14 다음 사례에서 나타난 산업재해에 대한 원인으로 가장 적절한 것은?

> 원유저장탱크에서 탱크 동체 하부에 설치된 믹서 임펠러의 날개깃이 파손됨에 따라 과진동(과하중)이 발생하여 믹서의 지지부분(볼트)이 파손되어 축이 이탈되면서 생긴 구멍을 통해 탱크 내부의 원유가 대량으로 유출되었다. 분석에 따르면 임펠러 날개깃의 파손이 피로 현상에 의해 발생되어 표면에 응력집중을 일으킬 수 있는 결함이 존재하였을 가능성이 높다고 한다.

① 작업 관리상 원인   ② 기술적 원인
③ 교육적 원인   ④ 불안전한 행동
⑤ 고의적인 악행

15 A씨는 8층까지 있는 건물에 태양광 패널을 새로 설치하려고 한다. 옥상과 7 ~ 8층 바깥 벽면 4개의 면에 설치하며, 태양광 패널은 $1m^2$당 설치비용이 30만 원이다. 이때, 들어가는 총 설치비용은 얼마인가?(단, 층 사이 간격과 창문은 무시하며, 층마다 높이는 동일하다)

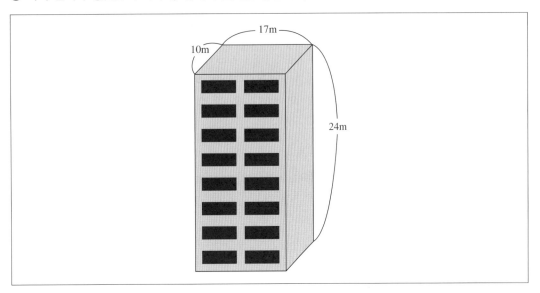

① 11,520만 원
② 12,860만 원
③ 13,560만 원
④ 14,820만 원
⑤ 15,220만 원

리베이트의 의미는 우리나라에서는 많이 퇴색되어 있지만 미국에서는 발달한 제도로, 대형 판촉행사에서 많이 활용되고 있다. 리베이트는 판매 장려금으로, 영업행위의 도구로 흔히 사용되고 있다.

우리나라의 경우 제약업에서 문제가 되는 경우가 빈번하다. 우리나라는 왜곡된 의료보장체계와 복제 의약품이 난립하고 있기 때문에 제약업계의 대부분 기업이 신약 개발에 투자하기보다는 복제 의약품 판매에 열을 올리고 있다. 환자를 뺏고 뺏기는 경쟁체제가 심화되면서 정직한 영업을 하기보다는 리베이트를 통해 시장점유율과 매출을 확대시키려는 기업들이 늘어나고 있다. 처방을 해 주는 의사들에게 금전을 제공하거나 세미나나 모임 등을 음성적으로 지원해 주는 경우가 빈번하며, 제약업체 영업사원에게 병원 소모품 구매나 개인적인 업무 대행까지 요구해 문제가 되는 사례도 있다. 리베이트는 현행법상 불법이며, 횡령과 분식회계 등 사회적인 문제를 발생시키고 있다.

┃직업윤리

16 다음 중 윤리적 행위의 유형에서 리베이트가 해당하는 행위로 가장 적절한 것은?

① 도덕적 타성 ② 도덕적 태만
③ 거짓말 ④ 무지
⑤ 무관심

┃직업윤리

17 다음 중 윗글과 같은 비윤리적 행위가 일어나는 원인으로 적절하지 않은 것은?

① 윤리적 문제에 대해 제대로 인식하지 못하는 데에서 기인한다.

② 비윤리적 행동이 미치는 영향에 대해 별거 아니라고 생각하는 데 원인이 있다.

③ 자신들의 입장과 처지를 보호하기 위해 보호적으로 하는 행위이다.

④ 비윤리적 행위라는 것을 분명히 알고 있으나, 그것과 서로 충돌하는 가치가 있을 경우 그것을 선호하는 경우이다.

⑤ 자신의 행위가 비윤리적이라는 것을 알고 있지만 윤리적인 기준에 따라 행동하는 것을 중요하게 여기지 않는 태도에 원인이 있다.

18 다음 중 빈칸 ㉠~㉢에 들어갈 말을 순서대로 바르게 나열한 것은?

> ___㉠___ (이)란 업무를 수행함에 있어서 답을 요구하는 질문이나 의논하여 해결해야 하는 사항을 의미한다.
> ___㉠___ 은/는 흔히 ___㉡___ 와/과 구분하지 않고 사용되는데, ___㉡___ (이)란 ___㉢___ 의 원인이 되는 사항으로, 해결을 위해서 손을 써야 할 대상을 말한다.

	㉠	㉡	㉢
①	문제	문제점	결과
②	문제	문제점	문제
③	문제점	오류	문제
④	문제점	문제	문제점
⑤	문제점	문제	결과

19 총길이가 20km인 원형 트랙을 자동차로 4시간 동안 시계방향으로 돌았다. 처음 2시간 동안 10회, 다음 1시간 동안 6회, 마지막 1시간 동안 4회를 돌았다면, 4시간 동안의 자동차 평균 속력은 몇 km/h인가?

① 60km/h

② 70km/h

③ 80km/h

④ 90km/h

⑤ 100km/h

20 다음 중 갈등상황을 효과적으로 관리하기 위해 박팀장이 한 행동에 대한 설명으로 적절하지 않은 것은?

해외에서 믹서기를 수입해서 판매하고 있는 K사 영업팀의 김대리는 업무 수행상 문제가 생겨 영업팀장인 박팀장, 구매팀 수입물류 담당자인 최과장과 회의를 하게 되었다.

김대리 : 최과장님, E사 납품일이 일주일도 남지 않았습니다. E사에 납품해야 하는 기기가 한두 대도 아니고 자그마치 300대입니다. 이번 물량만 해도 100대인데 아직 통관절차가 진행 중이라니요. 통관이 끝나도 운송에 한글버전으로 패치도 해야 하고, 하루 이틀 문제가 아닙니다.

최과장 : 우리 팀도 최선을 다해 노력하고 있어. 관세사한테도 연락했고 인천세관에도 실시간으로 체크를 하고 있는데 코로나도 그렇고 상황이 이런 걸 어떻게 하겠어. 불가항력이야.

김대리 : 지난번에 초도 물량 납품할 때도 동일한 문제가 있었습니다. 과장님도 기억하시죠? 매번 구매팀에서 서둘러 주지를 않아서 지난번에도 저희 팀 인원까지 투입하고 야간작업까지 해서 겨우 납품일을 맞췄습니다. 이번에는 이런 식이면 납품일을 하루 이틀은 넘기게 될 게 눈에 보입니다. 불가항력이라니요. 어떻게든 맞춰주십시오.

최과장 : 미안한데 고객사에 상황을 설명하고 한 3일만 납품일을 늦춰주면 안 될까?

김대리 : 안 됩니다. 어렵게 계약한 거 알고 계시잖아요. E사는 저희 고객사 중에도 제일 크지만 업계에서도 서로 납품하려고 눈에 불을 켜고 있는 곳입니다. 문제가 일어나면 경쟁사들이 하이에나처럼 달려들 거예요.

박팀장 : 둘 다 진정하고 다 우리가 잘하려고 하다 보니 일어난 문제가 아닌가. 목표는 같으니 같이 생각을 한번 해 보자고. 최과장, 지난 번 수입할 때는 일주일이 채 안 걸린 것 같은데 벌써 열흘이 넘었으니 문제가 뭐야?

최과장 : 일단 배송도 늦어졌고 통관도 서류상에 문제가 있어 지연되고 있습니다. 제조업체에서 추가로 확인받아야 할 서류들이 있는데 그쪽도 원격근무를 하다 보니 처리가 늦어지고 있어서요. 소통에 문제가 있습니다.

박팀장 : 그럼 우선 해외 제조사에 연락해서 문제의 실마리를 찾아보자고. 최과장은 나랑 같이 연락을 해 봅시다.

① 갈등상황을 받아들이고 객관적으로 평가하고 있다.
② 갈등을 유발시킨 원인에 대해 알아보고 있다.
③ 갈등은 부정적인 결과를 초래한다는 인식을 전제로 하고 있다.
④ 조직에 이익이 될 수 있는 해결책을 찾아보고 있다.
⑤ 대화와 협상으로 의견조율에 초점을 맞추고 있다.

21 전체가 200명인 집단을 대상으로 S, K, M 3개의 방송사 오디션 프로그램에 대한 선호도를 조사하였더니 다음과 같은 결과를 얻었다. S방송사의 오디션 프로그램을 좋아하는 사람 중 남자의 비율은 얼마인가?

〈선호도 조사결과〉

- 각 응답자는 S사, K사, M사 중 하나로 응답하였다.
- 전체 응답자 중 여자는 60%이다.
- 여자 응답자 중 50%가 S사를 선택했다.
- K사를 선택한 남자 응답자는 30명이다.
- 남자 응답자 중 M사를 선택한 사람은 40%이다.
- M사를 선택한 여자 응답자는 20명이다.

---

① $\dfrac{1}{5}$

② $\dfrac{2}{5}$

③ $\dfrac{3}{13}$

④ $\dfrac{19}{39}$

⑤ $\dfrac{5}{23}$

22 다음 설명에 해당하는 그래프로 옳은 것은?

- 원 그래프의 일종으로, 거미줄 그래프라고도 한다.
- 비교하는 수량을 지름 또는 반지름으로 나누어 원의 중심에서 거리에 따라 각 수량의 관계를 나타낸다.
- 주로 계절별 매출액 등의 변동을 비교하거나 경과 등을 나타낼 때 사용한다.

---

① 막대 그래프

② 레이더 차트

③ 선 그래프

④ 층별 그래프

⑤ 점 그래프

23 다음은 교육팀에서 근무하는 L사원이 직장동료에게 자신에 대한 사원평가 결과를 이야기하는 내용이다. L사원의 자기개발 실패 원인으로 가장 적절한 것은?

> 이번 회사에서 사원평가를 했는데 나보고 자기개발능력이 부족하다고 하네. 6시 퇴근시각에 바로 퇴근을 하더라도 집이 머니까 도착하면 8시고, 바로 씻고 저녁 먹고 잠깐 쉬면 금방 10시야. 방 정리하고 설거지하면 어느새 11시가 되는데, 어느 틈에 자기개발을 하라는 건지 이해도 잘 안 되고 답답하기만 해.

① 자기중심적이고 제한적인 사고
② 현재 하고 있는 일을 지속하려는 습성
③ 자신의 주장과 반대되는 주장에 대한 배척
④ 자기개발 방법에 대한 정보 부족
⑤ 인간의 욕구와 감정의 작용

24 A대리는 K공사 사내 문제처리 과정을 매뉴얼하여 전사에 공표하는 업무를 맡게 되었다. 문제처리 과정 중 마지막 단계인 실행 및 Follow-up 단계에서 실행상의 문제점을 해결하기 위한 모니터링 체제를 구축하기 위해 고려해야 할 체크리스트를 만들려고 한다. 다음 중 체크리스트 항목으로 적절하지 않은 것은?

① 문제가 재발하지 않을 것을 확신할 수 있는가?
② 해결안별 세부실행내용이 구체적으로 수립되었는가?
③ 혹시 또 다른 문제를 발생시키지 않았는가?
④ 바람직한 상태가 달성되었는가?
⑤ 사전에 목표한 기간 및 비용은 계획대로 지켜졌는가?

- 인쇄기기 제조업체 A사는 타 업체에 시장점유율이 밀리자 해당 업체의 프린터기를 구입하여 분해한 뒤 분석하여, 성공요인을 도출하였다. 이러한 성공요인을 신제품 개발에 활용하거나 기존 제품에 적용함으로써 자사의 제품 경쟁력을 향상시켰다.
- 대형 유통판매업체 B사는 해외 대형 할인점을 따라 다수의 패션브랜드를 매장 안에 입점시킴으로써 매장의 분위기를 전환하였다. B사의 관계자는 해외 대형 할인점을 참고한 것은 맞으나, 구체적인 방법은 국내 현실 및 소비자 성향에 맞게 조정하였다고 밝혔다.
- 국내 금융업체인 C금융사의 본사에는 대형 디스플레이가 설치되어 있다. 이 디스플레이에는 C금융사 고객이 남긴 불만사항이 실시간으로 업데이트되고 있다. 이러한 방식은 뉴욕의 한 신문사에서 본사에 설치된 모니터의 독자의 댓글들이 실시간으로 나타나는 것을 보게 된 경영진이 C금융사에도 도입하게 된 것이다. 그러나 디스플레이 도입 후, 직원들은 디스플레이가 부담스럽고 심리적 압박감을 유발한다고 불만사항을 제기하였다. 예상치 못한 결과에 C금융사의 경영진들은 직원들에게 불만을 잠재우면서도 디스플레이의 설치 목적은 그대로 유지할 수 있는 방안을 마련하고자 한다.

┃ 기술능력

25 다음 중 A ~ C사가 수행한 기술 선택의 방법에 대한 설명으로 적절하지 않은 것은?

① 우수 기업이나 성공 사례의 장점을 자사에 그대로 적용하는 방법이다.
② 특정 분야에서 뛰어난 업체나 상품, 기술, 경영 방식 등을 배워 합법적으로 응용하는 것이다.
③ 계획 단계, 자료 수집 단계, 분석 단계, 개선 단계로 진행될 수 있다.
④ 비교대상에 따른 분류와 수행방식에 따른 분류로 그 종류를 나눌 수 있다.
⑤ 수행방식에 따른 분류에는 직·간접적 방법이 있다.

┃ 기술능력

26 다음 중 C금융사가 수행한 기술선택의 방법으로 적절한 것을 〈보기〉에서 모두 고르면?

─〈보기〉─

㉠ 같은 기업 내의 다른 지역, 타 부서, 국가 간의 유사한 활용을 대상으로 하는 기술선택 방법이다.
㉡ 동일 업종에서 고객을 직접적으로 공유하는 경쟁기업을 대상으로 하는 기술선택 방법이다.
㉢ 제품, 서비스 및 프로세스의 단위 분야에 있어 가장 우수한 실무를 보이는 비경쟁적 기업 내의 유사 분야를 대상으로 하는 기술선택 방법이다.
㉣ 대상을 직접 방문하여 수행하는 기술선택 방법이다.
㉤ 인터넷 및 문서 형태의 자료를 통해서 수행하는 기술선택 방법이다.

① ㉠, ㉡
② ㉠, ㉤
③ ㉡, ㉢
④ ㉢, ㉣
⑤ ㉣, ㉤

※ 다음은 K기관의 불만고객 응대 프로세스에 따른 상담 내용이다. 이어지는 질문에 답하시오. **[27~28]**

상담사 : 안녕하십니까. K기관 상담사 ㅁㅁㅁ입니다.
  고객 : 학자금 대출 이자 납입건으로 문의할 게 있어서요.
상담사 : 네, 고객님 어떤 내용이신지 말씀해 주시면 제가 도움을 드리도록 하겠습니다.
  고객 : 제가 K기관으로부터 대출을 받고 있는데 아무래도 대출 이자가 잘못 나간 것 같아서요. 안 그래도 바쁘고 시간도 없는데 이것 때문에 비 오는 날 우산도 없이 은행에 왔다 갔다 했네요. 도대체 일을 어떻게 처리하는 건지…
상담사 : 아 그러셨군요, 고객님. 먼저 본인확인 부탁드립니다. 성함과 전화번호를 말씀해 주세요.
  고객 : 네, △△△이고요. 전화번호는 000-0000-0000입니다.
상담사 : 확인해 주셔서 감사합니다. _____

27 다음 중 윗글의 불만고객은 어떤 유형의 불만고객에 해당하는가?

① 거만형   ② 의심형
③ 트집형   ④ 빨리빨리형
⑤ 우유부단형

28 다음 중 윗글의 빈칸에 들어갈 내용으로 적절한 것을 〈보기〉에서 모두 고르면?

───〈보기〉───
㉠ 어떤 해결 방안을 제시해 주는 것이 좋은지 고객에게 의견을 묻는다.
㉡ 고객 불만 사례를 동료에게 전달하겠다고 한다.
㉢ 고객이 불만을 느낀 상황에 대한 빠른 해결을 약속한다.
㉣ 대출내역을 검토한 후 어떤 부분에 문제가 있었는지 확인하고 답변해 준다.

① ㉠, ㉡   ② ㉠, ㉢
③ ㉡, ㉢   ④ ㉡, ㉣
⑤ ㉢, ㉣

29 K패션회사의 기획홍보부에 근무하는 P대리는 자신이 해야 할 일들을 다음과 같이 메모하였고, 일이 차질 없이 진행되도록 〈보기〉에 업무를 나누어 적어보려고 한다. 각 업무에 해당하는 순위를 바르게 연결한 것은?

〈해야 할 일(1월 1일 기준)〉

㉠ 기획홍보부 신입사원 사내 기본교육 및 업무 인수인계 진행(다음 주까지)

㉡ 경쟁업체 신규 매장 오픈(4월 1일)으로 인한 경영전략 수립(3월 중 유통부와 공조하여 진행)

㉢ 3월 1일에 시작하는 봄맞이 프로모션 준비 : 할인 품목 및 할인율 재점검, 프로모션 전략자료 준비(2월 1일까지 제출)

㉣ 어학학원 수강신청 및 등록

〈보기〉

중요한 것

	2순위 계획하고 준비해야 할 문제	1순위 제일 먼저 해결해야 할 긴급하고 중요한 문제	
긴급하지 않은 것			긴급한 것
	4순위 상대적으로 하찮은 일	3순위 신속히 해결해야 할 문제	

중요하지 않은 것

	1순위	2순위	3순위	4순위
①	㉠	㉡	㉢	㉣
②	㉡	㉢	㉠	㉣
③	㉢	㉠	㉡	㉣
④	㉢	㉡	㉠	㉣
⑤	㉣	㉢	㉠	㉡

30 제품 A는 1개에 600원, 제품 B는 1개에 1,000원이다. 김사원이 거스름돈을 전혀 남기지 않고 12,000원으로 A와 B를 살 수 있는 경우의 수는?(단, A만 모두 사거나 B만 모두 사는 것도 가능하다)

① 4가지   ② 5가지

③ 6가지   ④ 7가지

⑤ 8가지

31 다음 중 창의적 사고에 대한 설명으로 옳지 않은 것을 〈보기〉에서 모두 고르면?

──── 〈보기〉 ────

A. 창의적 사고는 아무것도 없는 무에서 유를 만들어 내는 것이다.
B. 창의적 사고는 끊임없이 참신한 아이디어를 산출하는 힘이다.
C. 우리는 매일매일 끊임없이 창의적 사고를 계속하고 있다.
D. 필요한 물건을 싸게 사기 위해서 하는 많은 생각들은 창의적 사고에 해당하지 않는다.
E. 창의적 사고를 대단하게 여기는 사람들의 편견과 달리 창의적 사고는 누구에게나 존재한다.

① A, C   ② A, D

③ C, D   ④ C, E

⑤ D, E

32 다음은 기획안을 제출하기 위한 정보수집 전에 어떠한 정보를 어떻게 수집할지에 대한 '정보의 전략적 기획'의 사례이다. S사원이 필요한 정보에 대한 설명으로 적절하지 않은 것은?

K전자의 S사원은 상사로부터 세탁기 신상품에 대한 기획안을 제출하라는 업무를 받았다. 먼저 S사원은 기획안을 작성하기 위해 자신에게 어떠한 정보가 필요한지를 생각해 보았다. 개발하려는 세탁기 신상품의 컨셉은 중년층을 대상으로 한 실용적이고 경제적이며, 조작하기 쉬운 것을 대표적인 특징으로 삼고 있다.

① 기존에 세탁기를 구매한 고객들의 데이터베이스로부터 정보가 필요할 수도 있다.
② 현재 세탁기를 사용하면서 불편한 점은 무엇인지에 대한 정보가 필요하다.
③ 데이터베이스로부터 성별에 따른 세탁기 선호 디자인에 대한 정보가 필요하다.
④ 고객들의 세탁기에 대한 부담 가능한 금액은 얼마인지에 대한 정보도 필요하다.
⑤ 데이터베이스를 통해 중년층이 선호하는 디자인이나 색은 무엇인지에 대한 정보도 있으면 좋을 것이다.

33 다음은 K공사의 국토정보 유지관리사업에 대한 SWOT 분석결과이다. 이에 대한 판단으로 적절하지 않은 것을 〈보기〉에서 모두 고르면?

〈K공사의 국토정보 유지관리사업에 대한 SWOT 분석결과〉

구분	분석결과
강점(Strength)	• 도로명주소 서비스의 정확성 개선사업을 통한 국토정보 유지관리사업 추진 경험 • 위치기반 생활지원 서비스인 '랜디랑'의 성공적 구축
약점(Weakness)	• 국토정보 수집 관련 기기 및 설비 운용인력의 부족 • 공공수요에 편중된 국토정보 활용
기회(Opportunity)	• 국토정보체계 표준화에 성공한 해외 기관과의 지원협력 기회 마련
위협(Threat)	• 드론 조종사 양성을 위한 예산 확보 어려움

〈보기〉

ⓒ 유지관리사업 추진 노하우를 해외 기관에 제공하고 이를 더욱 개선하기 위해 국내에서 예산을 확보하는 것은 SO전략에 해당한다.
ⓒ 랜디랑의 성공적 구축 사례를 활용해 드론 운용사업의 잠재성을 강조하여 드론 조종사 양성 예산을 확보해 내는 것은 ST전략에 해당한다.
ⓒ 해외 기관과의 협력을 통해 국토정보 유지관리사업을 개선하는 것은 WO전략에 해당한다.
ⓒ 드론 조종사 양성을 위한 예산을 확보하여 기기 운용인력을 확충하기 위해 노력하는 것은 WT전략에 해당한다.

① ㄱ, ㄴ
② ㄱ, ㄷ
③ ㄴ, ㄷ
④ ㄴ, ㄹ
⑤ ㄷ, ㄹ

34 다음 대화에서 나타난 논리적 오류로 가장 적절한 것은?

의사 : 음주와 흡연은 고혈압과 당뇨를 유발할 수 있으니 조절하십시오.
환자 : 에이, 의사선생님도 술, 담배 하시잖아요.

① 성급한 일반화의 오류
② 피장파장의 오류
③ 군중에 호소하는 오류
④ 인신공격의 오류
⑤ 흑백사고의 오류

※ 다음 글을 읽고 이어지는 질문에 답하시오. [35~36]

의류회사에서 디자이너로 일하고 있는 직장인 A씨는 평소 관심이 많았던 메이크업에 대해 꾸준히 공부하고 기술을 익혀 얼마 전부터 패션 유튜버로 활동하고 있다. 주중에는 회사에서 본연의 업무에 충실하고 주 52시간 근무제가 자리를 잡으면서 저녁 여가시간과 주말을 이용해 메이크업과 코디네이션에 대한 콘텐츠를 만들어 유튜버로 이름을 알리고 있다. 사람들이 평소 관심이 많은 분야라서 그런지 구독자 수는 생각보다 빨리 늘어나기 시작했다.

몇 개월 준비기간을 거쳐 일주일에 한 번씩 콘텐츠를 꾸준히 올린 결과 활동 6개월째부터는 많지는 않지만 광고수입도 일부 얻을 수 있었다. A씨는 유튜버로 활동하면서 추가 수입과 자신의 흥미를 충족시킬 수 있어 좋다는 생각이 들었다. 또 시간이 많이 흐르고 조직생활이 끝나면 창업을 하거나 독립을 하게 되어도 자신에게 도움이 될 것이라는 생각도 하게 되었다.

---

35 다음 중 윗글에 제시된 경력개발과 가장 관련이 있는 이슈는 무엇인가?

① 청년실업

② 창업경력

③ 평생학습사회

④ 투잡(Two Jobs)

⑤ 일과 생활의 균형

36 다음 중 A씨가 하고 있는 경력개발과 관련된 사회 환경의 변화로 적절하지 않은 것은?

① 지식과 정보의 폭발적인 증가로 새로운 기술개발에 따라 직업에서 요구되는 능력도 변화하고 있다.

② 지속적인 경기불황에 따라 2개 혹은 그 이상의 직업을 가지는 사람들이 늘어나고 있다.

③ 주 5일제와 주 52시간 근무제가 시행되면서 직장인들 사이에 확대되는 추세를 보이고 있다.

④ 경제적인 이유와 자아실현, 실직 대비 등이 주요 목적으로 나타난다.

⑤ 꾸준한 경력 개발에 대한 중요성이 커지고 있고, 경력 개발의 방법이 다양해지고 있다.

37 다음 중 거래적 리더십과 변혁적 리더십의 차이점에 대한 설명으로 적절하지 않은 것은?

> 거래적 리더십은 '규칙을 따르는' 의무에 관계되어 있기 때문에 거래적 리더들은 변화를 촉진하기보다는 조직의 안정을 유지하는 것을 중시한다. 그리고 거래적 리더십에는 리더의 요구에 부하가 순응하는 결과를 가져오는 교환 과정이 포함된다. 그러나 조직원들의 과업목표에 대해 열의와 몰입까지는 발생시키지 않는 것이 일반적이다.
>
> 반면, 변혁적 리더십은 리더가 조직원들에게 장기적 비전을 제시하고 그 비전을 향해 매진하도록 조직원들로 하여금 자신의 정서·가치관·행동 등을 바꾸어 목표달성을 위한 성취의지와 자신감을 고취시킨다. 즉, 거래적 리더십은 교환에 초점을 맞춰 단기적 목표를 달성하고 이에 따른 보상을 받고, 변혁적 리더십은 장기적으로 성장과 발전을 도모하며 조직원들의 소속감, 몰입감, 응집력, 직무만족 등을 발생시킨다.

① 거래적 리더십의 보상체계는 규정에 맞게 성과 달성 시 인센티브와 보상이 주어진다.

② 변혁적 리더십은 기계적 관료제에 적합하고, 거래적 리더십은 단순구조나 임시조직에 적합하다.

③ 거래적 리더십은 안전을 지향하고 폐쇄적인 성격을 가지고 있다.

④ 변혁적 리더십은 공동목표를 추구하고 리더가 교육적 역할을 담당한다.

⑤ 변혁적 리더십은 업무 등의 과제의 가치와 당위성을 주시하여 성공에 대한 기대를 제공한다.

38 다음 중 직업윤리의 5대 원칙으로 적절하지 않은 것은?

> 〈직업윤리의 5대 원칙〉
>
> • 업무의 공공성을 바탕으로 공사구분을 명확히 하고, 모든 것을 숨김없이 투명하게 처리하는 원칙
> • 고객에 대한 봉사를 최우선으로 생각하고 현장 중심, 실천 중심으로 일하는 원칙
> • 자기업무에 전문가로서의 능력과 의식을 가지고 책임을 다하며, 능력을 연마하는 원칙
> • 업무와 관련된 모든 것을 숨김없이 정직하게 수행하고, 본분과 약속을 지켜 신뢰를 유지하는 원칙
> • 법규를 준수하고, 경쟁원리에 따라 공정하게 행동하는 원칙

① 정직과 신용의 원칙   ② 전문성의 원칙

③ 공정경쟁의 원칙   ④ 고객중심의 원칙

⑤ 주관성의 원칙

39 다음 글에서 설명하고 있는 기술용어로 가장 적절한 것은?

> 농부는 농기계와 화학비료를 써서 밀을 재배하고 수확한다. 이렇게 생산된 밀은 보관업자, 운송업자, 제분회사, 제빵 공장을 거쳐 시장으로 판매된다. 보다 높은 생산성을 위해 화학비료를 연구하고, 공장을 가동하기 위해 공작기계와 전기를 생산한다. 보다 빠른 운송을 위해서 트럭이나 기차, 배가 개발되었고, 보다 효과적인 운송수단과 농기계를 운용하기 위해 증기기관에서 석유에너지로 발전하였다. 이렇듯 우리의 식탁에 올라오는 빵은 여러 기술이 네트워크로 결합하여 시너지를 내고 있는 결과물이다.

① 기술시스템 ② 기술혁신

③ 기술경영 ④ 기술이전

⑤ 기술경쟁

40 자사에 적합한 인재를 채용하기 위해 면접을 진행 중인 K회사의 2차 면접에서는 어떤 주제나 주장 등에 대해서 적극적으로 분석하고 종합하며, 평가하는 능동적 사고인 비판적 사고를 평가한다. 다음 중 가장 낮은 평가를 받게 될 지원자는 누구인가?

① A지원자 : 문제에 대한 개선방안을 찾기 위해서는 먼저 자료를 충분히 분석하고, 이를 바탕으로 객관적이고 과학적인 해결 방안을 제시해야 한다고 생각합니다.

② B지원자 : 저는 문제의 원인을 찾기 위해서는 항상 왜, 언제, 누가, 어디서 등의 다양한 질문을 던져야한다고 생각합니다. 이러한 호기심이 결국 해결 방안을 찾는 데 큰 도움이 된다고 생각하기 때문입니다.

③ C지원자 : 저는 제 나름의 신념을 갖고 문제에 대한 해결 방안을 찾으려 노력합니다. 상대방의 의견이 제 신념에서 벗어난다면 저는 인내를 갖고 끝까지 상대를 설득할 것입니다.

④ D지원자 : 해결 방안을 도출하는 데 있어서는 개인의 감정적·주관적 요소를 배제해야 합니다. 사사로운 감정이나 추측보다는 경험적으로 입증된 증거나 타당한 논증을 토대로 판단해야 합니다.

⑤ E지원자 : 저는 제가 생각한 해결 방안이 부적절할 수도 있음을 이해하고 있습니다. 다른 사람의 해결 방안이 더 적절하다면 그 사람의 의견을 받아들이는 태도가 필요하다고 생각합니다.

41 문제해결절차의 문제 도출 단계는 (가)와 (나)의 절차를 거쳐 수행된다. 다음 중 (가)에 대한 설명으로 적절하지 않은 것은?

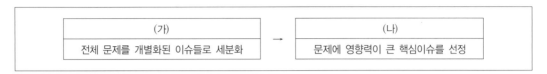

① 문제의 내용 및 영향 등을 파악하여 문제의 구조를 도출한다.
② 본래 문제가 발생한 배경이나 문제를 일으키는 메커니즘을 분명히 해야 한다.
③ 현상에 얽매이지 말고 문제의 본질과 실제를 봐야 한다.
④ 눈앞의 결과를 중심으로 문제를 바라봐야 한다.
⑤ 문제 구조 파악을 위해서 Logic Tree 방법이 주로 사용된다.

42 키슬러(Kiesler)의 이론에 따라 대인관계 유형을 지배형, 실리형, 냉담형, 고립형, 복종형, 순박형, 친화형, 사교형의 8가지 유형으로 나눌 수 있다. 다음 사례에서 P부장은 어느 유형에 해당하는가?

> P부장은 뛰어난 업무 성과로 회사에서도 인정을 받고 있다. 업무를 수행함에 있어서도 자신감이 넘치며, 업무 추진력이 뛰어나 본인이 원하는 방향으로 부서를 성공적으로 이끌어 나가고 있다. 그러나 대부분의 업무를 부서원들과 논의하지 않고 독단적으로 결정하다 보니 간혹 부서원과 논쟁을 일으키기도 한다. 특히 요즘은 업무가 바쁘다는 핑계로 부서원들의 의견은 무시하고 부서원들이 자신의 결정대로 따라주기만을 바라고 있다. P부장과의 의견 교환이 점점 더 어려워지자 부서원들의 고충과 불만은 계속 쌓여 가고 있다.

① 지배형
② 냉담형
③ 고립형
④ 복종형
⑤ 친화형

43 다음 글에서 설명하는 조직의 유형으로 가장 적절한 것은?

> 의사결정 권한이 조직의 상층부에 집중되어 있다. 조직의 규모가 작거나 신설 조직이며 조직의 활동에 많은
> 예산이 필요할 때, 조직이 위기에 처하거나 직원들의 능력이 부족할 때 장점을 가지게 되는 구조로 행정의
> 통일성, 빠른 결정 등이 가능하다.

① 분권화   ② 집권화
③ 수평적   ④ 공식성
⑤ 유기적

44 다음 중 협상과정을 5단계를 순서대로 바르게 나열한 것은?

> ㄱ. 적극적으로 경청하고 자기주장을 제시한다.
> ㄴ. 합의문을 작성한다.
> ㄷ. 분할과 통합 기법을 활용하여 이해관계를 분석한다.
> ㄹ. 간접적인 방법으로 협상의사를 전달한다.
> ㅁ. 협상 안건마다 대안들을 평가한다.

① ㄱ → ㄷ → ㄹ → ㅁ → ㄴ
② ㄱ → ㄹ → ㄷ → ㄴ → ㅁ
③ ㄹ → ㄱ → ㄴ → ㄷ → ㅁ
④ ㄹ → ㄱ → ㄷ → ㅁ → ㄴ
⑤ ㄹ → ㄱ → ㅁ → ㄷ → ㄴ

45 다음 사례에서 요리연구가 A씨가 사용한 방법은?

> 요리연구가 A씨는 수많은 요리를 개발하면서 해당 요리의 조리방법을 기록해 왔다. 몇 년에 걸쳐 진행한 결과 A씨가 연구해 온 요리가 수백 개에 달했고, 이에 A씨가 해당 요리에 대한 내용을 찾으려 할 때, 상당한 시간이 걸렸다. A씨는 고민 끝에 요리방법을 적은 문서를 분류하기로 하였고 이를 책으로 출판하였다. 책은 각 요리에서 주재료로 사용된 재료를 기준으로 요리방법이 분류되었으며, 해당 재료에 대한 내용이 서술되어 있는 페이지도 같이 기술하였다.

① 목록   ② 목차
③ 분류   ④ 초록
⑤ 색인

46 다음 대화에서 B사원의 문제점으로 가장 적절한 것은?

> A사원 : 배송 지연으로 인한 고객의 클레임을 해결하기 위해서는 일단 입고된 상품을 먼저 배송하고, 추가 배송료를 부담하더라도 나머지 상품은 입고되는 대로 다시 배송하는 방법이 나을 것 같습니다.
> B사원 : 글쎄요. A사원의 그간 업무 스타일로 보았을 때, 방금 제시한 그 처리 방법이 효율적일지 의문이 듭니다.

① 짐작하기   ② 판단하기
③ 조언하기   ④ 비위 맞추기
⑤ 대답할 말 준비하기

47 다음 사례에 나타난 의사표현에 영향을 미치는 요소에 대한 설명으로 적절하지 않은 것은?

> • 독일의 유명 가수 슈만 하이크는 "음악회에서 노래를 부를 때 심리적 긴장감을 갖지 않느냐?"는 한 기자의 질문에 대해 "노래하기 전에 긴장감을 느끼지 않는다면, 그때는 내가 은퇴할 때이다."라고 이야기하였다.
> • 영국의 유명 작가 버나드 쇼는 젊은 시절 매우 내성적인 청년이었다. 그는 잘 아는 사람의 집을 방문할 때도 문을 두드리지 못하고 20분이나 문밖에서 망설이며 거리를 서성거렸다. 그는 자신의 내성적인 성격을 극복하기 위해 런던에서 공개되는 모든 토론에 의도적으로 참가하였고, 그 결과 장년에 이르러서 20세기 전반에 걸쳐 가장 재치있고 자신이 넘치는 웅변가가 될 수 있었다.

① 소수인의 심리상태가 아니라 90% 이상의 사람들이 호소하는 불안이다.

② 잘 통제하면서 표현을 한다면 청자는 더 인간답다고 생각하게 될 것이다.

③ 개인의 본질적인 문제이므로 완전히 치유할 수 있다.

④ 분명한 원인은 아직 규명되지 않았다.

⑤ 불안을 심하게 느끼는 사람일수록 다른 사람과 접촉이 없는 직업을 선택하려 한다.

48 다음은 팀원들을 적절한 위치에 효과적으로 배치하기 위한 3가지 원칙에 대한 설명이다. 빈칸 ㉠ ~ ㉢에 들어갈 말을 순서대로 바르게 나열한 것은?

> ___㉠___ 는 개인에게 능력을 발휘할 수 있는 기회와 장소를 부여하고, 그 성과를 바르게 평가한 뒤 평가된 실적에 대해 그에 상응하는 부상을 주는 원칙을 말한다. 이때, 미래에 개발 가능한 능력까지도 함께 고려해야 한다. 반면, ___㉡___ 는 팀의 효율성을 높이기 위해 팀원의 능력이나 성격 등과 가장 적합한 위치에 배치하여 팀원 개개인의 능력을 최대로 발휘해 줄 것을 기대하는 것이다. 즉, 작업이나 직무가 요구하는 요건과 개인이 보유하고 있는 조건이 서로 균형 있고 적합하게 대응되어야 한다. 결국 ___㉢___ 는 ___㉣___ 의 하위개념이라고 할 수 있다.

	㉠	㉡	㉢	㉣
①	능력주의	적재적소주의	적재적소주의	능력주의
②	능력주의	적재적소주의	능력주의	적재적소주의
③	적재적소주의	능력주의	능력주의	적재적소주의
④	적재적소주의	능력주의	적재적소주의	능력주의
⑤	능력주의	균형주의	균형주의	능력주의

49 A사원은 인적자원의 효과적 활용에 대한 강연을 듣고, 인맥을 활용하였을 때의 장점에 대해 다음과 같이 정리하였다. 밑줄 친 ⊙ ~ ⓔ 중 A사원이 잘못 메모한 내용은 모두 몇 개인가?

〈인적자원의 효과적 활용〉

• 인적자원이란?

… 중략 …

• 인맥 활용 시 장점
  - ⊙ 각종 정보와 정보의 소스 획득
  - ⓒ '나' 자신의 인간관계나 생활에 대해서 알 수 있음
    ↳ ⓒ 자신의 인생에 탄력이 생김
  - ⓔ '나' 자신만의 사업을 시작할 수 있음 ← 참신한 아이디어 획득

---

① 0개　　　　　　　　　　　　② 1개
③ 2개　　　　　　　　　　　　④ 3개
⑤ 4개

50 RFID 기술이 확산됨에 따라 K유통업체는 RFID를 물품관리시스템에 도입하여 긍정적인 효과를 얻고 있다. 다음 중 RFID에 대한 설명으로 적절하지 않은 것은?

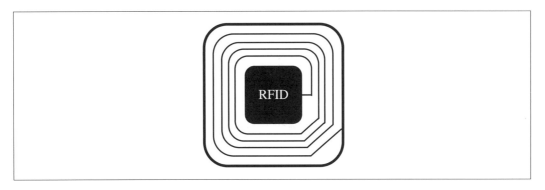

① 바코드와 달리 물체에 직접 접촉하지 않고도 데이터를 인식할 수 있다.
② 여러 개의 정보를 동시에 인식하거나 수정할 수 있다.
③ 바코드에 비해 많은 양의 데이터를 허용한다.
④ 데이터를 읽는 속도가 매우 빠르며, 데이터의 신뢰도 또한 높다.
⑤ 종류에 따라 반복적으로 데이터를 기록할 수 있지만 단기적으로만 이용할 수 있다.

51 다음 글에 나타난 자원관리의 기본 과정으로 가장 적절한 것은?

> 업무나 활동의 우선순위를 고려하여 자원을 업무에 할당하는 단계로, 확보한 자원이 실제 활동 추진에 비해 부족할 경우 우선순위가 높은 것에 중심을 두고 계획하는 것이 바람직하다.

① 필요한 자원의 종류와 양 확인
② 이용 가능한 자원 수집하기
③ 자원 활용 계획 세우기
④ 계획대로 수행하기
⑤ 결과를 기록하기

52 다음 중 의사표현에 사용되는 언어로 적절하지 않은 것을 〈보기〉에서 모두 고르면?

〈보기〉
㉠ 이해하기 쉬운 언어   ㉡ 상세하고 구체적인 언어
㉢ 간결하면서 정확한 언어   ㉣ 전문적 언어
㉤ 단조로운 언어   ㉥ 문법적 언어

① ㉠, ㉡   ② ㉡, ㉢
③ ㉢, ㉣   ④ ㉣, ㉤
⑤ ㉤, ㉥

53 다음 사례를 읽고 C가 A와 B에게 해줄 수 있는 조언으로 적절하지 않은 것은?

> 같은 제약회사에서 일하는 A, B, C 세 사람은 열심히 일을 하고 있다. 요즘 들어 업무량이 많아졌기 때문에, 세 사람 모두 하루 종일 열심히 일을 해도 배당되는 업무량을 달성하기가 쉽지 않다. 그러나 일을 하는 태도 에 있어서는 차이를 보이고 있다.
>
> A의 경우는 오늘도 불평이다. "왜 이렇게 더워?", "도대체 집에는 언제 갈 수 있는 거야?", "뭐야? 몇 번이나 실험을 해야 돼?", "정말 내가 그만두지 못해서 다닌다. 다녀."
>
> B의 경우는 묵묵히 자신의 일을 하지만 그렇게 즐거워 보이지는 않는다. "회사는 돈을 버는 수단이지. 열심히 일해서 돈을 많이 벌고, 그 돈을 여가생활에 쓰면 되는 거 아냐?", "나는 주말만 기다려. 주말에는 수상스키를 타러 가야지."
>
> C의 경우는 뭐가 그렇게 좋은지 오늘도 싱글벙글이다. "이번 신상품 개발에 내가 낸 제안이 받아들여졌어. 너무 신나지 않아?", "아. 이렇게 하면 졸리지 않은 코감기 약이 나올 수 있겠는걸? 한 번 더 실험해 봐야겠다." 이처럼 매사에 긍정적인 C는 A와 B에게 흥미나 적성도 노력을 통해 개발될 수 있음을 알려주고 싶어 한다.

① 마인드컨트롤을 통해 자신을 의식적으로 관리해보는 건 어때?

② 자신이 수행한 결과물을 점검해보면 자신이 성취한 일에 대한 자긍심이 생길 거야.

③ 현재 기업의 문화와 풍토가 자신에게 어떠한 영향을 주고 있는지 확인해보는 게 어때?

④ 자기 스스로 이 일을 잘 할 수 있다고 생각하는 자신감을 꾸준히 가질 필요가 있어.

⑤ 무엇보다 일을 할 때에는 작은 단위보다 큰 단위로 수행하는 것이 좋아.

54 다음 중 4차 산업혁명 시대의 인적자원관리 변화에 대한 설명으로 적절하지 않은 것은?

① 영리기반 공유경제 플랫폼은 노동자의 고용안정성을 더욱 향상시킨다.

② 기술진보에 따른 새로운 직무에 적응할 수 있도록 지속적인 능력개발이 뒷받침되어야 한다.

③ 신기술의 등장과 기존 산업 간의 융합으로 새로운 산업의 생태계를 만들고, 직업에도 많은 변화가 발생한다.

④ 인간을 모방한 감각기능과 지능이 탑재된 로봇이 다양한 수작업을 하고, 이는 산업에 영향을 주어 근로의 유형을 변화시킨다.

⑤ 일자리의 양극화가 더욱 심화되며, 대기업을 중심으로 우수인재 영입 및 유지를 위한 데이터 기반의 인적 자원관리가 강화된다.

55 K기업의 상황을 고려할 때, 다음 중 경영활동과 활동의 사례가 바르게 연결되지 않은 것은?

〈상황〉

- K기업은 국내 자동차 제조업체이다.
- K기업은 최근 인도네시아의 자동차 판매업체와 계약을 하여, 내년부터 인도네시아로 차량을 수출할 계획이다.
- K기업은 중국의 자동차 부품 제조업체와 협력하고 있는데, 최근 중국 내 전염병 확산으로 현지 업체들의 가동률이 급락하였다.
- K기업에서 최근 내부 설문조사를 실시한 결과, 사내 유연근무제 도입을 희망하는 직원의 비율은 72%, 희망하지 않는 직원의 비율은 20%, 무응답은 8%였다.
- K기업의 1분기 생산라인 피드백 결과, 엔진 조립 공정에서 진행속도를 20% 개선할 경우, 생산성이 12% 증가하는 것으로 나타났다.

	경영활동	사례
①	외부경영활동	인도네시아 시장의 자동차 구매성향 파악
②	내부경영활동	국내 자동차 부품 제조업체와의 협력안 검토
③	내부경영활동	인도네시아 현지 자동차 법규 및 제도 조사
④	내부경영활동	엔진 조립 공정 개선을 위한 공정 기술 연구개발
⑤	내부경영활동	생산라인에 부분적 탄력근무제 도입

56 농도가 10%인 소금물과 4%인 소금물을 섞어 8%의 소금물을 만들었다. 이 소금물을 100g 덜어낸 후 20g의 소금을 더 넣었더니 농도가 12%인 소금물이 되었을 때, 처음 농도가 10%인 소금물의 양은 얼마인가?

① 350g

② 355g

③ 360g

④ 365g

⑤ 370g

57 두 종목의 경기를 하여 각각 상을 주는데, 상을 받은 사람은 모두 30명이다. A종목의 수상자는 50,000원을 받고 B종목의 수상자는 30,000원을 받으며, A, B 두 종목에서 동시에 상을 받은 사람은 10명이다. 또한, A종목에서 상을 받은 사람은 B종목에서 상을 받은 사람보다 8명 많다. 이때, A종목에서 상을 받은 사람들이 받은 상금은 모두 얼마인가?

① 1,100,000원   ② 1,200,000원

③ 1,300,000원   ④ 1,400,000원

⑤ 1,500,000원

58 다음 중 A씨가 시간관리를 통해 일상에서 얻을 수 있는 효과로 적절하지 않은 것은?

> A씨는 일과 생활의 균형을 유지하기 위해 항상 노력한다. 매일 아침 가족들과 함께 아침 식사를 하며 대화를 나눈 후 출근 준비를 한다. 출근길 지하철에서는 컴퓨터 자격증 공부를 틈틈이 하고 있다. 업무를 진행하는 데 있어서 컴퓨터 사용 능력이 부족하다는 것을 스스로 느꼈기 때문이다. 회사에 출근 시간보다 여유롭게 도착하면 먼저 오늘의 업무 일지를 작성하여 무슨 일을 해야 하는지 파악한다. 근무 시간에는 일정표를 바탕으로 정해진 순서대로 일을 진행한다. 퇴근 후에는 가족과 영화를 보거나 저녁 식사를 하며 시간을 보낸다. A씨는 철저한 시간관리를 통해 후회 없는 생활을 하고 있다.

① 스트레스 감소   ② 균형적인 삶

③ 생산성 향상   ④ 목표 성취

⑤ 사회적 인정

59 다음은 협상전략의 유형에 대한 설명이다. (A) ~ (D)에 해당하는 전략이 바르게 연결된 것은?

(A) 상대방이 제시하는 것을 일방적으로 수용하여 협상의 가능성을 높이려는 전략이다. 즉, 상대방의 욕구와 주장에 자신의 욕구와 주장을 조정하고 순응시켜 굴복한다.

(B) 자신이 상대방보다 힘에 있어서 우위를 점유하고 있을 때 자신의 이익을 극대화하기 위한 공격적 전략이다. 즉, 상대방의 주장을 무시하고 자신의 힘으로 일방적으로 밀어붙여 상대방에게 자신의 입장을 강요하는 전략이다.

(C) 무행동전략이며, 협상으로부터 철수하는 철수전략이다. 협상을 피하거나 잠정적으로 중단하여 철수하는 전략이다.

(D) 협상 참여자들이 협동과 통합으로 문제를 해결하고자 하는 협력적 협상전략이다. 문제를 해결하는 합의에 이르기 위해서 협상 당사자들이 서로 협력하는 것이다.

	(A)	(B)	(C)	(D)
①	유화전략	협력전략	강압전략	회피전략
②	회피전략	강압전략	유화전략	협력전략
③	유화전략	강압전략	협력전략	회피전략
④	회피전략	협력전략	강압전략	유화전략
⑤	유화전략	강압전략	회피전략	협력전략

60 다음 중 직원들의 국제동향 파악 장려를 위한 회사 차원의 대안으로 적절하지 않은 것은?

① 업무 관련 주요 용어의 외국어 자료집을 만들어 배포한다.
② 매일 신문의 국제면을 스크랩하여 사내 포털에 공유한다.
③ 업무 관련 분야의 국제학술대회에 참석할 수 있도록 공가를 제공한다.
④ 주기적으로 산업자원부, 상공회의소 등의 기관 사이트를 방문하여 국내동향을 확인한다.
⑤ 국외로 출장을 가기 전 대상 국가의 법규 및 규정에 대하여 숙지하도록 한다.

4권

제3회
모듈형

NCS 모의고사

www.sdedu.co.kr

〈문항 및 시험시간〉

평가영역	문항 수	시험시간	모바일 OMR 답안채점 / 성적분석 서비스
의사소통능력 / 수리능력 / 문제해결능력 / 조직이해능력 / 정보능력 / 자원관리능력 / 기술능력 / 자기개발능력 / 대인관계능력 / 직업윤리	60문항	60분	

제3회 모의고사

| 문항 수 : 60문항 |
| 시험시간 : 60분 |

| 의사소통능력

01 다음 중 빈칸 ㉠~㉤에 들어갈 말을 순서대로 바르게 나열한 것은?

<table>
<tr><td colspan="3" align="center">〈경청의 5단계〉</td></tr>
<tr><td>단계</td><td>경청 정도</td><td>내용</td></tr>
<tr><td>㉠</td><td>0%</td><td>상대방은 이야기를 하지만, 듣는 사람에게 전달되는 내용은 하나도 없는 단계</td></tr>
<tr><td>㉡</td><td>30%</td><td>상대방의 이야기를 듣는 태도는 취하고 있지만, 자기 생각 속에 빠져 있어 이야기의 내용이 전달되지 않는 단계</td></tr>
<tr><td>㉢</td><td>50%</td><td>상대방의 이야기를 듣기는 하나, 자신이 듣고 싶은 내용을 선택적으로 듣는 단계</td></tr>
<tr><td>㉣</td><td>70%</td><td>상대방이 어떤 이야기를 하는지 내용에 집중하면서 듣는 단계</td></tr>
<tr><td>㉤</td><td>100%</td><td>상대방의 이야기에 집중하면서 의도와 목적을 추측하고, 이해한 내용을 상대방에게 확인하면서 듣는 단계</td></tr>
</table>

	㉠	㉡	㉢	㉣	㉤
①	선택적 듣기	무시	듣는 척하기	공감적 듣기	적극적 듣기
②	듣는 척하기	무시	선택적 듣기	적극적 듣기	공감적 듣기
③	듣는 척하기	무시	선택적 듣기	공감적 듣기	적극적 듣기
④	무시	듣는 척하기	선택적 듣기	적극적 듣기	공감적 듣기
⑤	무시	듣는 척하기	적극적 듣기	공감적 듣기	선택적 듣기

※ 다음은 조직의 유형을 나타낸 자료이다. 이어지는 질문에 답하시오. [2~3]

〈조직의 유형〉

02 다음 중 조직의 유형에 대한 설명으로 옳지 않은 것은?

① 기업과 같이 이윤을 목적으로 하는 조직은 영리조직이다.
② 조직 규모를 기준으로 보면 가족 소유의 상점은 소규모조직, 대기업은 대규모조직의 사례로 볼 수 있다.
③ 공식조직 내에서 인간관계를 지향하면서 비공식조직이 새롭게 생성되기도 한다.
④ 비공식조직은 조직의 구조, 기능, 규정 등이 조직화되어 있다.
⑤ 비영리조직은 공익을 목적으로 하는 단체이다.

03 다음 중 밑줄 친 비영리조직의 사례로 옳지 않은 것은?

① 정부조직　　　　　　　② 병원
③ 대학　　　　　　　　　④ 시민단체
⑤ 공장

※ 다음 글을 읽고 이어지는 질문에 답하시오. [4~5]

세계적으로도 우수한 기술을 가지고 있는 A중공업은 지난해 정부의 해외 발전소 공사 사업 건을 수주하기 위해 기관 관계자에게 수억 원의 뇌물을 건넸다. A중공업의 영업임원과 기관 관계자는 대학 선후배 사이로 수년간 골프모임을 지속한 사실도 파악되었다. 이 사건으로 인해 A중공업은 향후 5년간 공공사업에 대한 입찰이 금지되었다. 대규모 공사 프로젝트 발주가 급격히 감소한 요즘, 정부 사업에 대한 수주가 원천적으로 금지된 것은 회사 입장에서도, 정부 입장에서도 엄청난 손실이 되었다.

결국 A중공업은 발전소 사업 외에 조선 사업도 수행하고 있는 업체라 당장 정부가 발주한 특수선 건조 사업에도 직격탄을 맞게 되었고, 과거처럼 업계의 관행을 답습하다가 회사의 존폐에 대한 위기까지 맞게 되었다.

04 다음 중 윗글에서 나타난 부패의 원인으로 적절하지 않은 것은?

① 사회적 윤리 의식의 부재

② 효율적 사회 시스템의 미비

③ 공사구분을 모호하게 하는 문화적 특성

④ 건전한 가치관의 미정립

⑤ 부패한 과거를 답습하는 문화

05 다음 중 윗글에 대한 설명으로 적절하지 않은 것은?

① 거래 당사자 간의 부도덕의 문제에 불과하며 사회적 비용으로 보기에는 무리가 있다.

② 공적인 입장의 사람이 자신의 권한과 권력을 이용해 이익을 취한 사례이다.

③ 사회 전체 시스템의 정상적인 가동을 방해하는 요인이 된다.

④ 막대한 사회적 비용을 수반하게 되며 사회구성원 전체에게 피해를 주게 된다.

⑤ 건전한 이윤추구의 가치를 훼손시키는 사례이다.

06 B는 마당에 원통형 스탠드 식탁을 만들어 페인트칠을 하려고 한다. 페인트칠 비용이 원형 윗면은 넓이 $1m^2$ 당 10만 원, 옆면은 7만 원일 때, 윗면과 옆면에 페인트칠을 하는 데 드는 총비용은 얼마인가?[단, 원주율 (π)은 3으로 계산한다]

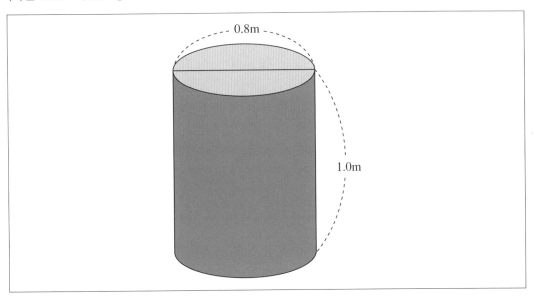

① 192,000원

② 205,000원

③ 215,000원

④ 216,000원

⑤ 224,000원

※ 다음 글을 읽고 이어지는 질문에 답하시오. [7~8]

문제해결이란 목표와 현상을 분석하고, 이 분석 결과를 토대로 과제를 도출하여 최적의 해결책을 찾아 실행·평가하는 활동을 의미한다. 이러한 문제해결은 ㉠ 조직 측면, ㉡ 고객 측면, ㉢ 자신의 세 가지 측면에서 도움을 줄 수 있다.

문제해결의 기본 요소는 총 다섯 가지가 있으며, 이를 도식화하면 아래와 같다.

문제해결을 위한 사고 방법에는 ㉣ 전략적 사고와 ㉤ 분석적 사고가 있다. 전략적 사고는 현재 당면하고 있는 문제와 그 해결에만 그치는 것이 아니라 그 문제와 해결 방안이 상위 시스템과 어떻게 연결되어 있는지를 생각하는 사고를 말한다. 또한 분석적 사고란 전체를 각각의 요소로 나누어 그 요소의 의미를 도출한 다음 우선순위를 부여하고 구체적인 문제해결방법을 실행하는 사고를 말한다.

┃ 문제해결능력

07 다음 중 밑줄 친 ㉠~㉢에 해당하지 않는 것은?

① 경쟁사 대비 우위를 확보
② 고객만족 제고
③ 업무를 효율적으로 처리
④ 산업 발전에 도움
⑤ 고객 불편사항 개선

08 다음 중 밑줄 친 ㉣, ㉤을 적용한 예로 적절하지 않은 것은?

① ㉣ : 본사의 규정을 바꿀 경우, 본사에 소속된 영업점들에게 어떤 영향을 미칠지 고려한다.

② ㉣ : 학업을 위해 대학원 진학을 고려 중인 직장인이 대학원에 진학하게 될 경우 직장, 가족, 학업, 개인생활에 어떤 영향을 미칠지 전체적으로 고려한다.

③ ㉤ : 최근 경영성과가 나빠진 기업이 재무, 영업, 고객관리, 생산 등 여러 측면에서 그 원인을 파악하고자 노력한다.

④ ㉤ : 최근 고객 불만 사항이 늘어나고 있자 고객만족을 상품 요소, 서비스 요소, 기업이미지 요소로 분류한 뒤 측정하여 이를 통해 개선사항을 도출하였다.

⑤ ㉤ : 제조공장에 생산성을 10% 이상 높이기 위해 공장 운영, 업무 방식, 제도, 기법 등의 측면에서 생산성 향상 방법을 도출하였다.

09 다음 내용에 해당하는 임파워먼트의 장애요인은?

• 경험 부족
• 정책 및 기획의 실행능력 결여
• 비전의 효과적 전달능력 결여

---

① 개인 차원   ② 대인 차원
③ 관리 차원   ④ 조직 차원
⑤ 환경 차원

10 다음 직장 내 인사 예절 중 밑줄 친 ㉠~㉤을 수정한 내용으로 옳지 않은 것은?

- ㉠ 연장자를 나이 어린 사람에게 먼저 소개한다.
- ㉡ 내가 속해 있는 회사의 관계자를 타 회사의 관계자에게 먼저 소개한다.
- 신참자를 고참자에게 먼저 소개한다.
- ㉢ 고객, 손님을 동료임원에게 먼저 소개한다.
- 비임원을 임원에게 먼저 소개한다.
- 소개받는 사람의 별칭은 그 이름이 비즈니스에서 사용되는 것이 아니라면 사용하지 않는다.
- ㉣ 성을 제외하고 이름만 말한다.
- 상대방이 항상 사용하는 경우라면, Dr. 또는 Ph.D. 등의 칭호를 함께 언급한다.
- ㉤ 정부 고관의 직급명은 퇴직한 경우 사용하지 않는다.
- 천천히 그리고 명확하게 말한다.
- 각각의 관심사와 최근의 성과에 대하여 간단한 언급을 한다.

① ㉠ : '나이 어린 사람을 연장자에게 먼저 소개한다.'라고 수정해야 한다.
② ㉡ : '타 회사의 관계자를 내가 속해 있는 회사의 관계자에게 먼저 소개한다.'라고 수정해야 한다.
③ ㉢ : '동료임원을 고객, 손님에게 먼저 소개한다.'라고 수정해야 한다.
④ ㉣ : '반드시 성과 이름을 함께 말한다.'라고 수정해야 한다.
⑤ ㉤ : '정부 고관의 직급명은 퇴직한 경우라도 항상 사용한다.'라고 수정해야 한다.

11 다음 중 '터크만 팀 발달 단계'에 필요한 리더십으로 옳은 것은?

번호 \ 단계	형성기	혼란기	규범기	성취기
①	참여	코치	위임	지시
②	코치	지시	참여	위임
③	코치	위임	참여	지시
④	지시	참여	코치	위임
⑤	지시	코치	참여	위임

12 다음은 서비스에 불만족한 고객을 불만 표현 유형별로 구분한 자료이다. 밑줄 친 (A) ~ (D)를 상대하는 데 있어 주의해야 할 사항으로 옳지 않은 것은?

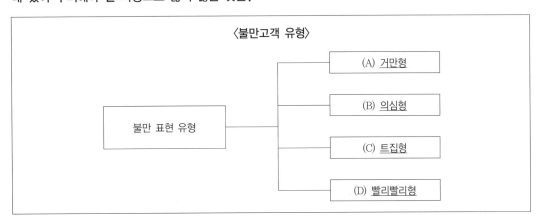

① (A)의 경우 상대방의 과시욕이 채워질 수 있도록 무조건 정중하게 대하는 것이 좋다.

② (B)의 경우 분명한 증거나 근거를 제시하여 스스로 확신을 갖도록 유도해야 한다.

③ (B)의 경우 때로는 책임자로 하여금 응대하는 것도 좋다.

④ (C)의 경우 이야기를 경청하고, 맞장구치고, 추켜세우고, 설득해 가는 방법이 효과적이다.

⑤ (D)의 경우 애매한 화법을 사용하여 최대한 시간을 끌어야 한다.

13 다음 중 협상진행 단계에 대한 설명으로 적절하지 않은 것은?

> 협상 전 단계 → 협상진행 단계 → 협상 후 단계

① 협상 후 단계에서는 협의내용을 비준하는 과정과 분석평가 과정이 이루어진다.
② 협상 참여자들은 협상진행 단계에서 상호 간에 정보를 교환하고 협상전략을 구사한다.
③ 협상진행 단계에서 합의문 작성 등 협상의 내용적 종결이 이루어진다.
④ 협상 참여자들은 협상진행 단계에 들어간 직후 협상형태를 파악하고 상황에 맞는 협상전략을 수립한다.
⑤ 협상의 절차에 대해 계획하는 단계는 협상 전 단계에서 완료되어야 한다.

14 다음 중 빈칸 ㉠~㉢에 들어갈 말을 순서대로 바르게 나열한 것은?

> 시간계획이란 시간이라고 하는 자원을 최대한 활용하기 위하여 가장 많이 ____㉠____ 되는 일에 가장 많은 시간을 분배하고, ____㉡____ 시간에 최선의 목표를 달성하는 것을 의미한다. 자신의 시간을 잘 계획하면 할수록 일이나 개인적 측면에서 자신의 이상을 달성할 수 있는 시간을 ____㉢____ 할 수 있다.

	㉠	㉡	㉢
①	요구	최장	단축
②	요구	최단	단축
③	반복	최단	단축
④	반복	최단	창출
⑤	반복	최장	창출

박사원은 반도체 생산기업에 기술직으로 입사한 신입사원이다. 기술 시스템 관련 교육에 참석한 박사원은 기술직뿐만 아니라 다양한 직무의 신입사원들이 함께 교육받는다는 것을 알고 의아해했다. 그러나 기술 시스템의 발전 단계를 보고 각 단계에서 중요한 역할을 하는 직무 및 사람이 다르다는 것을 알게 되어 의문이 풀렸다. 아래는 박사원이 교육받은 내용이다.

• 기술 시스템의 의미

　개별기술이 네트워크와 결합하여 만들어진 것으로, 인공물의 집합체뿐만 아니라 회사, 투자회사, 법적 제도, 더 나아가 정치, 과학, 자연자원을 모두 포함하는 개념이다. 기술적인 것과 사회적인 것이 결합하여 공존하므로 사회기술 시스템이라고 불리기도 한다.

• 기술 시스템의 발전 단계

　1) 발명・개발・혁신의 단계 : 기술 시스템이 탄생하고 성장

　2) ___㉠___ : 성공적인 기술이 다른 지역으로 이동

　3) ___㉡___ : 기술 시스템 사이의 경쟁

　4) 기술 공고화 단계 : 경쟁에서 승리한 기술 시스템의 관성화

| 기술능력

15 다음 중 윗글의 빈칸 ㉠에 해당하는 내용으로 옳은 것은?

① 기술 상세화 단계　　　　　　　② 기술 이전의 단계

③ 기술 이후의 단계　　　　　　　④ 기술 경쟁의 단계

⑤ 기술 공고화 단계

| 기술능력

16 다음 중 윗글의 빈칸 ㉡에서 중요한 역할을 하는 사람은?

① 자문 엔지니어　　　　　　　　② 기술자

③ 금융 전문가　　　　　　　　　④ 기업가

⑤ 정치인

17 다음은 기술선택에 대한 글이다. 이에 대한 설명으로 옳지 않은 것은?

> 기술선택이란 기업이 어떤 기술에 대하여 외부로부터 도입하거나 또는 그 기술을 자체 개발하여 활용할 것인
> 가를 결정하는 것이다. 기술을 선택하는 데에 대한 의사결정은 다음과 같이 두 가지 방법으로 볼 수 있다.
> 먼저 상향식 기술선택(Bottom Up Approach)은 기업 전체 차원에서 필요한 기술에 대한 체계적인 분석이나
> 검토 없이 연구나 엔지니어들이 자율적으로 기술을 선택하도록 하는 것이다.
> 반면 하향식 기술선택(Top – Down Approach)은 기술경영진과 기술기획담당자들에 의한 체계적인 분석을
> 통해 기업이 획득해야 하는 대상기술과 목표기술수준을 결정하는 것이다.

① 상향식 기술선택은 기술자들의 창의적인 아이디어를 얻기 어렵다는 단점이 있다.

② 상향식 기술선택은 경쟁기업과의 경쟁에서 승리할 수 없는 기술이 선택될 수 있다.

③ 상향식 기술선택은 시장의 고객들이 요구하는 제품이나 서비스를 개발하는 데 부적합한 기술이 선택될
수 있다.

④ 하향식 기술선택은 사업전략의 성공적인 수행을 위해 필요한 기술들을 열거하고, 각각의 기술에 대한 획득
의 우선순위를 결정하는 것이다.

⑤ 하향식 기술선택은 먼저 기업이 직면하고 있는 외부환경과 보유 자원에 대한 분석을 통해 중·장기적인
사업목표를 설정하는 것이다.

18 다음 중 경영자 역할에 대한 설명으로 옳지 않은 것은?

① 분쟁 혹은 협상을 조정하는 것은 조직의 의사결정자로서 경영자의 중요한 역할이다.

② 경영자는 조직의 변화방향을 설정하고 조직의 성과에 책임을 진다.

③ 조직 운영을 위해서는 경영자가 구성원들과 의사소통하는 것이 중요하다.

④ 조직 규모의 확대에 따라 경영자도 수직적 분업화가 이루어지는 것이 효율적이다.

⑤ 민츠버그의 분류에 따르면 기업을 둘러싼 외부환경을 모니터링하는 것은 의사결정적 역할에 해당한다.

19 다음은 기술혁신의 과정과 역할을 정리한 자료이다. (A) ~ (E)에 대한 설명으로 옳지 않은 것은?

〈기술혁신의 과정과 역할〉

기술혁신 과정	혁신 활동	필요한 자질과 능력
아이디어 창안 (Idea Generation)	• 아이디어를 창출하고 가능성을 검증한다. • _____(A)_____ • 혁신적인 진보를 위해 탐색한다.	• 각 분야의 전문지식 • 추상화와 개념화 능력 • 새로운 분야의 일을 즐기는 능력
(B) <u>챔피언</u> (Entrepreneuring or Championing)	• 아이디어를 전파한다. • 혁신을 위한 자원을 확보한다. • 아이디어 실현을 위해 헌신한다.	• 정력적이고 위험을 감수하는 능력 • 아이디어의 응용에 관심을 가짐
프로젝트 관리 (Project Leading)	• 리더십을 발휘한다. • 프로젝트를 기획하고 조직한다. • _____(C)_____	• 의사결정 능력 • 업무 수행 방법에 대한 지식
정보 수문장 (Gate Keeping)	• 조직 내 정보원 기능을 수행한다.	• 높은 수준의 기술적 역량 • _____(D)_____
_____(E)_____	• 혁신에 대해 격려하고 안내한다. • 불필요한 제약에서 프로젝트를 보호한다. • 혁신에 대한 자원 획득을 지원한다.	• 조직의 주요 의사결정에 대한 영향력

① (A)에 들어갈 내용은 '일을 수행하는 새로운 방법을 고안한다.'이다.
② (B)는 '기술적인 난관을 해결하는 방법을 찾아 시장상황에 대처할 수 있는 인재'를 의미한다.
③ (C)에 들어갈 내용은 '조직외부의 정보를 내부 구성원들에게 전달한다.'이다.
④ (D)에 들어갈 내용은 '원만한 대인관계능력'이다.
⑤ (E)에 들어갈 용어는 '후원(Sponsoring or Coaching)'이다.

20 다음은 과제나 프로젝트 수행 시 예산을 관리하기 위한 예산 집행 실적 워크시트이다. ㉠～㉤에 대한 설명으로 적절하지 않은 것은?

〈예산 집행 실적〉

항목	배정액	당월 집행 실적	누적 집행 실적	㉢ 잔액	㉣ 사용률(%)	㉤ 비고
㉠			㉡			
합계						

① ㉠ : 기관에 따라 예산 항목의 이동이 자유로운 곳도 있지만, 다양한 기준으로 제한된 경우도 있다.

② ㉡ : 해당 사업의 누적 집행 금액이 들어가는 것이 적절하다.

③ ㉢ : 당월 실적에서 ㉡을 뺀 값을 작성한다.

④ ㉣ : ㉡을 배정액으로 나눈 값에 100을 곱한 값을 작성한다.

⑤ ㉤ : 어떠한 목적으로 예산이 사용되었는지에 대한 정보를 기입한다.

21 다음 글을 읽고 의사소통능력 개발 과정에서의 피드백에 대한 설명으로 적절하지 않은 것은?

> 피드백(Feedback)이란 상대방에게 그의 행동의 결과가 어떠한지에 대하여 정보를 제공해 주는 것을 말한다. 즉, 그의 행동이 나의 행동에 어떤 영향을 미치고 있는가에 대하여 상대방에게 솔직하게 알려주는 것이다. 말하는 사람 또는 전달자는 피드백을 이용하여 메시지의 내용이 실제로 어떻게 해석되고 있는가를 조사할 수 있다.

① 대인관계에 있어서의 행동을 개선할 수 있는 기회를 제공해 줄 수 있다.

② 의사소통의 왜곡에서 오는 오해와 부정확성을 줄일 수 있다.

③ 상대방의 긍정적인 면뿐만 아니라 부정적인 면도 솔직하게 전달해야 한다.

④ 말뿐만 아니라 얼굴 표정 등으로 정확한 반응을 얻을 수 있다.

⑤ 효과적인 개선을 위해서는 긍정적인 면보다 부정적인 면을 강조하여 전달해야 한다.

22 A부장은 직원들의 업무 효율성이 많이 떨어졌다는 생각이 들어 각자의 의견을 들어보고자 회의를 열었다. 다음 중 적절하지 않은 의견을 낸 사람은?

① B대리 : 요즘 업무 외적인 통화에 시간을 낭비하는 경우가 많은 것 같습니다. 확실한 목표업무량을 세우고 목표량 달성 후 퇴근을 하는 시스템을 운영하면 개인 활동으로 낭비되는 시간이 줄어 생산성이 높아지지 않을까요?

② C주임 : 여유로운 일정이 주원인이라고 생각합니다. 1인당 최대 작업량을 잡아 업무를 진행하면 업무 효율성이 극대화될 것입니다.

③ D대리 : 계획을 짜면 업무를 체계적으로 진행할 수 있다는 의미에서 C주임의 말에 동의하지만, 갑자기 발생할 수 있는 일에 대해 대비해야 한다고 생각합니다. 어느 정도 여유 있게 계획을 짜는 게 좋지 않을까요?

④ E사원 : 목표량 설정 이외에도 업무 진행과정에서 체크리스트를 사용해 기록하고 전체적인 상황을 파악할 수 있게 하면 효율이 높아질 것입니다.

⑤ F사원 : 업무시간 내에 끝내지 못한 일이 있다면 무리해서 하는 것보다 다음날 예정사항에 적어놓고 차후에 적절히 시간을 분배해 마무리하면 작업의 능률이 더 오를 것입니다.

23 문제해결을 위해 개인에게 요구되는 기본 요소를 다섯 가지로 나누어 볼 때, 다음 사례에서 문제해결에 어려움을 겪고 있는 A씨에게 부족한 기본 요소는 무엇인가?

> 스마트폰 앱을 개발하는 A씨는 관련 지식을 바탕으로 다양한 앱을 개발하기 위해 노력하고 있지만, 큰 성공을 거두지는 못하고 있다. A씨는 처음에 사용자 맞춤형 정보를 제공하는 앱을 개발하여 사용자들의 관심을 끌었으나, 사람들의 관심은 오래가지 못했다. 결국 A씨가 개발한 앱은 광고성 정보만 제공하는 플랫폼으로 전락하고 말았다. 광고비로 많은 수익을 얻은 경쟁사의 앱을 따라잡기 위해 처음 개발할 때의 목적과 비전을 쉽게 포기해 버렸기 때문이다. A씨가 최초의 비전을 끝까지 추구하지 못하고 중간에 경로를 변경해 실패한 사례는 이외에도 많았다. A씨는 자신이 유연하고 변화에 개방된 자세를 견지하고 있다고 생각했지만, 사실은 자신의 아이디어에 대한 확신과 계속해서 추진할 수 있는 자세가 부족한 것이었다.

① 체계적인 교육훈련
② 문제해결방법에 대한 지식
③ 문제 관련 지식에 대한 가용성
④ 문제해결자의 도전 의식과 끈기
⑤ 문제에 대한 체계적인 접근

24 다음 중 자기개발의 특징에 대한 설명으로 옳은 것은?

① 자기개발은 일이나 생활과 너무 밀접하게 연관 짓지 않도록 해야 한다. 자신이 궁극적으로 원하는 삶의 모습을 설계하기 위해서이다.

② 자기개발의 주체는 자기 자신이 아니라 타인이다. 타인의 객관적인 관점에서 자신을 분석하고 성장시켜야 하기 때문이다.

③ 자기개발은 모든 사람에게 요구되는 것은 아니다. 때로는 잘못된 자기개발과 인생설계로 인해 더욱 부정적인 모습이 될 수 있다.

④ 자기개발은 개별적인 과정으로, 사람마다 자신에게 적합한 목표를 설정하고 자기개발의 전략이나 방법을 다르게 선정해야 한다.

⑤ 자기개발은 학교단계나 어떤 특정한 사건이나 요구가 있을 때 일시적으로 이루어지는 과정으로, 단기간에 효과적으로 실행해야 한다.

※ 다음은 자료, 정보, 지식에 대한 내용이다. 이어지는 질문에 답하시오. [25~26]

〈자료, 정보, 지식에 대한 구분〉

자료 (Data)	⇨	객관적 실제의 반영이며, 그것을 전달할 수 있도록 기호화한 것	⇨	예	• 고객의 휴대폰 기종 • 고객의 휴대폰 활용 횟수
⇩					
정보 (Information)	⇨	자료를 특정한 목적과 문제해결에 도움이 되도록 가공한 것	⇨	예	• 중년층의 휴대폰 기종 • 중년층의 휴대폰 활용 횟수
⇩					
지식 (Knowledge)	⇨	정보를 집적하고 체계화하여 장래의 일반적인 사항에 대비해 보편성을 갖도록 한 것	⇨	예	• 휴대폰 디자인에 대한 중년층의 취향 • 중년층을 주요 타깃으로 신종 휴대폰 개발

| 정보능력

25 다음 〈보기〉 중 정보(Information)에 해당하는 것을 모두 고르면?

────────〈보기〉────────

⊙ 라면 종류별 전체 판매량   ⓒ 1인 가구의 인기 음식

ⓒ 남성을 위한 고데기 개발   ⓔ 다큐멘터리와 예능 시청률

ⓜ 만보기 사용 횟수   ⓗ 5세 미만 아동들의 선호 색상

① ⊙, ⓒ   ② ⓒ, ⓔ

③ ⓒ, ⓗ   ④ ⓒ, ⓗ

⑤ ⓔ, ⓜ

| 정보능력

26 다음 〈보기〉의 자료(Data)를 통해 추론할 수 있는 지식(Knowledge)으로 적절하지 않은 것은?

────────〈보기〉────────

• 연령대별 선호 운동   • 직장인 평균 퇴근 시간

• 실내운동과 실외운동의 성별 비율   • 운동의 목적에 대한 설문조사 자료

• 선호하는 운동 부위의 성별 비율   • 운동의 실패 원인에 대한 설문조사 자료

① 퇴근 후 부담 없이 운동 가능한 운동기구 개발

② 20・30대 남성들을 위한 실내체육관 개설 계획

③ 요일마다 특정 운동부위 발달을 위한 운동 가이드 채널 편성

④ 다이어트에 효과적인 식이요법 자료 발행

⑤ 목적에 맞는 운동 프로그램 계획 설계

27 다음은 정보화 사회에서 필수적으로 해야 할 일에 대한 글이다. 이에 대한 사례로 옳지 않은 것은?

> 첫째, 정보검색이다. 인터넷에는 수많은 사이트가 있으며, 여기서 내가 원하는 정보를 찾는 것을 정보검색, 즉 인터넷 서핑이라 할 수 있다. 현재 인터넷에는 수많은 사이트가 있으며, 그 많은 사이트에서 내가 원하는 정보를 찾기란 그렇게 만만하지 않다. 지금은 다행히도 검색방법이 발전하여 문장 검색용 검색엔진과 자연어 검색 방법도 나와 네티즌들로부터 대환영을 받고 있다. 검색이 그만큼 쉬워졌다는 것이다. 이러한 발전에 맞추어 정보화 사회에서는 궁극적으로 타인의 힘을 빌리지 않고 내가 원하는 정보는 무엇이든지 다 찾을 수 있어야 한다. 즉, 자신이 가고 싶은 곳의 정보라든지 궁금한 사항을 스스로 해결할 정도는 되어야 한다는 것이다.
>
> 둘째, 정보관리이다. 인터넷에서 어렵게 검색하여 찾아낸 결과를 관리하지 못하여 머리 속에만 입력하고, 컴퓨터를 끄고 나면 잊어버리는 것은 정보관리를 못하는 것이다. 자기가 검색한 내용에 대하여 파일로 만들어 보관하든, 프린터로 출력하여 인쇄물로 보관하든, 언제든지 필요할 때 다시 볼 수 있을 정도가 되어야 한다.
>
> 셋째, 정보전파이다. 정보관리를 못한 사람은 정보전파가 어렵다. 오로지 입을 이용해서만 전파가 가능하기 때문이다. 요즘은 전자우편과 SNS를 이용해서 정보를 전달하기 때문에 정보전파가 매우 쉽다. 참으로 편리한 세상이 아닐 수 없다. 인터넷만 이용하면 편안히 서울에 앉아서 미국에도 논문을 보낼 수 있는 것이다.

① A씨는 내일 축구에서 승리하는 국가를 맞추기 위해 선발 선수들의 특징을 파악했다.
② B씨는 라면을 맛있게 조리할 수 있는 나만의 비법을 SNS에 올렸다.
③ C씨는 다음 주 제주도 여행을 위해서 다음 주 날씨를 요일별로 잘 파악해서 기억하고자 했다.
④ D씨는 가진 금액에 맞는 의자를 사기 위해 가격 비교 사이트를 이용했다.
⑤ E씨는 강의 시간이 혼동되지 않게 시간표를 출력해서 책상 앞에 붙여놨다.

28 다음 중 세계화에 대한 설명으로 옳은 것은?

① 세계화란 개인 및 조직의 활동범위가 도시로 제한되지 않는 것을 의미한다.
② 세계화 시장에서 지위를 유지하기 위해서 조직은 더 강한 경쟁력을 갖추어야 한다.
③ 초국적 기업의 등장에 따라 각 기업들의 내수파악 및 국내경영의 중요성이 높아지고 있다.
④ 다국적 기업의 증가는 국가 간 경제통합의 필요성을 저하시킨다.
⑤ 세계화로 인해 경제국경이 개방되는 환경하에서 각국의 무역이익을 지키기 위하여 FTA를 체결하기도 한다.

29 다음 대화의 밑줄 친 ㉠과 관련된 욕구로 가장 적절한 것은?

> A사원 : 사내 게시판에 공지된 교육프로그램 참여 신청에 대한 안내문은 보셨나요?
> B대리 : 봤지. 안 그래도 신청해야 하나 고민 중이야.
> A사원 : 대리님이 꼭 따고 싶다고 하셨던 자격증 강의잖아요.
> B대리 : ㉠ 아니, 나는 아침잠이 많아서… 너무 이른 시간이라 참여할 수 있을지 걱정이야.
> A사원 : 그런 이유로 고민할 시간도 없어요. 선착순 마감되기 전에 얼른 신청하세요!

① 안전의 욕구
② 사회적 욕구
③ 생리적 욕구
④ 존경의 욕구
⑤ 자기실현의 욕구

30 물속에서 A금속은 실제 질량의 $\frac{4}{5}$가 되고, B금속은 실제 질량의 $\frac{2}{3}$가 된다. (A+B)합금의 실제 질량은 58g이고, 물속에선 42g일 때, 합금에 포함된 A금속의 실제 질량은 얼마인가?[단, (A+B)합금은 A금속과 B금속으로만 이루어져 있고, 질량은 보존된다]

① 17g
② 22g
③ 25g
④ 30g
⑤ 32g

31 다음 중 C사원에게 해줄 수 있는 조언으로 가장 적절한 것은?

> C사원 : 거절을 분명하게 결정하고 이를 표현하는 것은 너무 어려운 것 같아. 사람들이 내가 거절을 할 때, 능력이 없다고 보거나 예의가 없다고 보지는 않을까 걱정되기도 하고, 대인관계가 깨지지 않을까 하는 고민도 있어. 이렇게 고민하다 보니 거절을 제대로 하지 못하는 점도 고민이야.

① 거절을 결정했다면 상대방의 말을 더 들을 필요는 없어. 시간 낭비일 뿐이야.
② 거절을 할 때에는 신중하고 천천히 표현하는 것이 좋아.
③ 거절을 할 때에는 이유를 제시할 필요는 없어. 핑계라고 생각할 뿐이야.
④ 거절을 하고 상대방이 납득할 수 있는 대안을 제시하는 것이 좋아.
⑤ 문제의 본질보다는 너의 판단에 따라 거절하는 것이 중요해.

32 다음은 문서의 기능에 대한 설명이다. 빈칸 ㉠ ~ ㉢에 들어갈 말을 순서대로 바르게 나열한 것은?

> • 문서는 사람의 의사를 구체적으로 표현하는 기능을 갖는다. 사람이 가지고 있는 주관적인 의사는 문자 · 숫자 · 기호 등을 활용하여 종이나 다른 매체에 표시하여 문서화함으로써 그 내용이 ___㉠___ 된다.
> • 문서는 자신의 의사를 타인에게 ___㉡___ 하는 기능을 갖는다. 문서에 의한 의사 ___㉡___ 은 전화나 구두로 ___㉡___ 하는 것보다 좀 더 정확하고 변함없는 내용을 ___㉡___ 할 수 있다.
> • 문서는 의사를 오랫동안 ___㉢___ 하는 기능을 갖는다. 문서로써 ___㉡___ 된 의사는 지속적으로 ___㉢___ 할 수 있고 역사자료로서 가치를 갖기도 한다.

	㉠	㉡	㉢
①	상징화	교환	정리
②	구체화	전달	정리
③	상징화	전달	보존
④	구체화	전달	보존
⑤	상징화	교환	보존

33 최근 회사 생활을 하면서 대인관계에 어려움을 겪고 있는 A사원은 같은 팀 B대리에게 조언을 구하고자 면담을 신청하였다. 다음 중 B대리가 A사원에게 해 줄 조언으로 적절하지 않은 것은?

> A사원 : 지난달 팀 프로젝트를 진행하면서 같은 팀원인 C사원이 업무적으로 힘들어하는 것 같아서 C사원의 업무를 조금 도와줬습니다. 그 뒤로 타 부서 직원인 D사원의 업무 협조 요청도 거절하지 못해 함께 업무를 진행했습니다. 그러다 보니 막상 제 업무는 제시간에 끝내지 못했고, 결국에는 늘 야근을 해야만 했습니다. 앞으로는 제 업무에만 전념하기로 다짐하면서 지난주부터는 다른 직원들의 부탁을 모두 거절하였습니다. 그랬더니 동료들로부터 제가 냉정하고 업무에 비협조적이라는 이야기를 들었습니다. 이번 달에는 정말 제가 당장 처리해야 할 업무가 많아 도움을 줄 수 없는 상황입니다. 동료들의 부탁을 어떻게 거절해야 동료들이 저를 이해해 줄까요?
>
> B대리 : _____

① 부탁을 거절할 때는 인간관계를 해치지 않도록 신중하게 거절하는 것이 중요합니다.

② 도움이 필요한 상대 동료의 상황을 충분히 이해하고 있음을 드러내야 합니다.

③ 현재 도움을 줄 수 없는 A사원의 상황이나 이유를 분명하게 설명해야 합니다.

④ 도움을 주지 못해 아쉬운 마음을 함께 표현해야 합니다.

⑤ 상대 동료가 미련을 갖지 않도록 단번에 거절해야 합니다.

34 다음은 책임 있는 행동 10가지를 정리한 내용이다. 10가지 행동 중 수정해야 할 행동은 모두 몇 가지인가?

〈책임 있는 행동〉

1. 나는 내가 해야 할 일이라면, 개인적인 일을 빠르게 끝내고 신속히 수행한다.
2. 나는 내가 주어진 상황에서의 역할을 명확히 파악한다.
3. 나는 잘못을 저질렀을 때에도, 끝까지 책임지려고 한다.
4. 나의 부서의 일은 내가 속한 부서의 책임이라고 생각한다.
5. 나는 몸이 아프더라도, 맡겨진 임무는 다하려고 한다.
6. 나는 내가 수행 중인 일을 중간에 그만두지 않는다.
7. 나는 아주 사소한 일이라도 나에게 주어진 일이라면 최선을 다한다.
8. 나는 미리 계획하여, 책임질 수 있는 범위 이상의 일을 맡는다.
9. 나는 나의 책임하에 벌어진 일이라면, 과감히 희생할 수 있다.
10. 나는 나쁜 상황이 나에게 일어났을 때, '왜 이런 일이 나에게 일어났어?'라는 피해의식보다는 '이것은 내가 선택한 행동의 결과야.'라고 긍정적인 태도로 바라본다.

① 1가지
② 2가지
③ 3가지
④ 4가지
⑤ 5가지

35 다음 중 제시된 사례에 대한 물적자원관리의 방해 요인이 잘못 연결된 것은?

- A는 손톱깎이를 사용한 뒤 항상 아무 곳에나 놓는다. 그래서 손톱깎이가 필요할 때마다 한참 동안 집 안 구석구석을 찾아야 한다.
- B는 길을 가다가 귀여운 액세서리를 발견하면 그냥 지나치지 못한다. 그래서 B의 화장대 서랍에는 액세서리가 쌓여 있다.
- C는 지난주에 휴대폰을 잃어버려 얼마 전에 새로 구입하였다. 그런데 오늘 지하철에서 새로 산 휴대폰을 또 잃어버리고 말았다.
- D는 작년에 친구로부터 선물 받은 크리스마스 한정판 화장품을 잃어버린 후 찾지 못했고, 다시 구입하려고 하니 이미 판매가 끝난 상품이라 구입할 수 없었다.
- E는 건조한 실내 공기에 작년에 사용하고 넣어 두었던 가습기를 찾았으나, 창고에서 꺼내 온 가습기는 곰팡이가 피어 작동하지 않았다.

① A : 보관 장소를 파악하지 못하는 경우
② B : 분명한 목적 없이 물건을 구입하는 경우
③ C : 물품을 분실한 경우
④ D : 보관 장소를 파악하지 못하는 경우
⑤ E : 물품이 훼손된 경우

36 다음 중 서번트 리더십에 대한 설명으로 적절한 것을 〈보기〉에서 모두 고르면?

───────〈보기〉───────

ㄱ. 서번트 리더십은 일 추진 시 필요한 지원과 코칭을 하며, 노력에 대한 평가를 한다.
ㄴ. 서번트 리더십은 내부경쟁이 치열하고, 리더를 중심으로 일을 수행한다.
ㄷ. 서번트 리더십은 개방적인 가치관과 긍정적 마인드를 가지고 있다.
ㄹ. 서번트 리더십은 생산에서 양적인 척도를 가지고 결과 중심의 사고를 한다.

① ㄱ, ㄷ   ② ㄱ, ㄹ
③ ㄴ, ㄷ   ④ ㄴ, ㄹ
⑤ ㄷ, ㄹ

37 다음 대화에서 K대리가 저지른 전화 예절의 실수로 가장 적절한 것은?

K대리 : 안녕하세요. A출판부 K대리입니다. 무엇을 도와드릴까요?
S부장 : 아, K대리! 나 영업부 S부장이네.
K대리 : (펜과 메모지를 준비한다) 네! S부장님 안녕하세요. 어떤 일로 전화 주셨습니까?
S부장 : 다음 달에 예정되어 있는 신간도서 계획서를 좀 보고 싶어서 말이야.
K대리 : 네 부장님. 지금 바로 준비해서 갖다 드리겠습니다.
S부장 : 고맙네. 이따 보지.
K대리 : 네! 이만 전화 끊겠습니다.

① 언제나 펜과 메모지를 곁에 두어 메시지를 받아 적을 수 있도록 하지 않았다.
② 전화 받은 사람이 누구인지를 즉시 말하지 않았다.
③ 통화를 마칠 때 전화를 건 상대방에게 감사의 표시를 하지 않았다.
④ 천천히, 명확하게 예의를 갖추고 말하지 않았다.
⑤ 말을 할 때 상대방의 이름을 함께 사용하지 않았다.

38 다음 중 (가)의 입장에서 (나)의 문제점을 해결하기 위해 제시할 수 있는 자세로 적절한 것을 〈보기〉에서 모두 고르면?

(가) 모든 사회구성원이 공정하게 대우받는 정의로운 공동체를 만들기 위해서는 부패 행위를 방지해야 한다. 우리 조상들은 전통적으로 청렴 의식을 중요하게 여겨, 청렴 의식을 강조하는 전통 윤리를 지켜왔다.

(나) 부패 인식 지수는 공무원과 정치인이 얼마나 부패해 있는지에 대한 정도를 비교하여 국가별로 순위를 매긴 것이다. 100점 만점을 기준으로 점수가 높을수록 청렴하다. 2023년 조사한 결과 우리나라의 부패 인식 지수는 100점 만점에 63점으로, 조사대상국 180개국 중 32위를 기록했다.

〈보기〉

㉠ 공동체와 국가의 공사(公事)보다 개인의 일을 우선하는 정신을 기른다.
㉡ 공직자들은 개인적 이익과 출세만을 추구하지 않고 바른 마음과 정성을 가진다.
㉢ 부당한 방법으로 공익을 추구하려 하지 않고 개인의 이익을 가장 중요하게 여긴다.
㉣ 공직자들은 청빈한 생활 태도를 유지하면서 국가의 일에 충심을 다하려는 정신을 지닌다.

---

① ㉠, ㉡   ② ㉠, ㉢

③ ㉡, ㉢   ④ ㉡, ㉣

⑤ ㉢, ㉣

39 다음 중 직장에서 근면한 생활을 하는 사람을 모두 고르면?

A사원 : 저는 이제 더 이상 일을 배울 필요가 없을 만큼 업무에 익숙해졌어요. 실수 없이 완벽하게 업무를 해결할 수 있어요.

B사원 : 저는 요즘 매일 운동을 하고 있어요. 일에 지장이 가지 않도록 건강관리에 힘쓰고 있습니다.

C대리 : 저도 오늘 할 일을 내일로 미루지 않으려고 노력 중이에요. 그래서 업무 시간에는 개인적인 일을 하지 않아요.

D대리 : 저는 업무 시간에 잡담을 하지 않아요. 대신 사적인 대화는 사내 메신저를 활용하는 편이에요.

---

① A사원, B사원   ② A사원, C대리

③ B사원, C대리   ④ B사원, D대리

⑤ C사원, D대리

40 다음은 대화 과정에서 지켜야 할 협력의 원리에 대한 설명이다. 이를 참고할 때, 〈보기〉의 대화에 대한 설명으로 가장 적절한 것은?

> 협력의 원리란 대화 참여자가 대화의 목적에 최대한 기여할 수 있도록 서로 협력해야 한다는 것으로, 듣는 사람이 요구하지 않은 정보를 불필요하게 많이 제공하거나 대화의 목적이나 주제에 맞지 않는 내용을 말하는 것은 바람직하지 않다. 협력의 원리를 지키기 위해서는 다음과 같은 사항을 고려해야 한다.
> • 양의 격률 : 필요한 만큼의 정보만 제공해야 한다.
> • 질의 격률 : 타당한 근거를 들어 진실한 정보를 제공해야 한다.
> • 관련성의 격률 : 대화의 목적이나 주제와 관련된 것을 말해야 한다.
> • 태도의 격률 : 모호하거나 중의적인 표현을 피하고, 간결하고 조리 있게 말해야 한다.

> ───────〈보기〉───────
> A사원 : 오늘 점심은 어디로 갈까요?
> B대리 : 아무거나 먹읍시다. 오전에 간식을 먹었더니 배가 별로 고프진 않아서 아무 곳이나 괜찮습니다.

① B대리는 불필요한 정보를 제공하고 있으므로 양의 격률을 지키지 않았다.
② B대리는 거짓된 정보를 제공하고 있으므로 질의 격률을 지키지 않았다.
③ B대리는 질문에 적합하지 않은 대답을 하고 있으므로 관련성의 격률을 지키지 않았다.
④ B대리는 대답을 명료하게 하지 않고 있으므로 태도의 격률을 지키지 않았다.
⑤ A대리와 B대리는 서로 협력하여 의미 전달을 하고 있으므로 협력의 원리를 따르고 있다.

41 다음 글에서 설명하는 문제 유형으로 가장 적절한 것은?

> 지금까지 해오던 것과 전혀 관계없이 새로운 과제 또는 목표를 설정함에 따라 발생하는 문제로, 문제해결에 많은 창조적인 노력이 요구된다.

① 발생형 문제　　　　　　　　② 설정형 문제
③ 잠재형 문제　　　　　　　　④ 탐색형 문제
⑤ 원상회복형 문제

42 다음 글을 읽고 A사원에게 해줄 수 있는 조언으로 가장 적절한 것은?

> 제약회사의 영업팀에 근무 중인 A사원은 성장세를 보이고 있는 타사에 비해 자사의 수익과 성과가 지나치게 적다는 것을 알았다. 그 이유에 대해 알아보기 위해 타사에 근무하고 있는 친구에게 물어본 결과 친구의 회사에서는 영업사원을 대상으로 판매 교육을 진행한다는 것을 알게 되었다. A사원은 이를 바탕으로 개선 방향에 대한 보고서를 제출하였으나, A사원의 상사는 구체적인 문제해결방법이 될 수 없다며 A사원의 보고서를 반려하였다.

① 문제와 해결 방안이 상위 시스템과 어떻게 연결되어 있는지 생각하는 전략적 사고가 필요하다.
② 기존에 가지고 있는 인식의 틀을 전환하여 새로운 관점에서 세상과 사물을 바라보는 발상의 전환이 필요하다.
③ 전체를 각각의 요소로 나누어 요소마다 의미를 도출한 후 구체적인 문제해결방법을 실행하는 분석적 사고가 필요하다.
④ 문제해결에 필요한 기술, 재료, 방법 등 필요한 자원 확보 계획을 수립하고, 내·외부자원을 효과적으로 활용해야 한다.
⑤ 문제해결방법에 대한 기본 지식이 부족하므로 체계적인 교육을 통해 문제해결을 위한 기본 지식과 스킬을 습득해야 한다.

43 다음은 자아효능감에 대한 설명이다. 빈칸에 들어갈 말을 순서대로 바르게 나열한 것은?

> 반두라(Bandura)의 이론에 따르면 자아효능감(Self-Efficacy)이란 자신이 어떤 일을 성공적으로 수행할 수 있는 능력이 있다고 믿는 개인적 기대와 신념을 의미한다. 반두라는 자아효능감이 ___㉠___ 경험을 통해 결정된다고 보았다. 이를 위해서는 실제 성공할 수 있는 수준부터 시작하여 단계별로 높여 나가며 목표를 달성하도록 해야 한다. 스스로 해낼 수 있다는 긍정적인 신념은 성공 경험이 쌓임으로써 발생하기 때문이다.
> 또한 반두라는 실제 자신의 ___㉠___ 보다는 약하지만, 성공한 사람들의 경험을 간접적으로 학습하는 ___㉡___ 역시 자아효능감 형성에 영향을 미치는 요인으로 보았다. 다른 사람의 성공 사례를 통해 '저 사람이 할 수 있다면 나도 할 수 있다.'는 생각을 가질 수 있다는 것이다. 즉, 반두라는 개인의 행동과 반응이 다른 사람의 행동에 영향을 받는 ___㉢___ 경험의 역할을 강조하였다.
> 한편, 자신의 능력에 대한 의심이나 과제에 대한 불안은 자아효능감 형성에 좋지 않은 영향을 미친다고 보았으며, 오히려 적당한 ___㉣___ 상태에서 온전한 능력을 발휘할 수 있다고 보았다.

	㉠	㉡	㉢	㉣
①	모델링	정서적 각성	수행성취	사회적
②	모델링	수행성취	정서적 각성	사회적
③	정서적 각성	수행성취	모델링	정서적 각성
④	수행성취	모델링	사회적	정서적 각성
⑤	수행성취	모델링	정서적 각성	사회적

44 다음 중 효율적인 시간계획을 작성하는 데 필요한 항목들을 순서대로 바르게 나열한 것은?

(가) 일의 우선순위 정하기	(나) 명확한 목표를 설정하기
(다) 시간 계획서 작성하기	(라) 예상 소요시간 결정하기

① (가) – (나) – (다) – (라)　　　② (가) – (라) – (다) – (나)
③ (나) – (가) – (라) – (다)　　　④ (나) – (다) – (가) – (라)
⑤ (다) – (라) – (나) – (가)

45 다음 글에서 설명하는 리더십 유형으로 가장 적절한 것은?

- 리더는 조직 구성원들 중 한 명일 뿐이다. 물론 다른 조직 구성원들보다 경험이 더 풍부하겠지만 다른 구성원들보다 더 비중 있게 대우받아서는 안 된다.
- 집단의 모든 구성원들은 의사결정 및 팀의 방향을 설정하는 데 참여한다.
- 집단의 모든 구성원들은 집단의 행동의 성과 및 결과에 대해 책임을 공유한다.

① 독재자 유형　　　　　　　② 민주주의에 근접한 유형
③ 파트너십 유형　　　　　　④ 변혁적 유형
⑤ 자유방임적 유형

※ 다음은 물적자원을 효과적으로 관리하기 위한 과정을 나타낸 글이다. 이어지는 질문에 답하시오. **[46~47]**

(가) 물품을 적절하게 보관할 수 있는 장소를 선정하여야 한다. 종이류와 유리, 플라스틱 등은 그 재질의 차이로 인해서 보관 장소의 차이를 두는 것이 좋다. 특히 유리의 경우 쉽게 파손될 우려가 있기 때문에 따로 보관해야 한다. 또한, 물품의 무게와 부피에 따라서도 차이를 두어야 한다. 보관 장소에 따라 물품의 무게가 무겁거나 부피가 큰 것은 별도로 취급하는 것이 적절하다. 모든 물품을 같이 놓아두게 된다면 개별 물품의 훼손이 생길 수 있으므로 주의해야 한다.

(나) 보관의 원칙 중 동일성의 원칙과 유사성의 원칙에 따라 물품을 분류한다. 이는 보관한 물품을 다시 활용할 때 보다 쉽고 빠르게 찾을 수 있도록 하기 위해서이다. 특정 물품의 정확한 위치를 알 수 없어도 대략적인 위치를 알고 있다면 물품을 찾는 시간을 단축할 수 있기 때문이다.

(다) 물품을 정리하고 보관하고자 할 때, 해당 물품을 앞으로 계속 사용할 것인지, 그렇지 않을지를 구분해야 한다. 그렇지 않으면 가까운 시일 내에 활용하게 될 물품도 창고나 박스 등에 넣어 두었다가 다시 꺼내야 하는 경우가 발생하게 될 것이다. 처음부터 철저하게 물품의 활용계획이나 여부를 확인해야 이러한 시행착오를 예방할 수 있다.

▎자원관리능력

46 다음 중 윗글을 효과적인 물적자원관리 과정에 따라 순서대로 바르게 나열한 것은?

① (가) - (나) - (다)
② (가) - (다) - (나)
③ (나) - (다) - (가)
④ (다) - (가) - (나)
⑤ (다) - (나) - (가)

▎자원관리능력

47 다음 중 (가)에서 물품 보관 장소를 선정할 때의 기준으로 가장 적절한 것은?

① 물품의 재질
② 물품의 부피
③ 물품의 무게
④ 물품의 특성
⑤ 물품의 파손 여부

48 다음 중 SWOT 분석에 대한 설명으로 적절하지 않은 것은?

〈SWOT 분석〉

강점, 약점, 기회, 위협요인을 분석·평가하고 이들을 서로 연관 지어 전략을 개발하고 문제해결 방안을 개발하는 방법이다.

	강점 (Strengths)	약점 (Weaknesses)
기회 (Opportunities)	SO	WO
위협 (Threats)	ST	WT

① 강점과 약점은 외부환경요인에 해당하며, 기회와 위협은 내부환경요인에 해당한다.
② SO전략은 강점을 살려 기회를 포착하는 전략을 의미한다.
③ ST전략은 강점을 살려 위협을 회피하는 전략을 의미한다.
④ WO전략은 약점을 보완하여 기회를 포착하는 전략을 의미한다.
⑤ WT전략은 약점을 보완하여 위협을 회피하는 전략을 의미한다.

49 다음 중 빈칸 (가) ~ (다)에 들어갈 말을 순서대로 바르게 나열한 것은?

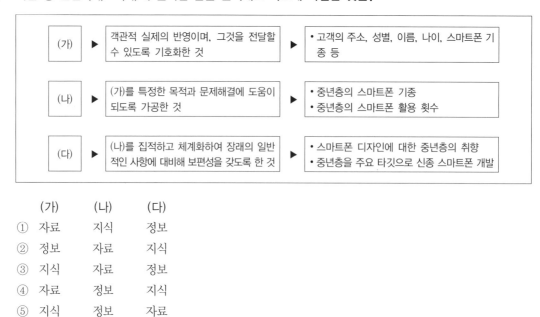

	(가)	(나)	(다)
①	자료	지식	정보
②	정보	자료	지식
③	지식	자료	정보
④	자료	정보	지식
⑤	지식	정보	자료

50 D사 영업부에 근무 중인 C사원은 영업부 사원들의 월별 매출을 함수를 이용해 만 단위로 나타내려고 한다. 다음 중 [B9] 셀에 입력된 함수로 옳은 것은?

	A	B	C	D	E	F
1	구분	1월	2월	3월	5월	6월
2	A대리	1,252,340	1,345,620	1,568,670	1,321,670	1,563,850
3	B주임	1,689,320	1,859,460	1,546,210	1,689,250	1,123,960
4	C사원	1,432,670	1,965,230	1,532,460	1,326,030	1,659,210
5	D주임	1,235,640	1,635,420	1,236,950	1,468,210	1,246,180
6	E사원	1,743,560	1,325,470	1,125,350	1,856,920	1,216,530
7						
8	구분	1월	2월	3월	5월	6월
9	A대리	1,260,000	1,350,000	1,570,000	1,330,000	1,570,000
10	B주임	1,690,000	1,860,000	1,550,000	1,690,000	1,130,000
11	C사원	1,440,000	1,970,000	1,540,000	1,330,000	1,660,000
12	D주임	1,240,000	1,640,000	1,240,000	1,470,000	1,250,000
13	E사원	1,750,000	1,330,000	1,130,000	1,860,000	1,220,000

① =ROUND(B2,−3)

② =ROUND(B2,−4)

③ =ROUNDUP(B2,−3)

④ =ROUNDUP(B2,−4)

⑤ =ROUNDDOWN(B2,−4)

51 다음 상황을 토대로 논리적 사고를 개발하는 방법 중 'So what 기법'을 사용한 예로 가장 적절한 것은?

〈상황〉

- 우리 회사의 자동차 판매대수가 사상 처음으로 전년 대비 마이너스를 기록했다.
- 우리나라의 자동차 업계 전체는 일제히 적자 결산을 발표했다.
- 주식 시장은 몇 주간 조금씩 하락하는 상황에 있다.

① 자동차 판매가 부진하다.
② 자동차 산업의 미래가 좋지 않다.
③ 자동차 산업과 주식시장의 상황이 복잡하다.
④ 자동차 관련 기업의 주식을 사서는 안 된다.
⑤ 자동차 판매를 높이기 위해 가격을 낮춘다.

52 다음 중 예산수립의 절차가 바르게 나열된 것은?

ㄱ. 필요한 과업 및 활동 규명
ㄴ. 예산 배정
ㄷ. 우선순위 결정

① ㄱ - ㄴ - ㄷ　　　　② ㄱ - ㄷ - ㄴ
③ ㄴ - ㄱ - ㄷ　　　　④ ㄴ - ㄷ - ㄱ
⑤ ㄷ - ㄱ - ㄴ

53 다음은 창의적 사고를 개발하기 위한 방법인 자유연상법, 강제연상법, 비교발상법을 그림으로 나타낸 자료이다. (가) ~ (다)를 순서대로 바르게 나열한 것은?

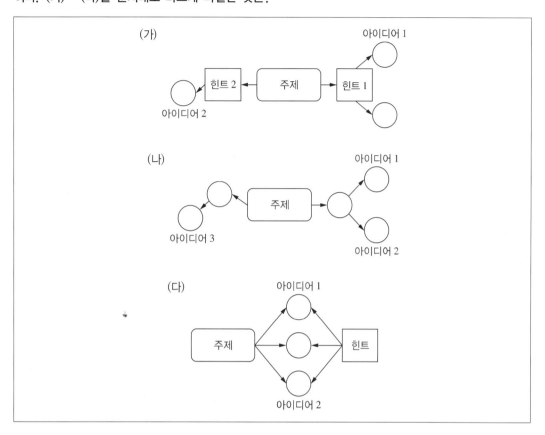

	(가)	(나)	(다)
①	비교발상법	자유연상법	강제연상법
②	강제발상법	자유연상법	비교연상법
③	강제연상법	비교발상법	자유연상법
④	자유연상법	비교연상법	강제발상법
⑤	자유연상법	강제연상법	비교발상법

54 C주임은 최근 개인정보 보호의 중요성을 실감하였고, 개인정보의 종류를 파악하기 위해 다음과 같이 표를 만들었다. 빈칸 ㉠ ~ ㉤에 들어갈 정보로 옳지 않은 것은?

분류	내용
일반정보	이름, 주민등록번호, 운전면허정보, 주소, 전화번호, 생년월일, 출생지, 본적지, 성별, 국적 등
가족정보	가족의 이름, 직업, 생년월일, ㉠, 출생지 등
교육 및 훈련정보	최종학력, 성적, 기술자격증 / 전문면허증, 이수훈련 프로그램, 서클 활동, 상벌사항, 성격 / 행태보고 등
병역정보	군번 및 계급, 제대유형, 주특기, 근무부대 등
부동산 및 동산정보	소유주택 및 토지, ㉡, 저축현황, 현금카드, 주식 및 채권, 수집품, 고가의 예술품, 보석 등
소득정보	연봉, 소득의 원천, ㉢, 소득세 지불 현황 등
기타수익정보	보험가입현황, 수익자, 회사의 판공비 등
신용정보	저당, 신용카드, 담보설정 여부 등
고용정보	고용주, 회사주소, 상관의 이름, 직무수행 평가 기록, 훈련기록, 상벌기록 등
법적정보	전과기록, 구속기록, 이혼기록 등
의료정보	가족병력기록, 과거 의료기록, 신체장애, 혈액형 등
조직정보	노조가입, ㉣, 클럽회원, 종교단체 활동 등
습관 및 취미정보	흡연 / 음주량, 여가활동, 도박성향, ㉤ 등

① ㉠ : 주민등록번호
② ㉡ : 자동차
③ ㉢ : 대부상황
④ ㉣ : 정당가입
⑤ ㉤ : 비디오 대여기록

55 다음 글에서 설명하는 벤치마킹으로 옳은 것은?

> 프로세스에 있어 최고로 우수한 성과를 보유한 동일업종의 비경쟁적 기업을 대상으로 한다. 접근 및 자료 수집이 용이하고, 비교 가능한 업무 / 기술 습득이 상대적으로 용이한 반면, 문화 및 제도적인 차이로 발생되는 효과에 대한 검토가 없을 경우, 잘못된 분석 결과의 발생 가능성이 높다는 단점이 있다.

① 내부 벤치마킹
② 경쟁적 벤치마킹
③ 비경쟁적 벤치마킹
④ 글로벌 벤치마킹
⑤ 간접적 벤치마킹

56 다음 중 조직의 환경적응에 대한 설명으로 옳지 않은 것을 〈보기〉에서 모두 고르면?

───────〈보기〉───────

ㄱ. 기업에 대한 세계화의 영향은 진출시장, 투자대상 확대 등 기업의 대외적 경영 측면으로 국한된다.

ㄴ. 특정 국가에서의 업무 동향 점검 시에는 거래 기업에 대한 정보와 시장의 특성뿐 아니라 법규에 대하여도 파악하는 것이 필수적이다.

ㄷ. 이문화 이해는 곧 상이한 문화와의 언어적 소통을 가리키므로 현지에서의 인사법 등 예절에 주의하여야 한다.

ㄹ. 이문화 이해는 특정 타 지역에 오랜 기간 형성된 문화를 이해하는 것으로, 단기간에 집중적인 학습으로 신속하게 수월한 언어적 능력을 갖추는 것이 최선이다.

① ㄱ   ② ㄴ, ㄷ
③ ㄴ, ㄹ   ④ ㄱ, ㄴ, ㄹ
⑤ ㄱ, ㄷ, ㄹ

57 다음은 벤치마킹의 절차에 대한 자료이다. 이에 대한 설명으로 옳지 않은 것은?

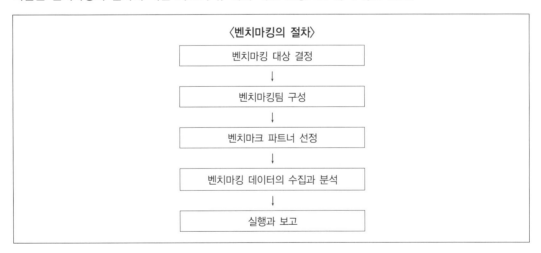

① 벤치마킹 데이터를 수집·분석할 경우 문서 편집 시스템보다는 수기로 작업하는 것이 좋다.

② 벤치마킹 대상이 결정되면 대상을 조사하기 위해 필요한 정보와 자원이 무엇인지 파악해야 한다.

③ 벤치마크 파트너 선정은 벤치마크 정보를 수집하는 데 이용될 정보의 원천을 확인하는 단계이다.

④ 벤치마킹팀 구성 시 구성원들 간의 의사소통이 원활하기 위한 네트워크 환경이 요구된다.

⑤ 벤치마킹팀의 경우 관계자 모두에게 벤치마킹이 명확하게 할당되고 중심 프로젝트가 정해지는 것을 돕기 위한 프로젝트 관리 기구가 필요하다.

58 다음은 자아인식, 자기관리, 경력개발의 의미에 대한 설명이다. 이를 바탕으로 〈보기〉에서 자기관리에 해당하는 질문을 모두 고르면?

자아인식	직업생활과 관련하여 자신의 가치, 신념, 흥미, 적성, 성격 등을 통해 자신이 누구인지 아는 것이다.
자기관리	자신의 목표성취를 위해 자신의 행동 및 업무수행을 관리하고 조정하는 것이다.
경력개발	개인의 일과 관련된 경험에서 목표와 전략을 수립하고, 실행하며, 피드백하는 과정이다.

〈보기〉

(가) 자기관리 계획은 어떻게 수립하는 것일까?
(나) 나의 업무수행에 있어 장단점은 무엇인가?
(다) 나는 언제쯤 승진하고, 퇴직을 하게 될까?
(라) 나의 직업흥미는 무엇인가?
(마) 나의 업무에서 생산성을 높이기 위해서는 어떻게 해야 할까?
(바) 경력개발과 관련된 최근 이슈는 어떤 것이 있을까?
(사) 내가 설계하는 나의 경력은 무엇인가?
(아) 다른 사람과의 대인관계를 향상시키기 위한 방법은?
(자) 나의 적성은 무엇인가?

① (가), (마), (아)
② (나), (라), (바)
③ (다), (마), (사)
④ (라), (사), (자)
⑤ (마), (바), (아)

59 다음 대화를 읽고 K대리에게 필요한 직업윤리로 가장 적절한 것은?

> 경찰 : 안녕하세요. 제한속도 60km 이상으로 과속하셨습니다.
> K대리 : 어머님이 위독하다는 연락을 받고 경황이 없어서 그랬습니다.
> 경찰 : 그래도 과속하셨습니다. 벌점 15점에 벌금 6만 원입니다.
> K대리 : 이번에 벌점을 받으면 면허정지 됩니다. 한 번만 봐주세요.

① 창의력
② 협동심
③ 근면
④ 자주
⑤ 준법

60 다음 사례에 적용된 문제해결방법 중 원인 파악 단계의 결과로 가장 적절한 것은?

> 1980년대 초반에 헝가리 부다페스트 교통 당국은 혼잡한 시간대에 대처하기 위해 한 노선에 버스를 여러 대씩 운행시켰다. 그러나 사람들은 45분씩 기다려야 하거나 버스 서너 대가 한꺼번에 온다고 짜증을 냈다. 사람들은 버스 운전사가 멍청하거나 아니면 악의적으로 배차를 그렇게 한다고 여겼다. 다행스럽게도 당국은 금방 문제의 원인을 파악했고, 해결책도 찾았다. 버스 세 대 이상을 노선에 투입하고 간격을 똑같이 해 놓으면, 버스의 간격은 일정하게 유지되지 않는다. 앞서 가는 버스는 승객을 많이 태우게 되고, 따라서 정차 시간이 길어진다. 바로 뒤 따라가는 버스는 승객이 앞차만큼 많지 않기 때문에 정차 시간이 짧아진다. 이러다 보면 어쩔 수 없이 뒤차가 앞차를 따라 잡아서 버스가 한참 안 오다가 줄줄이 두세 대씩 한꺼번에 몰려오게 된다. 버스들이 자기 조직화 때문에 몰려 다니게 되는 것이다.
> 상황을 이해하고 나면 해결책도 나온다. 버스 관리자는 이 문제가 같은 노선의 버스는 절대로 앞차를 앞지르지 못하게 되어 있기 때문임을 인지했다. 문제를 없애기 위해 당국은 운전사들에게 새로운 규칙을 따르게 했다. 같은 노선의 버스가 서 있는 것을 보면 그 버스가 정류장의 승객을 다 태우지 못할 것 같아도 그냥 앞질러 가는 것이다. 이렇게 하면 버스들이 한꺼번에 줄줄이 오는 것을 막게 되어 더 효율적으로 운행할 수 있다.

① 버스 운전사의 운전 미숙
② 부다페스트의 열악한 도로 상황
③ 유연하지 못한 버스 운행 시스템
④ 의도적으로 조절한 버스 배차 시간
⑤ 정차된 같은 노선의 버스를 앞지르는 규칙

제4회
모듈형

NCS 모의고사

〈문항 및 시험시간〉

평가영역	문항 수	시험시간	모바일 OMR 답안채점 / 성적분석 서비스
의사소통능력 / 수리능력 / 문제해결능력 / 조직이해능력 / 정보능력 / 자원관리능력 / 기술능력 / 자기개발능력 / 대인관계능력 / 직업윤리	60문항	60분	

제4회 모의고사

문항 수 : 60문항
시험시간 : 60분

┃ 의사소통능력

01 다음 중 상황과 대상에 따른 의사표현법으로 적절하지 않은 것은?

① 상대방의 잘못을 지적할 때는 상대방이 상처를 받을 수도 있으므로 모호한 표현을 해야 한다.

② 상대방에게 명령해야 할 때는 강압적으로 말하기보다는 부드럽게 표현하는 것이 효과적이다.

③ 상대방에게 부탁해야 할 때는 상대의 사정을 우선시하는 태도를 보여줘야 한다.

④ 상대방의 요구를 거절해야 할 때는 먼저 사과하고 요구를 들어줄 수 없는 이유를 설명해야 한다.

⑤ 상대방을 칭찬할 때는 별다른 노력을 기울이지 않아도 되지만, 자칫 잘못하면 아부로 여겨질 수 있으므로 주의해야 한다.

┃ 자원관리능력

02 다음 물적자원관리 과정 중 같은 단계의 특성끼리 바르게 연결된 것은?

① 반복 작업 방지, 물품 활용의 편리성

② 통일성의 원칙, 물품의 형상

③ 물품의 소재, 물품 활용의 편리성

④ 물품의 소재, 유사성의 원칙

⑤ 물품의 형상, 유사성의 원칙

03 K회사의 신입사원인 A ~ E는 회사에서 문서작성 시 주의해야 할 사항에 대한 교육을 받은 뒤 서로 이야기를 나누었다. 다음 중 이에 대해 잘못 이해하고 있는 사람을 모두 고르면?

> A사원 : 문서를 작성할 때는 주로 '누가, 언제, 어디서, 무엇을, 어떻게, 왜'의 육하원칙에 따라 작성해야 해.
> B사원 : 물론 육하원칙에 따라 글을 작성하는 것도 중요하지만, 되도록 글이 한눈에 들어올 수 있도록 하나의 사안은 한 장의 용지에 작성해야 해.
> C사원 : 글은 한 장의 용지에 작성하되, 자료는 최대한 많이 첨부하여 문서를 이해하는 데 어려움이 없도록 하는 것이 좋아.
> D사원 : 문서를 작성한 후에는 내용을 다시 한번 검토해 보면서 높임말로 쓰인 부분은 없는지 살펴보고, 있다면 이를 낮춤말인 '해라체'로 고쳐 써야 해.
> E사원 : 특히 문서나 첨부 자료에 금액이나 수량, 일자 등이 사용되었다면 정확하게 쓰였는지 다시 한번 꼼꼼하게 검토하는 것이 좋겠지.

① A사원, B사원   ② A사원, C사원
③ B사원, D사원   ④ C사원, D사원
⑤ D사원, E사원

04 다음 글을 읽고 자기개발이 필요한 이유로 옳지 않은 것은?

> 자기개발이 필요한 이유를 살펴보면 다음과 같다. 먼저 우리는 자기개발을 통해 동일한 업무의 목표에 대하여 더 높은 성과를 가져올 수 있다. 만약 본인이 컴퓨터 활용능력을 향상시켰다면, 이를 통해 업무의 질과 속도가 향상될 수 있는 것이다. 또한 우리를 둘러싸고 있는 환경은 끊임없이 변화하고 있으며, 그 변화의 속도가 점점 빨라지고 있음을 볼 때, 우리는 가지고 있는 지식이나 기술이 과거의 것이 되지 않도록 지속적인 자기개발을 할 필요가 있다. 다음으로 자기개발을 통해 자신의 내면을 관리하고, 시간을 관리하며, 생산성을 높이게 되면 원만한 인간관계의 형성과 유지의 기반이 될 수 있다. 자신의 업무를 훌륭히 해내는 직원을 싫어할 사람은 없기 때문이다. 나아가 자기개발을 통해 자신감을 얻게 되고, 삶의 질이 향상되어 보다 보람된 삶을 살 수 있다. 자기개발을 위해서는 자신의 비전을 발견하고, 장단기 목표를 설정하는 일이 선행되어야 한다. 이로 인해 자신의 비전을 위한 자기개발의 필요성을 인식하고, 자기개발의 방향과 방법을 설정할 수 있는 것이다.

① 변화하는 환경에 적응하기 위해서 필요하다.
② 주변 사람들과 긍정적인 인간관계를 형성하기 위해서 필요하다.
③ 자신의 직위와 직급을 향상시키기 위해서 필요하다.
④ 자신이 달성하고자 하는 목표를 성취하기 위해서 필요하다.
⑤ 개인적으로 보람된 삶을 살기 위해서 필요하다.

05 다음 중 2차 자료로 옳은 것은?

> 우리는 흔히 필요한 정보를 수집할 수 있는 원천을 정보원(Sources)이라 부른다. 정보원은 정보를 수집하는 사람의 입장에서 볼 때 공개된 것은 물론이고 비공개된 것도 포함되며, 수집자의 주위에 있는 유형의 객체 가운데에서 발생시키는 모든 것이 정보원이라 할 수 있다.
> 이러한 정보원은 크게 1차 자료와 2차 자료로 구분할 수 있다. 1차 자료는 원래의 연구성과가 기록된 자료를 의미한다. 반면에 2차 자료는 1차 자료를 효과적으로 찾아보기 위한 자료 혹은 1차 자료에 포함되어 있는 정보를 압축·정리해서 읽기 쉬운 형태로 제공하는 자료를 의미한다.

① 학술회의자료　　　　　　　　　　② 백과사전
③ 출판 전 배포자료　　　　　　　　④ 학위논문
⑤ 신문

06 다음은 조직체제의 구성요소이다. 이에 대한 설명으로 옳지 않은 것은?

① 조직의 규칙과 규정은 조직 구성원들의 자유로운 활동범위를 보장하는 기능을 가진다.
② 조직구조에서는 의사결정권이 하부 구성원들에게 많이 위임되는 유기적 조직도 볼 수 있다.
③ 조직의 목표는 조직이 달성하려는 장래의 상태로, 조직이 존재하는 정당성과 합법성을 제공한다.
④ 조직문화는 조직 구성원들의 사고와 행동에 영향을 미치며, 일체감과 정체성을 부여한다.
⑤ 조직구조는 의사결정권의 집중정도, 명령계통, 최고경영자의 통제 등에 따라 달라진다.

받는 사람 : 홍보팀 팀장님, 마케팅팀 팀장님
참조 : 홍보팀 ○사원, ○대리, ○과장, ○차장, 마케팅팀 ○사원, ○대리, ○과장
제목 : [중요] 12월 13일 마케팅 전략 관련 의견수렴 실무자 회의 일정 공유
내용 : 안녕하세요. 잘 지내시죠?
　　　전 마케팅팀 신입사원 ○○○인데요. 신경 써 주신 덕분에 회사에 잘 적응하고 있습니다. ㅎㅎㅎ
　　　다름이 아니오라 저희 마케팅팀에서 새로운 마케팅 전략을 짜보았어요. 함께 보면서 이야기를 나누고자 메일을 보내드립니다.
　　　내일 점심식사 하시고, 1시 30분 3층 회의실 창조룸입니다.
　　　첨부해 드리는 파일을 보고 오시면 더 좋을 것 같네요. 그럼 내일 오후에 뵐게요.
　　　외근 등 사유로 인해 부득이하게 참석이 어려우신 분은 금일 중으로 회신 부탁드립니다.
　　　항상 노력하는 K기업의 신입사원이 되겠습니다. 사랑합니다.
　　　○○○ 드림
첨부 : (신)마케팅 전략_최최최최종본.pdf

| 의사소통능력

07 다음 중 이메일 예절이 잘 지켜진 부분은?

　　① 받는 사람　　　　　　　　　② 제목
　　③ 내용　　　　　　　　　　　④ 첨부 파일명
　　⑤ 참조

| 의사소통능력

08 다음 중 이메일의 내용에서 수정해야 할 부분으로 적절하지 않은 것은?

　　① 구어체를 배제하고 정중한 표현을 사용할 필요가 있다.
　　② 회의의 목적에 대해서 서두에 명확하게 작성할 필요가 있다.
　　③ 부득이하게 참석이 어려운 사람에 대한 회신에 대해 언급할 필요가 있다.
　　④ 일시, 장소, 참석자, 안건 등 필요 내용을 일목요연하게 정리할 필요가 있다.
　　⑤ 첨부 파일명에 세부 내용이 요약될 필요가 있다.

09 다음 사례에서 유과장이 최대리에게 해줄 수 있는 조언으로 적절하지 않은 것은?

> 최대리는 오늘도 기분이 별로다. 팀장에게 오전부터 싫은 소리를 들었기 때문이다. 늘 하던 일을 하는 방식으로 처리한 것이 빌미였다. 관행에 매몰되지 말고 창의적이고 발전적인 모습을 보여 달라는 게 팀장의 주문이었다. '창의적인 일처리'라는 말을 들을 때마다 주눅이 드는 자신을 발견할 때면 더욱 의기소침해지고 자신감이 없어진다. 어떻게 해야 창의적인 인재가 될 수 있을까 고민도 해보지만 뾰족한 수가 보이지 않는다. 자기만 뒤처지는 것 같아 불안하기도 하고 남들은 어떤지 궁금하기도 하다.

① 창의적인 사람은 새로운 경험을 찾아 나서는 사람을 말하는 것 같아.
② 그래, 그들의 독특하고 기발한 재능은 선천적으로 타고나는 것이라 할 수 있어.
③ 창의적인 사고는 후천적 노력에 의해서도 개발이 가능하다고 생각해.
④ 창의력은 본인 스스로 자신의 틀에서 벗어나도록 노력해야 한다고 생각해.
⑤ 창의적 사고는 전문지식이 필요하지 않으니 자신의 경험을 바탕으로 생각해 봐.

10 다음 중 코칭의 진행 과정에 대한 설명으로 적절한 것을 〈보기〉에서 모두 고르면?

> ─────〈보기〉─────
> ㄱ. 코칭을 할 경우 시간과 목표를 명확히 알린다.
> ㄴ. 문제점에 대한 해결책을 직접 제시한다.
> ㄷ. 코칭 과정을 반복한다.
> ㄹ. 질문과 피드백에 충분한 시간을 할애한다.
> ㅁ. 경청보다는 핵심적인 질문 위주로 진행한다.

① ㄱ, ㄴ, ㅁ 　　　　② ㄱ, ㄷ, ㄹ
③ ㄴ, ㄷ, ㄹ 　　　　④ ㄴ, ㄹ, ㅁ
⑤ ㄷ, ㄹ, ㅁ

11 다음은 문제해결절차의 문제 도출 단계에서 사용되는 방법을 나타낸 자료이다. 제시된 문제해결방법은 무엇인가?

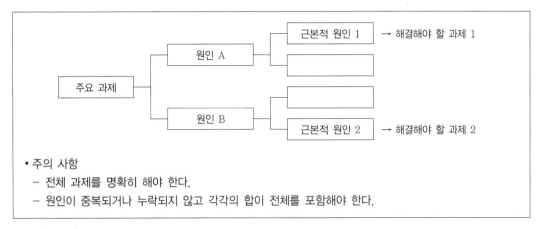

- 주의 사항
  - 전체 과제를 명확히 해야 한다.
  - 원인이 중복되거나 누락되지 않고 각각의 합이 전체를 포함해야 한다.

① So What 방법   ② 피라미드 구조 방법
③ Logic Tree 방법   ④ SWOT 분석 방법
⑤ 3C 분석 방법

12 다음 사례에서 제시된 협상전략으로 가장 적절한 것은?

> 사람들은 합리적인 의사결정보다 감성적인 의사결정을 하곤 한다. 소비에 있어서 이와 같은 현상을 쉽게 발견할 수 있는데, 사람들이 물건을 살 때 제품의 기능이나 가격보다는 다른 사람들의 판단에 기대어 결정하거나 브랜드의 위치를 따르는 소비를 하는 경우를 쉽게 볼 수 있는 것이다. 명품에 대한 소비나 1위 브랜드 제품을 선호하는 것 모두 이러한 현상 때문으로 볼 수 있다.

① 상대방 이해 전략   ② 권위 전략
③ 희소성 해결 전략   ④ 호혜 관계 형성 전략
⑤ 사회적 입증 전략

13 K사원은 자신이 생각하는 자신의 모습과 주변 동료들이 생각하는 자신의 모습을 정리하여 조해리의 창 (Johari's Window)으로 정리하였다. 다음 중 K사원이 이해한 내용으로 적절하지 않은 것은?

<K사원이 작성한 조해리의 창>

구분	내가 아는 나	내가 모르는 나
타인이 아는 나	• 활달하고 개방적이다. • 사람들과 원만하게 잘 지내려고 한다. • 센스가 있는 편이다.	• 감정 기복이 심한 편이다. • 간혹 소심하고 내성적인 모습도 보인다. • 과시하고 싶어 한다.
타인이 모르는 나	• 불의를 보면 참을 수 없다. • 다혈질적이다. • 혼자 있는 것을 싫어한다.	(A)

① 자신이 감정 기복이 심한 편인지 스스로 생각해 볼 필요가 있다.

② 혼자 있는 것을 싫어한다는 점을 상대방에게 조금씩 알려주는 것도 좋다.

③ 자신이 다혈질적인지 스스로 생각해 볼 필요가 있다.

④ 자신이 매사에 과시하는 모습을 보이지 않았는지 반성할 필요가 있다.

⑤ (A)는 K사원 자신도 모르고, 타인도 모르는 미지의 영역으로 볼 수 있다.

14 다음 글에 제시된 벤치마킹의 종류에 대한 설명으로 가장 적절한 것은?

> 네스프레소는 가정용 커피머신 시장의 선두주자이다. 이러한 성장 배경에는 기존의 산업 카테고리를 벗어나 랑콤, 이브로쉐 등 고급 화장품 업계의 채널 전략을 벤치마킹했다. 고급 화장품 업체들은 독립 매장에서 고객들에게 화장품을 직접 체험할 수 있는 기회를 제공하고, 이를 적극적으로 수요와 연계하고 있었다. 네스프레소는 이를 통해 신규 수요를 창출하기 위해서는 커피머신의 기능을 강조하는 것이 아니라, 즉석에서 추출한 커피의 신선한 맛을 고객에게 체험하게 하는 것이 중요하다는 인사이트를 도출했다. 이후 전 세계 유명 백화점에 오프라인 단독 매장들을 개설해 고객에게 커피를 시음할 수 있는 기회를 제공했다. 이를 통해 네스프레소의 수요는 급속도로 늘어나 매출 부문에서 30 ~ 40%의 고속성장을 거두게 됐고 전 세계로 확장되며 여전히 높은 성장세를 이어가고 있다.

① 자료수집이 쉬우며 효과가 크지만 편중된 내부시각에 대한 우려가 있다는 단점이 있다.

② 비용 또는 시간적 측면에서 상대적으로 많이 절감할 수 있다는 장점이 있다.

③ 문화 및 제도적인 차이에 대한 검토가 부족하면 잘못된 결과가 나올 수 있다.

④ 경영성과와 관련된 정보 입수가 가능하나 윤리적인 문제가 발생할 소지가 있다.

⑤ 새로운 아이디어가 나올 가능성이 높지만 가공하지 않고 사용한다면 실패할 수 있다.

15 다음 뉴스에서 볼 수 있는 기술경영자의 능력으로 옳은 것은?

> 앵커 : 현재 국제 원유 값이 고공 행진을 계속하면서 석유자원에서 탈피하려는 기술 개발이 활발히 진행되고
> 있는데요. 석유자원을 대체하고 에너지의 효율성을 높일 수 있는 연구개발 현장을 이은경 기자가 소
> 개합니다.
> 기자 : 네. 여기는 메탄올을 화학 산업에 많이 쓰이는 에틸렌과 프로필렌, 부탄 등의 경질 올레핀으로 만드는
> 공정 현장입니다. 석탄과 바이오매스, 천연가스를 원료로 만들어진 메탄올에서 촉매반응을 통해 경질
> 올레핀을 만들기 때문에 석유 의존도를 낮출 수 있는 기술을 볼 수 있는데요. 기존 석유 나프타 열분
> 해 공정보다 수율이 높고, 섭씨 400도 이하에서 제조가 가능해 온실가스는 물론 에너지 비용을 50%
> 이상 줄일 수 있어 화제가 되고 있습니다.

① 빠르고 효과적으로 새로운 기술을 습득하고 기존의 기술에서 탈피하는 능력
② 기술 전문 인력을 운용할 수 있는 능력
③ 조직 내의 기술 이용을 수행할 수 있는 능력
④ 새로운 제품개발 시간을 단축할 수 있는 능력
⑤ 기술을 효과적으로 평가할 수 있는 능력

16 다음 중 A ~ E 다섯 사람이 일렬로 줄을 설 때, 양 끝에 B, D가 서게 될 확률은?

① $\dfrac{1}{8}$　　　　　　　　② $\dfrac{1}{9}$

③ $\dfrac{1}{10}$　　　　　　　④ $\dfrac{1}{11}$

⑤ $\dfrac{1}{12}$

17 K유통업체의 물류창고에서는 다량의 물품에 대한 정보를 다음과 같이 기호화하여 관리하고 있다. 이에 대한 설명으로 적절하지 않은 것은?

9 791125 459972

① 문자나 숫자를 기계가 읽을 수 있는 흑과 백의 막대모양 기호로 조합하였다.
② 데이터를 빠르게 입력할 수 있으며, 컴퓨터가 판독하기 쉽다.
③ 물품의 수명기간 동안 무선으로 물품을 추적 관리할 수 있다.
④ 광학식 마크판독장치를 통해 판독이 가능하다.
⑤ 막대의 넓이와 수, 번호에 따라 물품을 구분한다.

18 다음 중 K씨에게 해줄 수 있는 조언으로 가장 적절한 것은?

> 현재 군인이 되기 위해 준비 중인 K씨는 요즘 들어 고민에 빠져 있다. 자신의 윤리적 입장에서 생각해 보았을 때 타인에 대한 물리적 행사(폭력)는 절대 금지되어 있다고 생각되지만, 군인의 입장에서는 필요한 경우 물리적 행사가 허용된다는 점이 마음에 걸리는 것이다.

① 업무수행상 모든 행동에 있어 개인의 양심에 따라 행동하는 것이 중요해.
② 군인은 하나의 직업인이기 때문에 기본적인 윤리기준은 무시할 필요가 있어.
③ 도덕적인 원리를 사회 제도가 아니라 개인의 생활에 적용하는 것이 중요해.
④ 업무 중 상대방의 입장에서 생각해 보고 너의 행동을 결정하는 것이 어떨까?
⑤ 업무수행상 개인윤리와 직업윤리가 충돌할 경우 직업윤리를 우선하여야 해.

19 다음 중 자진해서 하는 근면의 사례로 옳은 것을 〈보기〉에서 모두 고르면?

〈보기〉

(가) 영희는 미국 여행을 위해 아침 일찍 일어나 30분씩 영어 공부를 하고 있다.
(나) K사에 근무 중인 A씨는 팀장의 요청으로 3일 동안 야근 중이다.
(다) 자동차 세일즈맨으로 일하고 있는 B씨는 성과에 따라 보수가 결정되기 때문에 누구보다 열심히 성과를 높이기 위해 노력중이다.
(라) 영희의 할아버지는 뒤늦게 공부에 재미를 느껴 현재 만학도로 공부에 전력하고 계신다.
(마) 진수는 어머니의 성화에 못 이겨 자기 방으로 들어가 공부에 매진하고 있다.

① (가), (라)
② (나), (다)
③ (가), (다), (라)
④ (나), (라), (마)
⑤ (다), (라), (마)

20 다음 중 빈칸 ㉠에 대한 설명으로 옳지 않은 것은?

_____㉠_____(이)란 고객과 서비스 요원 사이의 15초 동안의 짧은 순간에서 이루어지는 서비스로, 이 순간을 진실의 순간(MOT; Moment Of Truth) 또는 결정적 순간이라고 한다.

① 짧은 순간에 고객으로 하여금 우리 회사를 선택한 것이 좋은 선택이었다는 것을 입증해야 한다.
② 서비스 직원은 찰나의 순간에 모든 역량을 동원하여 고객을 만족시켜야 한다.
③ 여러 번의 결정적인 순간에서 단 한 번의 0점 서비스를 받는다면 모든 서비스가 0점이 되어버릴 수 있다.
④ 서비스 직원의 용모와 복장보다는 따뜻한 미소와 친절한 한마디가 서비스의 핵심이다.
⑤ 고객과 상호작용에 의해서 서비스가 순발력 있게 제공될 수 있는 시스템이 갖추어져야 한다.

21 다음은 기술선택을 위한 절차에 대한 자료이다. 밑줄 친 (A) ~ (E)에 대한 행동으로 옳은 것은?

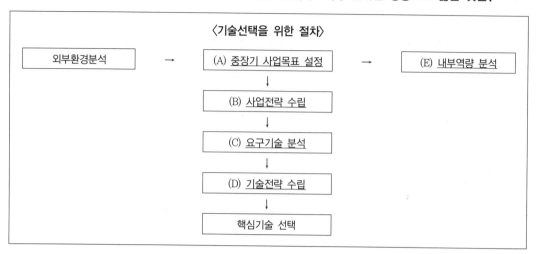

① (A) : 기술획득 방법 결정
② (B) : 사업 영역 결정, 경쟁 우위 확보 방안 수립
③ (C) : 기업의 장기비전, 매출목표 및 이익목표 설정
④ (D) : 기술능력, 생산능력, 마케팅 / 영업능력, 재무능력 등 분석
⑤ (E) : 제품 설계 / 디자인 기술, 제품 생산 공정, 원재료 / 부품 제조기술 분석

22 다음 사례의 사업 구조조정 전략에 대한 설명으로 가장 적절한 것은?

> 금호아시아나 그룹은 그룹의 도약을 위해 2006년 대우건설을 인수 합병하였다. 이후 대우건설의 재무 건전성을 개선하기 위해 다양한 방법을 모색하였으나, 특별한 대책이 세워지지 않았다. 금호아시아나 그룹은 대우건설 인수 이후 경영 정상화를 위해 진행한 풋백 옵션의 부채 부담이 오히려 그룹 전체에 해를 끼칠 것으로 판단하고 결국 대우건설을 매각하였다.

① 생산성 향상을 위해 기업을 재창조 수준으로 혁신하는 것을 의미한다.
② 미래보다는 당장 급한 현실을 극복하는 데 적합하다.
③ 업무를 프로세스 중심으로 파악한다.
④ 기업의 기구 축소나 감원을 통한 규모 축소로 정의할 수 있다.
⑤ 기업 전체의 경쟁력 제고를 위해 사업 단위들을 어떻게 통합해 나갈 것인가를 결정하는 중장기 경영 혁신 전략이다.

23 다음 중 빈칸에 들어갈 말로 가장 적절한 것은?

> _____ 분야에서 유망한 기술로 전망되는 것은 지능형 로봇 분야이다. 지능형 로봇이란 외부 환경을 인식하여 스스로 상황을 판단하고 자율적으로 동작하는 기계 시스템을 말한다. 지능형 로봇은 타 분야에 대한 기술적 파급 효과가 큰 첨단 기술의 복합체며, 소득 2만 달러 시대를 선도할 미래 유망산업으로 발전할 것이다. 산업적 측면에서 볼 때 지능형 로봇 분야는 자동차 산업 규모 이상의 성장 잠재력을 가지고 있으며, 기술혁신과 신규투자가 유망한 신산업이다.
> 최근에는 기술혁신과 사회적 패러다임의 변화에 따라 인간 공존, 삶의 질 향상을 이룩하기 위한 새로운 지능형 로봇의 개념이 나타나고 있다. 지능형 로봇은 최근 IT기술의 융복합화, 지능화 추세에 따라 점차 네트워크를 통한 로봇의 기능 분산, 가상공간 내에서의 동작 등 IT와 융합한 '네트워크 기반 로봇'의 개념을 포함하고 있다.
> 그동안 일본이 산업형 로봇 시장을 주도하였다면, IT기술이 접목되는 지능형 로봇 시장은 우리나라가 주도하기 위해 국가 발전 전략에 따라 국가 성장 동력산업으로 육성하고 있다.

① 토목공학   ② 환경공학
③ 생체공학   ④ 전기전자공학
⑤ 자원공학

24 다음 글에서 설명하는 설득력 있는 의사표현의 지침으로 가장 적절한 것은?

> 자기주장을 일단 양보하여 의견의 일치를 보이는 자세를 취함으로써 강경한 태도를 굽히지 않던 상대방을 결국 이쪽으로 끌어올 수 있다.

① 권위 있는 사람의 말이나 작품을 인용하라.
② 자신의 잘못도 솔직하게 인정하라.
③ 변명의 여지를 만들어 주고 설득하라.
④ 침묵을 지키는 사람의 참여도를 높여라.
⑤ 집단의 요구를 거절하려면 개개인의 의견을 물어라.

25 다음 중 비윤리적 행위의 원인에 대해 바르게 설명한 사람을 모두 고르면?

> 지원 : 비윤리적 행위의 주요 원인으로 무지, 무관심, 무절제, 자유 4가지를 꼽을 수 있어.
> 창인 : 어떤 사람이 악이라는 사실을 모른 채 선이라고 생각하여 노력하였다면, 이는 무관심에서 비롯된 비윤리적 행위에 해당해.
> 기율 : 자신의 행위가 비윤리적이라는 것을 알고 있으면서도 윤리적 기준을 따르는 것을 대수롭지 않게 여긴다면, 이는 무관심에서 비롯된 비윤리적 행위라고 볼 수 있어.
> 지현 : 자신의 행위가 비윤리적이라는 것을 알고 있으면서도 이를 통해 얻을 수 있는 이익이 주는 유혹이 너무 커 비윤리적 행위를 한다면, 이는 무절제에서 비롯된 것이야.

① 지원, 창인
② 지원, 기율
③ 창인, 기율
④ 창인, 지현
⑤ 기율, 지현

26 공감적 이해의 단계를 인습적 수준, 기본적 수준, 심층적 수준의 세 가지 수준으로 나누어 볼 때, 다음 중 A ~ C를 바르게 분류한 것은?

A, B, C는 같은 초등학교에 다니고 있는 아이들의 학부모로, 서로 나이도 비슷하고 취미도 비슷하여 친하게 지내고 있다. 그러나 이 셋은 아이들과 대화할 때 대화 방식에서 큰 차이를 보인다.

초등학생인 아이가 "학교 숙제는 제가 알아서 할게요. 자꾸 집에 오면 숙제부터 먼저 하라고 하시는데 제가 작성한 하루 일과표에 따라 순서대로 할게요."라고 하였을 때, A, B, C는 다음과 같이 이야기하였다.

A : 지난번에도 알아서 하겠다고 해놓고, 결국엔 잊어버려서 학교에 가서 혼나지 않았니? 엄마, 아빠 말 들어서 나쁠 거 하나 없어.

B : 이제 스스로 더 잘할 수 있다는 이야기구나. 하루 일과표를 지키겠다는 책임감도 갖게 된 것 같구나.

C : 엄마, 아빠가 너무 학교 숙제에 대해서만 이야기해서 기분이 상했구나.

	A	B	C
①	인습적	기본적	심층적
②	인습적	심층적	기본적
③	기본적	인습적	심층적
④	기본적	심층적	인습적
⑤	심층적	인습적	기본적

27 다음과 같이 일정한 규칙으로 수를 나열할 때, B－A를 구하면?

1　2　A　5　8　13　21　B

---

① 22
② 25
③ 28
④ 30
⑤ 31

28 지름이 15cm인 A톱니바퀴와 지름이 27cm인 B톱니바퀴가 서로 맞물려 회전하고 있다. B톱니바퀴가 분당 10바퀴를 회전했다면, A톱니바퀴는 분당 몇 바퀴를 회전했겠는가?

① 16바퀴   ② 17바퀴

③ 18바퀴   ④ 19바퀴

⑤ 20바퀴

29 다음은 시간계획의 기본원리에 대한 설명이다. 빈칸 ㉠ ~ ㉢에 들어갈 행동을 순서대로 바르게 나열한 것은?

> 시간은 무형의 자원으로, 다른 자원과는 다른 관리방식을 요하는 자원이다. 또한, 가용한 모든 시간을 관리한다는 것은 불가능에 가까운 일이므로 시간을 계획하는 것은 시간관리에 있어서 매우 중요하다. 이에 대해 로타 J.자이베르트(Lother J. Seiwert)는 시간계획의 기본원칙으로 '60 : 40의 원칙'을 제시하고 있다. 이 원칙은 총 가용시간의 60%를 계획하고, 나머지 40%는 예측하지 못한 사태 및 일의 중단요인, 개인의 창의적 계발 시간으로 남겨 둔다는 것이다. 보다 구체적으로 시간을 계획할 때, 60%의 시간은 ___㉠___ 에 할애하고, 20%는 ___㉡___ 에 할애하고, 마지막 20%를 ___㉢___ 에 할애한다는 것이다.

	㉠	㉡	㉢
①	비자발적 행동	자발적 행동	계획 행동
②	계획 행동	계획 외 행동	자발적 행동
③	자발적 행동	계획 행동	계획 외 행동
④	계획 외 행동	계획 행동	자발적 행동
⑤	계획행동	비자발적 행동	계획 외 행동

30 다음 중 경영참가제도에 대한 설명으로 적절하지 않은 것은?

① 경영의 민주성 제고를 목적으로 한다.

② 근로자나 노동조합이 경영과정에 참여한다.

③ 노사 간 공동의 문제 해결과 세력 균형을 이룰 수 있다.

④ 경영의 효율성이 높아질 수 있다.

⑤ 경영참가제도의 유형으로는 유니온 숍과 오픈 숍이 있다.

31 다음 〈보기〉를 원인 분석 단계의 절차에 따라 순서대로 바르게 나열한 것은?

〈문제해결절차〉

문제 인식	→	문제 도출	→	원인 분석	→	해결안 개발	→	실행 및 평가

문제해결절차의 원인 분석은 파악된 핵심문제에 대한 분석을 통해 근본 원인을 도출해 내는 단계로, 이슈 분석, 데이터 분석, 원인 파악의 절차로 진행된다.

이슈 분석	→	데이터 분석	→	원인 파악

─〈보기〉─

㉠ 가설검증계획에 의거하여 분석결과를 미리 이미지화한다.

㉡ 데이터 수집계획을 세운 후 목적에 따라 정량적이고 객관적인 사실을 수집한다.

㉢ 인터뷰 및 설문조사 등을 활용하여 현재 수행하고 있는 업무에 가장 크게 영향을 미치는 문제를 선정한다.

㉣ 이슈와 데이터 분석을 통해 얻은 결과를 바탕으로 최종 원인을 확인한다.

㉤ 자신의 경험, 지식 등에 의존하여 이슈에 대한 일시적인 결론을 예측해 보는 가설을 설정한다.

㉥ 목적에 따라 수집된 정보를 항목별로 분류·정리한 후 'What', 'Why', 'How' 측면에서 의미를 해석한다.

① ㉠-㉢-㉤-㉡-㉥-㉣

② ㉠-㉥-㉢-㉤-㉡-㉣

③ ㉢-㉠-㉤-㉥-㉡-㉣

④ ㉢-㉤-㉠-㉡-㉥-㉣

⑤ ㉤-㉠-㉢-㉡-㉥-㉣

32 다음 중 조직구조의 결정요인에 대한 설명으로 적절하지 않은 것은?

① 급변하는 환경하에서는 유기적 조직보다 원칙이 확립된 기계적 조직이 더 적합하다.

② 대규모 조직은 소규모 조직에 비해 업무의 전문화 정도가 높다.

③ 조직구조의 주요 결정요인은 4가지로 전략, 규모, 기술, 환경이다.

④ 조직 활동의 결과에 대한 만족은 조직의 문화적 특성에 따라 상이하다.

⑤ 일반적으로 소량생산기술을 가진 조직은 유기적 조직구조를, 대량생산기술을 가진 조직은 기계적 조직구조를 가진다.

33 다음 글을 읽고 산업재해에 대한 원인으로 적절하지 않은 것은?

> 전선 제조 사업장에서 고장난 변압기 교체를 위해 K전력 작업자가 변전실에서 작업을 준비하던 중 특고압 배전반 내 충전부 COS 1차 홀더에 접촉 감전되어 치료 도중 사망하였다. 증언에 따르면 변전실 TR-5 패널의 내부는 협소하고, 피재해자의 키에 비하여 경첩의 높이가 높아 문턱 위에 서서 불안전한 작업자세로 작업을 실시하였다고 한다. 또한 피재해자는 전기 관련 자격이 없었으며, 복장은 일반 안전화, 면장갑, 패딩점퍼를 착용한 상태였다.

① 불안전한 행동   ② 불안전한 상태

③ 작업 관리상 원인   ④ 기술적 원인

⑤ 작업 준비 불충분

34 다음 중 잘못된 직업관을 가지고 있는 사람은?

① 항공사에서 근무하고 있는 A는 자신의 직업에 대해 긍지와 자부심을 갖고 있다.

② IT 회사에서 개발 업무를 담당하는 B는 업계 최고 전문가가 되기 위해 항상 노력한다.

③ 극장에서 근무 중인 C는 언제나 다른 사람에게 봉사한다는 마음을 가지고 즐겁게 일한다.

④ 화장품 회사에 입사한 신입사원 D는 입사 동기들보다 빠르게 승진하는 것을 목표로 삼았다.

⑤ 회계팀에서 일하는 E는 회사의 규정을 준수하며, 공정하고 투명하게 업무를 처리하려고 노력한다.

35 다음 중 퍼실리테이션의 문제해결에 대한 설명으로 옳은 것은?

① 주제에 대한 공감을 이루기 어렵다.

② 단순한 타협점의 조정에 그치는 것이 아니다.

③ 초기에 생각하지 못했던 창조적인 해결방법을 도출하기는 어렵다.

④ 제3자가 합의점이나 줄거리를 준비해 놓고 예정대로 결론이 도출된다.

⑤ 팀워크가 강화되기는 어렵다는 특징을 가진다.

36 업무수행과정에서 발생하는 문제를 발생형, 탐색형, 설정형의 세 가지 문제 유형으로 나누어 볼 때, 다음 〈보기〉를 문제 유형에 따라 바르게 분류한 것은?

─────〈보기〉─────

㉠ 제품을 배송하는 과정에서 고객의 개인정보를 잘못 기입하는 바람에 배송이 지연되고 있다.

㉡ 제약업계는 개발의 효율성 및 성과를 위해 매출액 가운데 상당 부분을 연구・개발에 투자하고 있으나, 기대만큼의 성과를 도출하지 못하고 있다.

㉢ 제품에서 기준치를 초과한 발암물질이 검출됨에 따라 회사는 전 제품에 대한 리콜을 고민하고 있다.

㉣ 연구팀은 제품 개발에 필수적인 제작 과정을 획기적으로 줄일 수 있는 기술을 개발할 것을 요청받았다.

㉤ 회사는 10대 전략 과제를 선정하고 부서별 역할과 세부추진계획을 점검하기로 하였다.

㉥ 정부의 사업 허가 기준이 강화될 것이라는 예측에 따라 새로운 사업 계획서 작성 방향에 대해 기업의 고민도 커질 것으로 예상된다.

	발생형	탐색형	설정형
①	㉠, ㉢	㉡, ㉣	㉤, ㉥
②	㉡, ㉢	㉠, ㉣	㉤, ㉥
③	㉢, ㉣	㉠, ㉤	㉡, ㉥
④	㉣, ㉤	㉡, ㉥	㉠, ㉢
⑤	㉤, ㉥	㉢, ㉣	㉠, ㉡

37 다음 중 효과적인 경청 방법에 대한 설명으로 적절하지 않은 것은?

① 상대방이 전달하려는 메시지가 무엇인가를 생각해 보고 자신의 삶, 목적, 경험과 관련지어 본다.

② 대화를 하는 동안 시간 간격이 있으면, 다음에 무엇을 말할 것인가를 추측하려고 노력해야 한다.

③ 말하는 사람의 모든 것에 집중해서 적극적으로 들어야 하며, 말하는 사람의 속도와 말을 이해하는 속도 사이에 발생하는 간격을 메우는 방법을 학습해야

④ 대화 도중에 주기적으로 대화의 내용을 요약하면 상대방이 전달하려는 메시지를 이해하고, 사상과 정보를 예측하는 데 도움이 된다.

⑤ 상대방이 말하는 사이에 질문을 하면 질문에 대한 답이 즉각적으로 이루어질 수 없으므로 되도록 질문하지 않고 상대방의 이야기에 집중한다.

38 문제 해결에 어려움을 겪고 있는 A대리는 상사인 B부장에게 면담을 요청하였고, B부장은 다음과 같이 조언하였다. 다음 중 B부장이 A대리에게 제시한 문제해결 사고방식으로 가장 적절한 것은?

> 현재 당면하고 있는 문제와 그 해결방법에만 집착하지 말고, 그 문제와 해결 방안이 상위 시스템과 어떻게 연결되어 있는지를 생각해 보세요.

① 분석적 사고   ② 발상의 전환
③ 내 · 외부자원의 활용   ④ 창의적 사고
⑤ 전략적 사고

39 다음 중 빈칸에 들어갈 말로 가장 적절한 것은?

이것은 기업이 경쟁에서 우위를 확보하려고 구축·이용하는 것이다. 기존의 정보시스템이 기업 내 업무의 합리화·효율화에 역점을 두었던 것에 반해, 기업이 경쟁에서 승리해 살아남기 위한 필수적인 시스템이라는 뜻에서 _____(이)라고 한다. 그 요건으로는 경쟁 우위의 확보, 신규 사업의 창출이나 상권의 확대, 업계 구조의 변혁 등을 들 수 있다. 실례로는 금융 기관의 대규모 온라인시스템, 체인점 등의 판매시점관리(POS)를 들 수 있다.

① 비지니스 프로세스 관리(BPM)
② 전사적 자원관리(ERP)
③ 경영정보 시스템(MIS)
④ 전략정보 시스템(SIS)
⑤ 의사결정 지원 시스템(DSS)

40 다음 대화에서 시간관리에 대해 바르게 이해하고 있는 사람은?

A사원 : 나는 얼마 전에 맡은 중요한 프로젝트도 무사히 마쳤어. 나는 회사에서 주어진 일을 잘하고 있기 때문에 시간관리도 잘하고 있다고 생각해.
B사원 : 나는 평소에는 일의 진도가 잘 안 나가는 편인데, 마감일을 앞두면 이상하게 일이 더 잘 돼. 나는 오히려 시간에 쫓겨야 일이 잘 되니까 괜히 시간을 관리할 필요가 없어.
C사원 : 나는 달력에 모든 일정을 표시해 두었어. 이번 달에 해야 할 일도 포스트잇에 표시해 두고 있지. 이 정도면 시간관리를 잘하고 있는 것 아니겠어?
D사원 : 내가 하는 일은 시간관리와는 조금 거리가 있어. 나는 영감이 떠올라야 작품을 만들 수 있는데 어떻게 일정에 맞춰서 할 수 있겠어. 시간관리는 나와 맞지 않는 일이야.
E사원 : 마감 기한을 넘기더라도 일을 완벽하게 끝내야 한다는 생각은 잘못되었다고 생각해. 물론 완벽하게 일을 끝내는 것도 중요하지만, 모든 일은 정해진 기한을 넘겨서는 안 돼.

① A사원   ② B사원
③ C사원   ④ D사원
⑤ E사원

41 다음 중 빈칸 ㉠ ~ ㉤에 들어갈 말을 순서대로 바르게 나열한 것은?

예산의 구성요소는 일반적으로 직접비용과 간접비용으로 구분된다. ___㉠___ 비용은 제품 또는 서비스를 창출하기 위해 ___㉡___ 소비된 것으로 여겨지는 비용을 말한다. 반면, ___㉢___ 비용은 과제를 수행하기 위해 소비된 비용 중 ___㉣___ 비용을 제외한 비용으로, 생산에 ___㉤___ 관련되지 않은 비용을 말한다.

	㉠	㉡	㉢	㉣	㉤
①	직접	직접	간접	직접	직접
②	직접	직접	간접	간접	직접
③	직접	간접	간접	직접	간접
④	간접	간접	직접	간접	직접
⑤	간접	직접	직접	간접	간접

42 다음 중 자기개발 요소에 대한 설명으로 적절하지 않은 것을 〈보기〉에서 모두 고르면?

───〈보기〉───

ㄱ. 자기개발은 크게 자아인식, 자기관리, 자원확충, 경력개발로 이루어진다.
ㄴ. 자신의 특성에 대한 정확한 인식이 있어야 적절한 자기개발이 가능하다.
ㄷ. 경력개발은 자신의 일정을 수립하고 조정하여 자기관리를 수행하고, 이를 반성하여 피드백하는 과정으로 이루어진다.
ㄹ. 자기관리란 일생에 걸쳐서 지속적으로 이루어지는 일과 관련된 경험에 대하여 목표와 전략을 수립하고 실행하며 피드백하는 과정이다.

① ㄱ
② ㄹ
③ ㄱ, ㄴ
④ ㄴ, ㄹ
⑤ ㄱ, ㄷ, ㄹ

43 다음 중 예산 집행 관리에 대한 설명으로 가장 적절한 것은?

① 프로젝트나 과제의 경우 가계부를 작성함으로써 효과적으로 예산 집행 과정을 관리할 수 있다.

② 예산에 대한 계획을 제대로 세워놓았다면, 실제 예산 집행 과정에서 관리가 필요하지 않다.

③ 예산을 관리하기 위해서는 예산을 얼마만큼 사용했는지를 알아볼 수 있도록 수시로 정리해야 한다.

④ 예산 사용 내역에서 계획된 지출보다 계획되지 않은 지출이 더 많은 경우 비교적 예산 집행에 대한 관리를 잘하고 있다고 할 수 있다.

⑤ 예산 집행 과정에서의 관리 및 통제는 사업과 같은 큰 단위에서만 필요하므로 직장인의 월급이나 용돈 등에는 필요하지 않다.

44 다음 글을 읽고 K대학교 문제해결을 위한 대안으로 가장 적절한 것은?

> K대학교는 현재 학생 관리 프로그램, 교수 관리 프로그램, 성적 관리 프로그램의 3개의 응용 프로그램을 갖추고 있다. 학생 관리 프로그램은 학생 정보를 저장하고 있는 파일을 이용하고 교수 관리 프로그램은 교수 정보 파일, 성적 관리 프로그램은 성적 정보 파일을 이용한다. 즉, 각각의 응용 프로그램들은 개별적인 파일을 이용한다. 이런 경우, 파일에는 많은 정보가 중복 저장되어 있다. 그렇기 때문에 중복된 정보가 수정되면 관련된 모든 파일을 수정해야 하는 불편함이 있다. 예를 들어, 한 학생이 자퇴하게 되면 학생 정보 파일뿐만 아니라 교수 정보 파일, 성적 정보 파일도 수정해야 하는 것이다.

① 데이터베이스 구축 ② 유비쿼터스 구축
③ RFID 구축 ④ NFC 구축
⑤ 와이파이 구축

45 다음 글에서 설명하고 있는 조직의 경영 기법으로 가장 적절한 것은?

> 모든 조직은 경영의 기본 활동인 계획 – 실행 – 평가를 통해 조직이 원하는 성과를 창출해 낸다. 해당 기법은 이러한 조직의 경영 활동을 체계적으로 지원하는 관리 도구로, 경영자 및 관리자들이 시간 관리를 통해서 자기 자신을 관리하듯 목표를 통해서 개인 및 조직성과를 관리한다. 성과 향상을 위해서는 목표를 설정하고, 이를 지속적으로 관리하는 것이 중요하다. 평가 결과는 과정의 산물이며, 성과 개선에 영향을 미치는 부수적인 요인이다. 따라서 기업들은 해당 기법을 활용할 경우 평가나 그 결과의 활용보다는 목표 설정, 중간 점검 등의 단계에 더욱 많은 관심을 기울여야 한다.

① 과업평가계획(PERT) ② 목표관리(MBO)
③ 조직개발(OD) ④ 총체적 질관리(TQM)
⑤ 전사적 자원관리(ERP)

46 다음 중 4M 방식에 대한 설명으로 적절하지 않은 것은?

① 개인의 단순한 부주의로 일어난 사고는 4M 중 Man에 해당된다.

② 좁은 공간에서 일하면서 일어난 사고는 4M 중 Media에 해당된다.

③ 기계 점검을 충실히 하지 않아 일어난 사고는 4M 중 Machine에 해당된다.

④ 개인의 당직근무 배치가 원활하지 않아 일어난 사고는 4M 중 Man에 해당된다.

⑤ 충분한 안전교육이 이루어지지 않아 일어난 사고는 4M 중 Management에 해당된다.

47 다음 (A), (B)의 사례를 4M 방식에 따라 바르게 분류한 것은?

> (A) 유해가스 중독으로 작업자 2명이 사망하는 사고가 발생했다. 작업자 1명이 하수관 정비공사 현장에서 오수 맨홀 내부로 들어갔다가 유해가스를 마셔 의식을 잃고 추락했으며, 작업자를 구출하기 위해 다른 작업자가 맨홀 내부로 들어가 구조하여 나오던 중 같이 의식을 잃고 추락해 두 작업자 모두 사망한 것이다. 작업공간이 밀폐된 공간이어서 산소결핍이나 유해가스 등의 우려가 있었기 때문에 구명밧줄이나 공기 호흡기 등을 준비해야 했지만 준비가 이루어지지 않아 일어난 안타까운 사고였다.
>
> (B) 플라스틱 용기 성형 작업장에서 작업자가 가동 중인 블로우 성형기의 이물질 제거 작업 중 좌우로 움직이는 금형 고정대인 조방 사이에 머리가 끼여 사망하는 사고가 발생했다. 당시 블로우 성형기 전면에 안전장치가 설치되어 있었으나, 안전장치가 제대로 작동하지 않아서 발생한 사고였다.

	(A)	(B)
①	Media	Man
②	Management	Media
③	Media	Management
④	Media	Machine
⑤	Media	Man

48 커피 동아리 회원은 남자 4명, 여자 6명으로 구성되어 있다. 동아리에서 송년회를 맞아 회원 중 3명에게 드립커피 세트를 사은품으로 주려고 할 때, 사은품을 받을 3명 중 남자가 여자보다 많을 확률은?(단, 확률은 소수점 셋째 자리에서 반올림한다)

① 12.55%　　　　　　　　② 20.17%

③ 28.36%　　　　　　　　④ 33.33%

⑤ 47.24%

※ K씨는 쇼핑몰 창업 준비를 위해 5W2H 원칙에 맞추어 다음과 같이 표를 작성하였다. 이어지는 질문에 답하시오.
[49~50]

〈쇼핑몰 창업 준비를 위한 강연〉

구분	의견
What (무엇을)	• 쇼핑몰 창업의 준비단계를 알려주는 정보성 강연을 계획 중이다. • _____ ㉠ _____
Why (왜)	• 취업난과 창업 시장의 활성화로 창업에 뛰어드는 사람들이 많아졌다. • _____ ㉡ _____
Who (누가)	• 창업 전문가, 사업계획서 전문가를 모셔서 진행할 예정이다. • _____ ㉢ _____
Where (어디서)	• _____ ㉣ _____
When (언제)	• 오후 1시부터 오후 3시까지 완료할 예정이다. • _____ ㉤ _____
How (어떻게)	• _____ (A) _____
How Much (얼마나)	• 장소 대여비, 외부강사비 등에 따라 변동 가능

| 정보능력

49 다음 중 빈칸 ㉠ ~ ㉤에 들어갈 내용으로 가장 적절한 것은?

① ㉠ : 창업의 수요가 늘어나고 있다.
② ㉡ : 대부분의 사람들이 창업의 첫 시작에 대한 정보가 부족하다.
③ ㉢ : 직장인들을 위해 주말 시간도 이용할 예정이다.
④ ㉣ : 창업을 준비하는 사람 300명이 대상자이다.
⑤ ㉤ : 100명이 들을 수 있는 강연장을 준비할 예정이다.

| 정보능력

50 다음 중 빈칸 (A)에 들어갈 내용으로 적절하지 않은 것은?

① 2인 이상 예약 시 할인 혜택
② 홈페이지 배너 광고
③ 소셜커머스를 이용한 판매
④ 포털사이트 광고
⑤ 온라인 신청

제4회 모의고사

51 물적자원은 크게 자연자원과 인공자원으로 나누어 볼 수 있다. 다음 중 〈보기〉의 물적자원을 자연자원과 인공자원으로 바르게 분류한 것은?

〈보기〉

㉠ 석탄	㉡ 햇빛
㉢ 구리	㉣ 댐
㉤ 인공위성	㉥ 컴퓨터
㉦ 철광석	㉧ 나무

	자연자원	인공자원
①	㉠, ㉢, ㉧	㉡, ㉣, ㉤, ㉥, ㉦
②	㉠, ㉡, ㉢, ㉧	㉣, ㉤, ㉥, ㉦
③	㉠, ㉢, ㉦, ㉧	㉡, ㉣, ㉤, ㉥
④	㉠, ㉡, ㉢, ㉦, ㉧	㉣, ㉤, ㉥
⑤	㉠, ㉢, ㉣, ㉦, ㉧	㉡, ㉤, ㉥

52 다음 중 직업인에게 요구되는 기본자세로 적절한 것을 〈보기〉에서 모두 고르면?

〈보기〉

㉠ 소명의식	㉡ 천직의식
㉢ 특권의식	㉣ 봉사정신
㉤ 협동정신	㉥ 지배정신
㉦ 책임의식	㉧ 회피의식
㉨ 전문의식	㉩ 공평무사한 자세

① ㉠, ㉡, ㉢, ㉣, ㉤, ㉥, ㉩
② ㉠, ㉡, ㉣, ㉤, ㉦, ㉨, ㉩
③ ㉠, ㉢, ㉤, ㉥, ㉦, ㉧, ㉨
④ ㉠, ㉢, ㉤, ㉥, ㉧, ㉨, ㉩
⑤ ㉠, ㉢, ㉥, ㉦, ㉧, ㉨, ㉩

53 기업의 의사결정 과정에 공리주의, 권리, 공정성의 윤리적 기준이 적용된다고 할 때, 다음 (가) ~ (다)에 적용된 윤리적 의사결정 기준이 바르게 연결된 것은?

(가) 회사의 이익을 극대화함으로써 회사 구성원 다수의 행복을 가져올 수 있다면 회사 직원의 10%를 해고할 수 있다.

(나) 회사는 다른 직원의 비윤리적 행위를 발견하여 이를 고발한 직원이 피해를 입지 않도록 보호해야 한다.

(다) 성과보다 연공서열을 중심으로 업무를 평가하는 회사에서는 성과의 차이에도 불구하고 사원이 대리보다 많은 보상을 받을 수 없다.

	(가)	(나)	(다)
①	공정성	공리주의	권리
②	공정성	권리	공리주의
③	공리주의	권리	공정성
④	공리주의	공정성	권리
⑤	권리	공정성	공리주의

54 다음 대화에서 K사원이 저지른 실수로 가장 적절한 것은?

K사원 : 안녕하세요. 상담원 K입니다. 무엇을 도와드릴까요?

고객 : 네 안녕하세요. 어제 구입한 키보드가 작동이 잘 안되는 것 같아서요. 이게 무엇이 문제냐면….

K사원 : 네. 고객님 우선 불편을 드려 정말 죄송합니다. 키보드 작동이 안 되시는 것 같은데 교환 또는 환불을 원하십니까?

고객 : 네. 교환 부탁드립니다.

K사원 : 알겠습니다. 고객님. 받으셨던 제품을 저희 회사로 착불로 보내주시면, 받는 즉시 2 ~ 3일 내로 정상제품으로 바로 보내드리겠습니다.

고객 : 네 감사합니다.

K사원 : 감사합니다. 상담원 K였습니다.

---

① 고객이 느끼는 불편함에 대해 바로 사과하지 않았다.

② 고객의 말을 주의 깊게 들어주지 않았다.

③ 고객이 원하는 바를 신속하게 해결해 주지 않았다.

④ 고객의 불만을 해결하지 못했다.

⑤ 고객이 원하는 서비스를 제공하지 못했다.

55 다음은 조직문화가 어떻게 구성되는지를 이해하는 데 도움을 줄 수 있는 맥킨지 7S 모델에 대한 자료이다. 이에 대한 설명으로 적절하지 않은 것은?

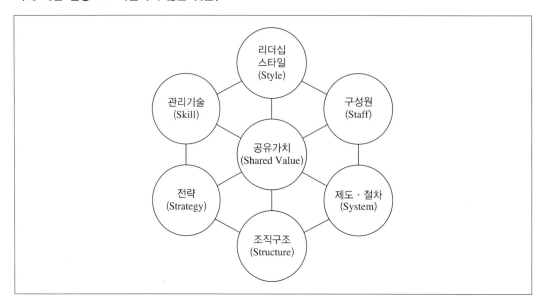

① 리더십 스타일(Style)은 관리자에 따라 민주적, 독선적, 방임적 등 다양하게 나타날 수 있다.

② 조직구조(Structure)는 구성원들이 보유하고 있는 능력, 스킬, 욕구, 태도 등을 말한다.

③ 전략(Strategy)에 따라 사업의 방향성이 달라질 수 있으며, 자원배분 과정도 결정될 수 있다.

④ 제도·절차(System)는 성과관리, 보상제도, 경영정보시스템 등 경영 각 분야의 관리제도나 절차 등을 수반한다.

⑤ 공유가치(Shared Value)는 구성원뿐만 아니라 고객이나 투자자 등 다양한 이해관계자들에게 영향을 미친다.

56 다음은 협상과정을 5단계로 구분한 자료이다. 빈칸 (A) ~ (E)에 들어갈 내용으로 적절하지 않은 것은?

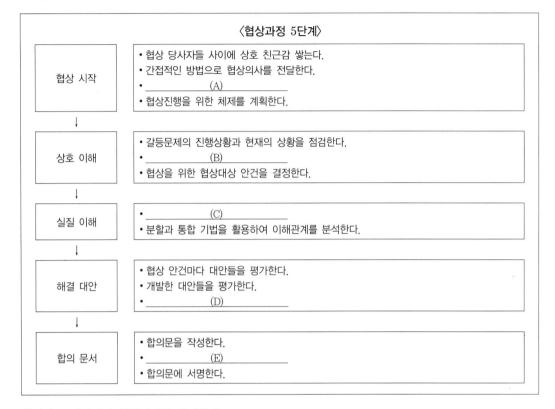

〈협상과정 5단계〉

협상 시작	• 협상 당사자들 사이에 상호 친근감 쌓는다. • 간접적인 방법으로 협상의사를 전달한다. • _____ (A) _____ • 협상진행을 위한 체제를 계획한다.
상호 이해	• 갈등문제의 진행상황과 현재의 상황을 점검한다. • _____ (B) _____ • 협상을 위한 협상대상 안건을 결정한다.
실질 이해	• _____ (C) _____ • 분할과 통합 기법을 활용하여 이해관계를 분석한다.
해결 대안	• 협상 안건마다 대안들을 평가한다. • 개발한 대안들을 평가한다. • _____ (D) _____
합의 문서	• 합의문을 작성한다. • _____ (E) _____ • 합의문에 서명한다.

① (A) : 상대방의 협상의지를 확인한다.

② (B) : 최선의 대안에 대해서 합의하고 선택한다.

③ (C) : 겉으로 주장하는 것과 실제로 원하는 것을 구분하여 실제로 원하는 것을 찾아낸다.

④ (D) : 대안 이행을 위한 실행계획을 수립한다.

⑤ (E) : 합의내용, 용어 등을 재점검한다.

57 다음 시트에서 [D2:D7]처럼 생년월일만 따로 구하려고 할 때, [D2] 셀에 들어갈 수식으로 옳은 것은?

	A	B	C	D
1	순번	이름	주민등록번호	생년월일
2	1	김현진	880821-2949324	880821
3	2	이혜지	900214-2928342	900214
4	3	김지언	880104-2124321	880104
5	4	이유미	921011-2152345	921011
6	5	박슬기	911218-2123423	911218
7	6	김혜원	920324-2143426	920324

① =RIGHT(A2,6) ② =RIGHT(A2,C2)

③ =LEFT(C2,6) ④ =LEFT(C2,2)

⑤ =MID(C2,5,2)

58 다음 중 자기개발의 구성요소에서 서로 관련된 것끼리 바르게 연결한 것은?

① 자아인식 – 직업 흥미 분석

② 경력개발 – 자기개발의 첫 단계

③ 자기관리 – 표준화된 검사 척도 이용

④ 경력개발 – 비전과 목표 수립

⑤ 자기관리 – 자기 적성 분석

59 다음 중 빈칸 ㉠~㉢에 들어갈 말을 순서대로 바르게 나열한 것은?

피드백의 효과를 극대화하기 위해서는 다음과 같은 세 가지 규칙을 지켜야 한다.

- ㉠ : 시간을 낭비하지 않는 것이다. 시간이 갈수록 피드백의 영향력은 줄어들기 때문에 상대방에게 바로 피드백을 주어야 한다.
- ㉡ : 진정한 반응뿐만 아니라 조정하고자 하는 마음 또는 보이고 싶지 않은 부정적인 느낌까지 보여 주어야 한다.
- ㉢ : ㉡ 하다고 해서 잔인해서는 안 된다. 부정적인 의견을 표현할 때도 부드럽게 표현하는 방법을 사용하여야 한다.

이러한 쌍방적 의사소통은 화자와 청자 모두에게 도움이 된다.

	㉠	㉡	㉢
①	즉각적	진실	공감
②	즉각적	진실	지지
③	즉각적	정직	지지
④	효율적	정직	지지
⑤	효율적	소통	공감

60 다음은 조직의 문화를 4가지 문화로 구분한 자료이다. (가) ~ (라)에 대한 설명으로 옳지 않은 것은?

	유연성, 자율성 강조 (Flexibility & Discretion)		
내부지향성, 통합 강조 (Internal Focus & Integration)	(가)	(나)	외부지향성, 차별 강조 (External Focus & Differentiation)
	(다)	(라)	
	안정, 통제 강조 (Stability & Control)		

① (가)는 조직 구성원 간 인화단결, 협동, 팀워크, 공유가치, 사기, 의사결정과정 참여 등을 중요시한다.

② (가)는 개인의 능력개발에 대한 관심이 높고, 조직 구성원에 대한 인간적 배려와 가족적인 분위기를 만들어 내는 특징을 가진다.

③ (나)는 규칙과 법을 준수하고 관행과 안정, 문서와 형식, 명확한 책임소재 등을 강조하는 관리적 문화의 특징을 가진다.

④ (다)는 조직내부의 통합과 안정성을 확보하고, 현상유지 차원에서 계층화되는 조직문화이다.

⑤ (라)는 실적을 중시하고, 직무에 몰입하며, 미래를 위한 계획을 수립하는 것을 강조한다.

6권

모듈형 NCS 집중학습

정답 및 해설

온라인 모의고사 무료쿠폰

쿠폰번호	모듈형 NCS 2회분	ASVS-00000-C15F5

[쿠폰 사용 안내]

1. 시대에듀 **합격시대 홈페이지**(www.sdedu.co.kr/pass_sidae_new)에 접속합니다.
2. 상단 배너 '쿠폰 입력하고 모의고사 받자'를 클릭하고, 쿠폰번호를 등록합니다.
3. 내강의실 > 모의고사 > 합격시대 모의고사를 클릭하면 모의고사 응시가 가능합니다.
※ 본 쿠폰은 등록 후 30일간 이용 가능합니다.
※ iOS / macOS 운영체제에서는 서비스되지 않습니다.

무료NCS특강 쿠폰

쿠폰번호 **XIJ-60038-18033**

[쿠폰 사용 안내]

1. **시대에듀 홈페이지**(www.sdedu.co.kr)에 접속합니다.
2. 상단 카테고리 「회원혜택」을 클릭합니다.
3. 「이벤트존」 > 「NCS 도서구매 특별혜택 이벤트」를 클릭한 후 쿠폰번호를 등록합니다.
4. 내강의실 > 무료강의를 클릭하면 무료강의 수강이 가능합니다.
※ 해당 강의는 본 도서를 기반으로 하지 않습니다.

2024 ~ 2022년 모듈형 NCS 기출복원 모의고사 정답 및 해설

01	02	03	04	05	06	07	08	09	10
⑤	③	④	③	③	②	③	⑤	②	③
11	12	13	14	15	16	17	18	19	20
①	⑤	③	②	③	③	②	④	④	①
21	22	23	24	25	26	27	28	29	30
①	②	④	②	④	③	③	③	④	①
31	32	33	34	35	36	37	38	39	40
②	②	③	②	④	③	⑤	②	⑤	③
41	42	43	44	45	46	47	48	49	50
②	⑤	②	⑥	①	③	④	③	⑤	③
51	52	53	54	55	56	57	58	59	60
③	④	③	①	④	④	④	③	②	④

01 정답 ⑤

'말로는 친한 듯 하나 속으로는 해칠 생각이 있음'을 뜻하는 한자성어는 '口蜜腹劍(구밀복검)'이다.

• 刻舟求劍(각주구검) : 융통성 없이 현실에 맞지 않는 낡은 생각을 고집하는 어리석음

오답분석
① 水魚之交(수어지교) : 아주 친밀하여 떨어질 수 없는 사이
② 結草報恩(결초보은) : 죽은 뒤에라도 은혜를 잊지 않고 갚음
③ 靑出於藍(청출어람) : 제자나 후배가 스승이나 선배보다 나음
④ 指鹿爲馬(지록위마) : 윗사람을 농락하여 권세를 마음대로 함

02 정답 ③

한자어에서 'ㄹ' 받침 뒤에 연결되는 'ㄷ, ㅅ, ㅈ'은 된소리로 발음되므로 [몰쌍식]으로 발음해야 한다.

오답분석
①·④ 받침 'ㄴ'은 'ㄹ'의 앞이나 뒤에서 [ㄹ]로 발음하지만, 결단력, 공권력, 상견례 등에서는 [ㄴ]으로 발음한다.
② 받침 'ㄱ(ㄲ, ㅋ, ㄳ, ㄺ), ㄷ(ㅅ, ㅆ, ㅈ, ㅊ, ㅌ, ㅎ), ㅂ(ㅍ, ㄼ, ㄿ, ㅄ)'은 'ㄴ, ㅁ' 앞에서 [ㅇ, ㄴ, ㅁ]으로 발음한다.
⑤ 받침 'ㄷ, ㅌ(ㄾ)'이 조사나 접미사의 모음 'ㅣ'와 결합되는 경우에는 [ㅈ, ㅊ]으로 바꾸어서 뒤 음절 첫소리로 옮겨 발음한다.

03 정답 ④

나열된 수의 규칙은 (첫 번째 수)×[(두 번째 수)−(세 번째 수)]=(네 번째 수)이다.
따라서 빈칸에 들어갈 수는 $9\times(16-9)=63$이다.

04 정답 ③

갈등의 과정 단계

1. 의견 불일치 : 서로 생각이나 신념, 가치관, 성격이 다르므로 다른 사람들과 의견의 불일치를 가져온다. 의견 불일치는 상대방의 생각과 동기를 설명하는 기회를 주고 대화를 나누다 보면 오해가 사라지고 더 좋은 관계로 발전할 수 있지만, 그냥 내버려 두면 심각한 갈등으로 발전하게 된다.
2. 대결 국면 : 의견 불일치가 해소되지 않아 발생하며, 단순한 해결방안은 없고 다른 새로운 해결점을 찾아야 한다. 대결 국면에 이르게 되면 감정이 개입되어 상대방의 주장에 대한 문제점을 찾기 시작하고, 자신의 입장에 대해서는 그럴듯한 변명으로 옹호하면서 양보를 완강히 거부하는 상태에 이르는 등 상대방의 입장은 부정하면서 자기주장만 하려고 한다. 서로의 입장을 고수하려는 강도가 높아지면 긴장은 높아지고 감정적인 대응이 더욱 격화된다.
3. 격화 국면 : 상대방에 대하여 더욱 적대적으로 변하며, 설득을 통해 문제를 해결하기보다 감압적, 위협적인 방법을 쓰려고 하며, 극단적인 경우 언어폭력이나 신체적 폭행으로 번지기도 한다. 상대방에 대한 불신과 좌절, 부정적인 인식이 확산되면서 갈등 요인이 다른 요인으로 번지기도 한다. 격화 국면에서는 상대방의 생각이나 의견, 제안을 부정하고, 상대방은 그에 대한 반격을 함으로써 자신들의 반격을 정당하게 생각한다.
4. 진정 국면 : 계속되는 논쟁과 긴장이 시간과 에너지를 낭비하고 있음을 깨달으며, 갈등상태가 무한정 유지될 수 없다는 것을 느끼고 흥분과 불안이 가라앉으면서 이성과 이해의 원상태로 돌아가려한다. 이후 협상이 시작된다. 협상과정을 통해 쟁점이 되는 주제를 논의하고 새로운 제안을 하고 대안을 모색하게 된다. 진정 국면에서는 중개자, 조정자 등의 제3자가 개입함으로써 갈등 당사자 간에 신뢰를 쌓고 문제를 해결하는 데 도움이 되기도 한다.
5. 갈등의 해소 : 진정 국면에 들어서면 갈등 당사자들은 문제를 해결하지 않고는 자신들의 목표를 달성하기 어렵다는 것을 알게 된다. 모두가 만족할 수 없는 경우도 있지만, 불일치한 서로간의 의견을 일치하려고 한다. 갈등의 해소는 회피형, 지배 또는 강압형, 타협형, 순응형, 통합 또는 협력형 등의 방법으로 이루어진다.

05

팔로워십의 유형

구분	자아상	동료 / 리더의 시각	조직에 대한 자신의 느낌
소외형	• 자립적인 사람 • 일부러 반대의 견 제시 • 조직의 양심	• 냉소적 • 부정적 • 고집이 셈	• 자신을 인정해 주지 않음 • 적절한 보상이 없음 • 불공정하고 문제가 있음
순응형	• 기쁜 마음으로 과업 수행 • 팀플레이를 함 • 리더나 조직을 믿고 헌신함	• 아이디어가 없음 • 인기 없는 일은 하지 않음 • 조직을 위해 자신의 요구를 양보	• 기존 질서를 따르는 것이 중요 • 리더의 의견을 거스르지 못함 • 획일적인 태도와 행동에 익숙함
실무형	• 조직의 운영 방침에 민감 • 사건을 균형 잡힌 시각으로 봄 • 규정과 규칙에 따라 행동함	• 개인의 이익을 극대화하기 위한 흥정에 능함 • 적당한 열의와 수완으로 업무 진행	• 규정 준수를 강조 • 명령과 계획의 빈번한 변경 • 리더와 부하 간의 비인간적 풍토
수동형	• 판단, 사고를 리더에 의존 • 지시가 있어야 행동	• 하는 일이 없음 • 제 몫을 하지 못함 • 업무 수행에는 감독이 필요	• 조직이 나의 아이디어를 원치 않음 • 노력과 공헌을 해도 소용이 없음 • 리더는 항상 자기 마음대로 함

06

대인관계 유형별 특징

구분	특징
지배형	• 대인관계에 자신이 있으며 자기주장이 강하고 타인에 대해 주도권을 행사 • 지도력과 추진력이 있어서 집단적인 일을 잘 지휘함 • 강압적이고 독단적, 논쟁적이어서 타인과 잦은 마찰을 빚음 • 윗사람의 지시에 순종적이지 못하고 거만하게 보일 수 있음
실리형	• 대인관계에서 이해관계에 예민하고 치밀하며 성취 지향적 • 자기중심적이고 경쟁적이며 자신의 이익을 우선적으로 생각하기 때문에 타인에 대한 관심과 배려가 부족 • 타인을 신뢰하지 못하고 불공평한 대우에 예민하며 자신에게 피해를 입힌 사람에게는 보복하는 경향성 보임
냉담형	• 이성적이고 냉철하며 의지력이 강하고 타인과 거리를 두며 대인관계를 맺는 경향성 있음 • 타인의 감정에 무관심하고 상처 주기 쉬움 • 따뜻하고 긍정적인 감정을 표현하기 어렵고 오랜 기간 깊게 사귀지 못함
고립형	• 혼자 있거나, 혼자 일하는 것을 좋아하며 감정을 잘 드러내지 않음 • 타인을 두려워하고 사회적 상황을 회피하며 자신의 감정을 지나치게 억제 • 침울한 기분이 지속되고 우유부단하며 사회적으로 고립될 가능성 있음
복종형	• 대인관계에서 수동적이고 의존적이며 타인의 의견을 잘 따르고 주어진 일을 순종적으로 잘함 • 자신감이 없고 타인의 주목을 받는 일을 피함 • 자신이 원하는 바를 타인에게 잘 전달하지 못함 • 자신의 의견과 태도를 확고하게 지니지 못하며 상급자의 위치에서 일하는 것을 부담스러워 함
순박형	• 단순하고 솔직하며 대인관계에서 너그럽고 겸손한 경향 • 타인에게 잘 설득당해 주관 없이 타인에게 너무 끌려 다닐 수 있으며 잘 속거나 이용당할 가능성 높음 • 원치 않는 타인의 의견에 반대하지 못하고 화가 나도 타인에게 알리기 어려움
친화형	• 따뜻하고 인정이 많으며 대인관계에서 타인을 잘 배려하여 도와주고 자기희생적이 태도를 취함 • 타인을 즐겁게 해주려고 지나치게 노력하며 타인의 고통과 불행을 보면 도와주려고 과도하게 나서는 경향 • 타인의 요구를 잘 거절하지 못하고 타인의 필요를 자신의 것보다 앞세우는 경향성
사교형	• 외향적이고 쾌활하며 타인과 함께 대화하기를 좋아하고 타인으로부터 인정받고자 하는 욕구가 강함 • 혼자서 시간 보내는 것을 어려워하며 타인의 활동에 관심이 많아 간섭하며 나서는 경향이 있음 • 흥분을 잘하고 충동적인 성향이 있으며 타인의 시선을 끄는 행동을 많이 하거나 자신의 개인적인 일을 타인에게 너무 많이 이야기하는 경향이 있음

07

직장 내 괴롭힘이 성립하려면 다음의 행위요건이 성립해야 한다.
• 직장에서의 지위 또는 관계 등의 우위를 이용할 것
• 업무상 적정 범위를 넘는 행위일 것
• 신체적・정신적 고통을 주거나 근무환경을 악화시키는 행위일 것
A팀장이 지위를 이용하여 B사원에게 수차례 업무를 지시했지만 이는 업무상 필요성이 있는 정당한 지시이며, 완수해야 하는 적정 업무에 해당하므로 직장 내 괴롭힘으로 보기 어렵다.

3 / 44

기출복원 정답 및 해설

① 업무 이외에 개인적인 용무를 자주 지시하는 것은 업무상 적정 범위를 넘은 행위이다.
② 업무배제는 업무상 적정범위를 넘은 행위로 직장 내 괴롭힘의 주요 사례이다.
④ A대리는 동기인 B대리보다 지위상의 우위는 없으나, 다른 직원과 함께 수적 우위를 이용하여 괴롭혔으므로 직장 내 괴롭힘에 해당한다.
⑤ 지시나 주의, 명령행위의 모습이 폭행이나 과도한 폭언을 수반하는 등 사회 통념상 상당성을 결여하였다면 업무상 적정범위를 넘었다고 볼 수 있으므로 직장 내 괴롭힘에 해당한다.

08   정답 ⑤

A는 자신의 일이 능력과 적성에 맞는다 여기고 발전을 위해 열성을 가지고 성실히 노력하고 있다. 따라서 가장 옳은 직업윤리 의식은 천직의식이다.

직업윤리 의식
• 소명의식 : 자신이 맡은 일은 하늘에 의해 맡겨진 일이라고 생각하는 태도
• 천직의식 : 자신의 일이 자신의 능력과 적성에 꼭 맞는다 여기고 그 일에 열성을 가지고 성실히 임하는 태도
• 직분의식 : 자신이 하고 있는 일이 사회나 기업을 위해 중요한 역할을 하고 있다고 믿고 자신의 활동을 수행하는 태도
• 책임의식 : 직업에 대한 사회적 역할과 책무를 충실히 수행하고 책임을 다하는 태도
• 전문가의식 : 자신의 일이 누구나 할 수 있는 것이 아니라 해당 분야의 지식과 교육을 밑바탕으로 성실히 수행해야만 가능한 것이라 믿고 수행하는 태도
• 봉사의식 : 직업 활동을 통해 다른 사람과 공동체에 대하여 봉사하는 정신을 갖추고 실천하는 태도

09   정답 ②

경력개발의 단계별 이해
1. 직업 선택(0 ~ 25세)
  – 최대한 여러 직업의 정보를 수집하여 탐색 후 나에게 적합한 최초의 직업 선택
  – 관련학과 외부 교육 등 필요한 교육 이수
2. 조직 입사(18 ~ 25세)
  – 원하는 조직에서 일자리 얻음
  – 정확한 정보를 토대로 적성에 맞는 적합한 직무 선택
3. 경력 초기(25 ~ 40세)
  – 조직의 규칙과 규범에 대해 배움
  – 직업과 조직에 적응해 감
  – 역량(지식, 기술, 태도)을 증대시키고 꿈을 추구해 나감
4. 경력 중기(40 ~ 55세)
  – 경력 초기를 재평가하고 좀 더 업그레이드 된 꿈으로 수정함
  – 성인 중기에 적합한 선택을 하고 지속적으로 열심히 일함

5. 경력말기(55세 ~ 퇴직)
  – 지속적으로 열심히 일함
  – 자존심 유지
  – 퇴직준비의 자세한 계획(경력중기부터 준비하는 것이 바람직)

10   정답 ③
ㄱ. 삼단논법에 근거한 논리적인 추론을 한 사례이다.
ㄹ. 햄버거를 먹는 것과 주말에 늦잠을 자는 것은 서로 관련이 없으므로 논점 일탈의 오류를 범한 사례이다.

11   정답 ①

'밤에만 볼 수 있는 동물은 야행성 동물이다.'라는 명제에서 '고양이는 야행성 동물이다.'라는 명제를 통해 대전제의 후건을 긍정하여 '고양이는 밤에만 볼 수 있는 동물이다.'라는 결론을 내린 것은 후건긍정의 오류를 범한 것이다.

12   정답 ⑤

「=VLOOKUP(찾을 값, 찾을 범위, 찾을 행 위치, 일치 옵션)」 함수는 배열의 첫 열에서 값을 검색하여, 지정된 열의 같은 행의 데이터를 출력하는 함수이다. 일치 옵션의 기본값은 유사일치(TRUE)이고, 정확한 값을 찾기 위해서는 'FALSE' 또는 '0'을 입력한다. 따라서 상품명이 S3310897이고 크기가 중인 가격을 구하는 함수는 「=VLOOKUP("S3310897",$B$2:$E$8,3,0)」이다.

①・② HLOOKUP 함수를 사용하려면 찾고자 하는 값은 '중'이고, [B2:E8] 범위에서 찾고자 하는 행 'S3310897'은 6번째 행이므로 「=HLOOKUP("중",$B$2:$E$8,6,0)」을 입력해야 한다.
③・④ '중'은 테이블 범위에서 3번째 열이다.

13   정답 ③

'우회수송'은 사고 등의 이유로 직통이 아닌 다른 경로로 우회하여 수송한다는 뜻이기 때문에 '우측 선로로의 변경'은 순화로 적절하지 않다.

① '열차시격'에서 '시격'이란 '사이에 뜬 시간'이라는 뜻의 한자어로, 열차와 열차 사이의 간격, 즉 '배차간격'으로 순화할 수 있다.
② '전차선'이란 철로를 의미하고, '단전'은 전기의 공급이 중단됨을 말한다. 따라서 바르게 순화되었다.
④ '핸드레일(Handrail)'은 난간을 뜻하는 영어 단어로, 우리말로는 '안전손잡이'로 순화할 수 있다.
⑤ '키스 앤 라이드(Kiss and Ride)'는 헤어질 때 키스를 하는 영미권 문화에서 비롯된 용어로, '환승정차구역'을 지칭한다.

14 정답 ②

- 소프트웨어적 요소
  - 스타일(Style) : 조직 구성원을 이끌어 나가는 관리자의 경영 방식
  - 구성원(Staff) : 조직 내 인적 자원의 능력, 전문성, 동기 등
  - 스킬(Skills) : 조직 구성원이 가지고 있는 핵심 역량
  - 공유가치(Shared Values) : 조직의 이념, 비전 등 조직 구성원이 함께 공유하는 가치관
- 하드웨어적 요소
  - 전략(Strategy) : 시장에서의 경쟁우위를 위해 회사가 개발한 계획
  - 구조(Structure) : 조직별 역할, 권한, 책임을 명시한 조직도
  - 시스템(Systems) : 조직의 관리체계, 운영절차, 제도 등 전략을 실행하기 위한 프로세스

15 정답 ③

인간관계의 성격적 특성은 크게 대인동기, 대인신념, 대인기술로 구분되며, 대인관계는 각기 다른 성격적 특성을 가진 개인의 상호작용으로 이루어진다.

ⓐ 대인동기 : 인간관계를 지향하게 하고 사회적 행동을 유발하는 동기로 내용에 따라 생리적 동기, 심리적 동기로 나뉘며 발생 원인에 따라 선천적 동기(유전), 후천적 동기(학습)로 나뉜다.

ⓑ 대인신념 : 개인이 인간과 인간관계에 대해 가지고 있는 지적인 이해나 믿음으로 대인관계에 대한 지속적이고 안정적인 사고 내용이다. 따라서 대인관계 상황에서 개인의 행동을 결정하는 주요한 요인이 된다.

ⓒ 대인기술 : 인간관계를 성공적으로 이끌어 갈 수 있는 사교적 능력으로 성장과정에서 후천적 경험을 통해 의식적 / 무의식적으로 배워 습득하는 언어적 / 비언어적 행동능력이다.

16 정답 ③

도덕적 해이의 특징

- 직무를 충실히 수행하지 않는 행위에 한정되며, 법률 위반과는 차이가 있다. 따라서 적발과 입증이 어려운 측면이 있다.
- 도덕적 일탈행위와도 차이가 있어 사적 영역에서 도덕적 의무를 다하지 않는 행위는 제외된다.
- 조직의 큰 틀에 어긋나는 의도적 · 적극적인 자신의 이익실현 행위가 포함된다.
- 사익을 추구하지 않더라도 효율적 운영을 위해 최선을 다하지 않는 방만한 경영 행태가 포함된다.
- 위험이 따르지만 실적이 기대되는 신규업무에 관심을 갖지 않는 소극적 행위의 특징이 있다.
- 결정을 내리고 책임지기보다는 상급기관에 결정을 미루고 기계적으로 따르는 행동방식을 취한다.

17 정답 ②

S사원은 충분히 업무를 수행할 능력은 있으나 A과장으로부터 문책을 당한 경험으로 인해 과제를 완수하고 목표를 달성할 수 있는 능력 차원에서의 자아존중감이 부족한 상태이다.

오답분석

① 자기관리 : 자신을 이해하고, 목표를 성취하기 위해 자신의 행동 및 업무수행을 관리하고 조정하는 것이다.

③ 경력개발 : 자신과 자신의 환경 상황을 인식하고 분석하여 합당한 경력 관련 목표를 설정하는 과정이다.

④ 강인성 : 개인이 세상을 대하는 기본적 태도로서 헌신, 통제 및 도전적 성향을 가지는 것이다.

⑤ 낙관주의 : 아직 현실화되지 않은 앞으로의 일을 좋은 방향으로 생각하는 태도이다.

자아존중감

개인의 가치에 대한 주관적인 평가와 판단을 통해 자기결정에 도달하는 과정이며, 스스로에 대한 긍정적 또는 부정적 평가를 통해 가치를 결정짓는 것이다.

- 가치 차원 : 다른 사람들이 자신을 가치 있게 여기며 좋아한다고 생각하는 정도를 말한다.
- 능력 차원 : 과제를 완수하고 목표를 달성할 수 있다는 신념을 말한다.
- 통제감 차원 : 자신이 세상에서 경험하는 일들과 거기에 영향을 미칠 수 있다고 느끼는 정도를 말한다.

18 정답 ④

목표 달성을 위한 SMART 기법

- 구체적(Specify) : 목표는 지나치게 모호하거나 광범위하게 설정하지 않고 구체적으로 설정하여야 한다.
- 측정 가능(Measurable) : 목표는 수치화할 수 있는 데이터 등의 객관적 지표로 평가할 수 있어야 한다.
- 달성 가능(Achievable) : 목표는 능력 내에서 현실적으로 실현할 수 있어야 한다.
- 관련성(Relevant) : 목표는 시간의 경과에 따른 궁극적 목표와 서로 연결되어 있어야 한다.
- 시간 제약(Time – Bound) : 목표는 기한을 두어 목표 달성을 위한 의욕 고취, 효율적인 자원 배분 등의 노력을 해야 한다.

19 정답 ④

무대 설치, 무대 설치 인력, 초대 가수 섭외, 외부 발전차 임대, 행사용 폭죽은 불꽃놀이 행사에 직접적으로 필요한 사안이므로 해당 비용은 직접비용에 해당한다. 반면에 행사 광고비는 부수적으로 필요한 간접비용에 해당한다.

20
정답 ①

전학생이 오기 전 50m 달리기 기록의 중앙값은 학생 수가 9명으로 홀수이므로 다섯 번째 기록인 8.8초이다.
전학생이 온 후 50m 달리기 기록의 중앙값은 학생 수가 10명으로 짝수이므로 다섯 번째 기록과 여섯 번째 기록의 평균인 $\dfrac{8.8+8.9}{2}$ =8.85초이다.

21
정답 ①

처음에 A가 갖고 있는 구슬의 수를 x개라 하면

$x=\dfrac{1}{2}x+\dfrac{1}{3}x+\left[1-\left(\dfrac{1}{2}+\dfrac{1}{3}\right)\right]\times\dfrac{1}{4}x+18$

$\rightarrow x=\dfrac{5}{6}x+\dfrac{1}{24}x+18$

$\rightarrow \dfrac{1}{8}x=18$

$\therefore x=144$

따라서 처음에 A가 갖고 있던 구슬의 개수는 144개이다.

22
정답 ②

지난달 A, B의 생산량을 각각 x개, y개라 하면 지난달에 두 제품 A, B를 합하여 6,000개를 생산하였으므로 총 생산량은 $x+y=$ 6,000개이다.
이번 달에 생산한 제품 A의 양은 지난달에 비하여 6% 증가하였으므로 증가한 생산량은 $0.06x$개이고, 생산한 제품 B의 양은 지난달에 비하여 4% 감소하였으므로 감소한 생산량은 $0.04y$개이다. 전체 생산량은 2% 증가하였으므로 $6,000\times0.02=120$개가 증가했음을 알 수 있다.
이를 식으로 정리하면 다음과 같다.

$\begin{cases} x+y=6,000 \\ 0.06x-0.04y=120 \end{cases}$

x, y의 값을 구하면 $x=3,600$, $y=2,400$이다.
따라서 지난달 A의 생산량은 3,600개이고 B의 생산량은 2,400개이므로, 이번 달 A의 생산량은 6% 증가한 $3,600\times(1+0.06)=$ 3,816개이고 이번 달 B의 생산량은 4% 감소한 $2,400\times(1-0.04)=2,304$개이다. 그러므로 두 제품의 생산량의 차를 구하면 $3,816-2,304=1,512$개이다.

23
정답 ④

오답분석

㉠·㉢ 유기적 조직에 대한 설명이다.

기계적 조직과 유기적 조직

• 기계적 조직
 – 구성원의 업무가 분명하게 규정되어 있다.
 – 많은 규칙과 규제가 있다.
 – 상하 간 의사소통이 공식적인 경로를 통해 이루어진다.
 – 엄격한 위계질서가 존재한다.
 – 대표적으로 군대, 정부, 공공기관 등이 있다.
• 유기적 조직
 – 의사결정권한이 조직의 하부 구성원들에게 많이 위임되어 있다.
 – 업무가 고정되지 않아 업무 공유가 가능하다.
 – 비공식적인 상호 의사소통이 원활하게 이루어진다.
 – 규제나 통제의 정도가 낮아 변화에 맞춰 쉽게 변할 수 있다.
 – 대표적으로 권한위임을 받아 독자적으로 활동하는 사내 벤처팀, 특정한 과제 수행을 위해 조직된 프로젝트팀이 있다.

24
정답 ②

글로벌화가 이루어지면 조직은 해외에 직접 투자할 수 있고, 원자재를 보다 싼 가격에 수입할 수 있으며, 수송비가 절감되고, 무역장벽이 낮아져 시장이 확대되는 경제적 이익을 얻을 수 있다. 반면에 그만큼 세계적인 수준으로 경쟁이 치열해지기 때문에 국제적인 감각을 가지고 세계화 대응 전략을 마련해야 한다.

25
정답 ④

사람들이 집단에 머물고, 계속 남아 있기를 원하게 만드는 힘은 응집력이다. 팀워크는 단순히 사람들이 모여 있는 것이 아니라 목표달성의 의지를 가지고 성과를 내는 것이다.

팀워크와 응집력

• 팀워크 : 팀 구성원이 공동의 목적을 달성하기 위해 상호관계성을 가지고 서로 협력하여 일을 해 나가는 것
• 응집력 : 사람들로 하여금 집단에 머물도록 만들고, 그 집단의 멤버로서 계속 남아 있기를 원하게 만드는 힘

26
정답 ③

서로가 받아들일 수 있는 결정을 하기 위하여 중간지점에서 타협하여 입장을 주고받는 것은 타협형 갈등 해결방법이다. Win-Win 전략은 통합형(협력형) 갈등 해결방안으로, 모두의 목표를 달성할 수 있는 해법을 찾는 것이다.

Win-Win 전략에 의거한 갈등 해결 단계

1. 충실한 사전 준비
 • 비판적인 패러다임 전환
 • 자신의 위치와 관심사 확인
 • 상대방의 입장과 상대방이 드러내지 않은 관심사 연구
2. 긍정적인 접근 방식
 • 상대방이 필요로 하는 것에 대해 생각해 보았다는 점을 인정
 • 자신의 Win-Win 의도 명시
 • Win-Win 절차, 즉 협동적인 절차에 임할 자세가 되어 있는지 알아보기
3. 서로의 입장 명확히 하기
 • 동의하는 부분 인정하기
 • 기본적으로 다른 부분 인정하기
 • 자신이 이해한 바 점검하기
4. Win-Win에 기초한 기준에 동의하기
 • 상대방에게 중요한 기준을 명확히 하기
 • 자신에게 어떠한 기준이 중요한지 말하기
5. 몇 가지 해결책 생각해 내기
6. 몇 가지 해결책 평가하기
7. 최종 해결책을 선택하고, 실행에 동의하기

27 정답 ③

직업의 윤리성은 비윤리적인 영리 행위나 반사회적인 활동을 통한 경제적 이윤추구는 직업 활동으로 인정되지 않음을 의미한다. 노력이 전제되지 않는 자연발생적인 이득의 수취나 우연하게 발생하는 경제적 과실에 전적으로 의존하는 활동을 직업으로 인정하지 않는 것은 경제성에 해당한다.

28 정답 ③

오답분석

ⓒ 명함을 받았을 때는 곧바로 집어넣지 말고 상세히 확인한 다음 명함에 대해 간단한 대화를 건네는 것이 올바른 직장예절이다.

29 정답 ④

직업윤리는 근로윤리와 공동체윤리로 구분할 수 있으며, 근로윤리의 판단 기준으로는 정직한 행동, 근면한 자세, 성실한 태도 등이 있다.

오답분석

㉠·ⓒ·㉣ 공동체윤리의 판단 기준이다.

30 정답 ①

담화의 의미는 고정되어 있지 않으며 다양한 맥락에 따라 다른 의미로 전달된다.

31 정답 ②

놀이공원에서 사람이 많아 놀이기구는 타지도 못하고 기다리기만 했다는 한 가지 경험으로 모든 놀이공원에 대한 부정적 평가를 한 것은 성급한 일반화의 오류를 범한 것이다.

오답분석

① 인신공격의 오류 : 주장의 내용이 아닌 화자 자체를 비난함으로써 주장을 비판하는 오류이다.
③ 허수아비 공격의 오류 : 상대방의 입장을 곡해하여 주장을 비판하는 오류이다.
④ 순환 논증의 오류 : 주장이 참일 때 낼 수 있는 결론으로 주장에 대한 근거를 내세움으로써 발생하는 오류이다.
⑤ 복합 질문의 오류 : 두 가지 이상의 질문을 하나의 질문으로 묶어넣음으로써 상대방이 '예' 또는 '아니오'로 대답 시 공격의 여지를 남기는 오류이다.

32 정답 ③

낭비되는 시간이 없도록 하는 철저한 시간관리법으로써 원래 계획한 시간에 여유시간을 두는 나머지와는 그 성격이 다르다.

오답분석

①·②·④·⑤ 하나의 계획이 틀어지더라도 모든 계획이 미루어지지 않도록 원래 계획에 여유시간을 두는 60 : 40의 법칙에 대한 예시이다.

33 정답 ④

오답분석

① Off-JT에 대한 설명이다.
② 지도자는 지식을 전달하는 능력을 갖추어 신입사원에게 업무 정보 등을 전달할 수 있어야 한다.
③ 과거 목수, 대장장이 등의 견습공도 하나의 OJT 과정이다.
⑤ 경력이 있는 사람 밑에서 직무 교육이 이루어진다.

34 정답 ②

ㄱ. 하향식 기술선택에 대한 설명이다.
ㄴ. 상향식 기술선택에 대한 설명이다.
ㅁ. 기술선택을 위한 우선순위는 다음과 같다.
 1. 제품의 성능이나 원가에 미치는 영향력이 큰 기술
 2. 기술을 활용한 제품의 매출과 이익 창출 잠재력이 큰 기술
 3. 쉽게 구할 수 없는 기술
 4. 기업 간 모방이 어려운 기술
 5. 기업이 생산하는 제품 및 서비스에 보다 광범위하게 활용할 수 있는 기술
 6. 최신 기술로 진부화될 가능성이 적은 기술

35

정답 ④

맥킨지 매트릭스는 기업의 포트폴리오를 시장매력도와 시장 지위를 3단계로 나누어 평가하는 분석법으로 상황별로 비즈니스의 전략적 선택을 제시하는 것을 목적으로 한다. 맥킨지 매트릭스의 주요 내용을 정리하면 다음과 같다.

시장매력도	높음	선택적 투자	투자	유지·방어
	중간	제한적 확장	선택적 투자	투자
	낮음	전환·철수	선택적 방어	유지·사업초점 조정
		낮음	중간	높음
			시장 지위	

오답분석

㉣ 맥킨지 매트릭스는 사업 단위 및 부문 간의 상호작용은 반영되지 않는다는 한계점을 가진다.

36
정답 ⑤

㉢ 세휘는 갈등상황에 대한 답을 도출하기보다 피하려고 하는 회피형 갈등해결 방식을 보이고 있다.

㉣ 지윤은 상대의 의견을 받아 들여 논쟁을 해결하려는 수용형 갈등해결 방식을 보이고 있다.

오답분석

㉠ 목표가 아니라 방법에 대한 갈등상황이 제시되어 있다.

㉡ 마케팅 실행을 위해 필요하며, 해결 가능한 갈등상황에 해당된다.

37
정답 ③

유화, 양보, 순응, 수용, 굴복, 요구사항의 철회 등은 유화전략에 해당한다. 협력전략에는 협동적 원인탐색, 정보수집 및 제공, 대안 개발, 공동평가 등이 있다.

오답분석

① 위압적 입장 천명, 협박 및 위협, 협박적 회유 등은 강압전략의 협상전술에 해당된다.

② 단기의 협상 결과보다 상대방과의 장기적 관계 유지를 선호하는 경우에는 회피전략보다 유화전략이 적절하다.

④ 협상의 가치가 매우 낮거나, 그 외의 방식으로 해결이 가능한 경우에는 협상을 회피하고, 다른 방식을 통해 목적을 달성하는 것이 적절하다.

⑤ 협력전략은 문제를 해결하는 합의에 이르기 위해 협상 당사자들이 서로 협력하는 전략으로서, 당사자 간 신뢰의 유지가 중요하다.

38
정답 ②

1^2-2^2, 3^2-4^2, $\cdots$, $(2n-1)^2-(2n)^2$의 수열의 합으로 생각한다.

$1^2-2^2+3^2-4^2+\cdots+199^2$
$=1^2-2^2+3^2-4^2+\cdots+199^2-200^2+200^2$
$=[\sum\limits_{n=1}^{100}\{(2n-1)^2-(2n)^2\}]+200^2$
$=\{\sum\limits_{n=1}^{100}(-4n+1)\}+200^2$
$=\left(-4\times\dfrac{100\times101}{2}+100\right)+40,000$
$=-20,200+100+40,000$
$=19,900$

39
정답 ⑤

사원 4명의 평균 나이는 $\dfrac{a+b+c+d}{4}=32$세이므로

사원 4명의 나이의 합은 $32\times4=128$세이다.

신입사원 1명의 나이를 x세라고 할 때,

사원 5명의 나이의 평균은 $\dfrac{a+b+c+d+x}{5}=31$세이므로

$a+b+c+d+x=155$
$\rightarrow x=155-(a+b+c+d)=155-128=27$

따라서 신입사원의 나이는 27세이다.

40
정답 ③

사과를 x개 산다고 하면 자두는 $(14-x)$개 살 수 있으므로
$235\le15x+20(14-x)\le250$
$\rightarrow 6\le x\le9$
따라서 사과를 최대 9개까지 살 수 있다.

41
정답 ②

조직을 관리하는 대표는 리더(Leader)와 관리자(Manager)로 나눌 수 있다. '무엇을 할까'를 생각하면서 적극적으로 움직이는 사람은 리더이고, 처해 있는 상황에 대처하기 위해 '어떻게 할까'를 생각하는 사람은 관리자이다. 따라서 적절하지 않은 것은 ②이다.

42

업무 차원은 임파워먼트의 장애요인에 해당하지 않는다.

임파워먼트의 장애요인
- 개인 차원 : 주어진 일을 해내는 역량의 결여, 대응성, 동기 결여, 결의 부족, 책임감 부족, 성숙 수준의 전반적인 의존성, 빈곤의 정신 등
- 대인 차원 : 다른 사람과의 성실성 결여, 약속 불이행, 성과를 제한하는 조직의 규범(Norm), 갈등처리 능력의 결여, 승패의 태도 등
- 관리 차원 : 효과적 리더십 발휘능력 결여, 경험 부족, 정책 및 기획의 실행능력 결여, 통제적 리더십 스타일, 비전의 효과적 전달능력 결여 등
- 조직 차원 : 공감대 형성이 없는 구조와 시스템, 제한된 정책과 절차 등

43
정답 ①

원가를 x원이라고 하면, 원가에 50%의 이익을 붙일 경우는 $1.5x$원이다. 여기에 다시 20%를 할인한 최종 판매 가격은 $1.5x \times 0.8 = 1.2x$원이다. 물건 1개당 1,000원의 이익을 얻었으므로
$1.2x - x = 1,000$
$\rightarrow 0.2x = 1,000$
$\therefore x = 5,000$
따라서 물건의 원가는 5,000원이다.

44
정답 ④

처음 A비커에 들어 있는 소금의 양은 $\frac{6}{100} \times 300 = 18$g이고, 처음 B비커에 들어 있는 소금의 양은 $\frac{8}{100} \times 300 = 24$g이다.

A비커에서 소금물 100g을 퍼서 B비커에 옮겨 담았으므로 옮겨진 소금의 양은 $\frac{6}{100} \times 100 = 6$g이고 A비커에 남아 있는 소금의 양은 12g이다. 따라서 B비커에 들어 있는 소금물은 400g이고, 소금의 양은 $24 + 6 = 30$g이다.

다시 B비커에서 소금물 80g을 퍼서 A비커에 옮겨 담았으므로 옮겨진 소금의 양은 $30 \times \frac{1}{5} = 6$g이다. 따라서 A비커의 소금물이 280g이 되고, 소금의 양은 $12 + 6 = 18$g이 되므로 농도는 $\frac{18}{280} \times 100 \fallingdotseq 6.4\%$가 된다.

45
정답 ①

(가) 사실 지향의 문제 : 일상 업무에서 일어나는 상식, 편견을 타파하여 객관적 사실로부터 사고와 행동을 출발한다.

(나) 가설 지향의 문제 : 현상 및 원인분석 전에 지식과 경험을 바탕으로 일의 과정이나 결과 및 결론을 가정한 다음, 검증 후 사실일 경우 다음 단계의 일을 수행한다.

(다) 성과 지향의 문제 : 기대하는 결과를 명시하고 효과적으로 달성하는 방법을 사전에 구성하고 실행에 옮긴다.

46
정답 ③

㉠에 들어갈 단어는 '이문화 커뮤니케이션', ㉡에 들어갈 단어는 '국제 커뮤니케이션'이다.

오답분석
- 비공식적 커뮤니케이션 : 조직의 공식적 통로를 거치지 않는 의사소통이다.
- 다문화 커뮤니케이션 : 메시지의 송신자와 수신자가 서로 다른 문화의 일원일 경우에 일어나는 커뮤니케이션이다.
- 공식적 커뮤니케이션 : 공식조직의 제도적·계층적 경로를 따라 정식으로 행해지는 의사소통이다.

47
정답 ④

기존 사원증은 가로와 세로의 길이 비율이 $1:2$이므로 가로 길이를 $x$cm, 세로 길이를 $2x$cm라 하자. 기존 사원증 대비 새 사원증의 가로 길이 증가폭은 $(6-x)$cm, 세로 길이 증가폭은 $(9-2x)$cm이다. 문제에 주어진 디자인 변경 비용을 적용하여 식으로 정리하면 다음과 같다.
$2,800 + (6-x) \times 12 \div 0.1 + (9-2x) \times 22 \div 0.1 = 2,420$
$\rightarrow 2,800 + 720 - 120x + 1,980 - 440x = 2,420$
$\rightarrow 560x = 3,080$
$\therefore x = 5.5$
따라서 기존 사원증의 가로 길이는 5.5cm, 세로 길이는 11cm이며, 둘레는 $(5.5 \times 2) + (11 \times 2) = 33$cm이다.

48
정답 ③

A공장에서 45시간 동안 생산된 제품은 총 45,000개이고, B공장에서 20시간 동안 생산된 제품은 총 30,000개로 두 공장에서 생산된 제품은 총 75,000개이다. 또한, 두 공장에서 생산된 불량품은 총 $(45+20) \times 45 = 2,925$개이다. 따라서 생산된 제품 중 불량품의 비율은 $2,925 \div 75,000 \times 100 = 3.9\%$이다.

49
정답 ⑤

근면에는 스스로 자진해서 행동하는 근면과 외부로부터 강요당한 근면이 있다. ⑤는 외부(상사의 지시)로부터 강요당한 근면으로 다른 사례들과 성격이 다르다.

50
정답 ③

㉠ · ㉣은 윤리적인 문제에 대하여 제대로 인식하지 못한 채 취해야 할 행동을 취하지 않는 도덕적 타성에 속하고, ㉡ · ㉢은 자신의 행위가 나쁜 결과를 가져올 수 있다는 것을 모르는 도덕적 태만에 속한다.

> **비윤리적 행위의 유형**
> • 도덕적 타성 : 직면한 윤리적 문제에 대하여 무감각하거나 행동하지 않는 것
> • 도덕적 태만 : 비윤리적인 결과를 피하기 위하여 일반적으로 필요한 주의나 관심을 기울이지 않는 것
> • 거짓말 : 상대를 속이려는 의도로 표현되는 메시지

51
정답 ③

고객 불만처리 프로세스 중 '해결약속' 단계에서는 고객이 불만을 느낀 상황에 대해 관심과 공감을 보이며, 문제의 빠른 해결을 약속해야 한다.

> **고객 불만처리 프로세스 8단계**
> 1. 경청
> 2. 감사와 공감표시
> 3. 사과
> 4. 해결약속
> 5. 정보파악
> 6. 신속처리
> 7. 처리확인과 사과
> 8. 피드백

52
정답 ④

S씨는 창업을 하기로 결심하고 퇴사 후 현재는 새로운 경력을 가지기 위해 관련 서적을 구매하거나 박람회에 참여하는 등 창업에 대한 정보를 탐색하고 있다. 이는 자신에게 적합한 직업이 무엇인지를 탐색하고 이를 선택한 후, 여기에 필요한 능력을 키우는 과정인 직업선택의 단계로 사람에 따라 일생 동안 여러 번 일어날 수도 있다.

> **경력개발 단계**
> 1. 직업 선택 : 자신에게 적합한 직업이 무엇인지를 탐색하고, 이를 선택하는 단계
> 2. 조직 입사 : 선택한 직업에 따라 조직생활을 시작하는 단계
> 3. 경력 초기 : 자신이 맡은 업무의 내용을 파악하고, 새로 들어간 조직의 규칙이나 규범, 분위기를 알고 적응해 나가는 단계
> 4. 경력 중기 : 자신이 그동안 성취한 것을 평가하고, 생산성을 그대로 유지하는 단계
> 5. 경력 말기 : 조직의 생산적인 기여자로 남고 자신의 가치를 지속적으로 유지하기 위하여 노력하는 동시에 퇴직을 고려하는 단계

53
정답 ④

직원의 항목별 평가점수의 합과 그에 따른 급여대비 성과급 비율은 다음과 같다.

직원	평가점수	비율	성과급
A	82	200%	320만×200%=640만 원
B	74	100%	330만×100%=330만 원
C	67	100%	340만×100%=340만 원
D	66	100%	360만×100%=360만 원
E	79	150%	380만×150%=570만 원
F	84	200%	370만×200%=740만 원

따라서 직원 A와 수령하는 성과급의 차이가 가장 적은 직원은 E이다.

54
정답 ①

토론이란 어떤 주제에 대하여 찬성하는 측과 반대하는 측이 서로 맞서, 각자 해당 주제에 대한 논리적인 의견을 제시함으로써, 상대방의 근거가 이치에 맞지 않다는 것을 증명하는 논의이다.

오답분석

② 토론은 상호 간의 주장에 대한 타협점을 찾아가는 것이 아닌, 반대 측의 논리에 대한 오류를 증명해내면서 자신의 의견이 논리적으로 타당함을 밝히는 말하기 방식이다.
③ 주어진 주제에 대한 자신의 의견을 밝히면서 상대방 또는 청중을 설득하는 것은 맞으나, 자신의 의견을 뒷받침할 추론적인 근거가 아닌 논리적인 근거를 제시하여야 한다.
④ 주어진 주제에 대하여 제시된 의견을 분석하면서 해결방안을 모색하는 말하기 방식은 토론이 아닌 토의에 해당하며, 승패가 없이 협의를 통해 결론을 내리는 토의와 달리 토론은 승패가 있으며 이때 패한 측은 상대방의 의견에 설득당한 측을 의미한다.
⑤ 토론에서는 반대 측의 의견을 인정하고 존중하기보다는, 반대 측 의견이 논리적으로 타당하지 않음을 증명해내는 말하기이다.

55
정답 ④

개인의 인맥은 핵심 인맥, 그 핵심 인맥으로부터 연결되거나 우연한 사건으로 연결되어진 파생 인맥, 그러한 파생 인맥을 통하여 계속하여 연결되어지는 인맥 등 끝없이 확장할 수 있는 영역이다.

오답분석

① 개인은 핵심 인맥뿐만 아니라 파생 인맥을 통해서도 다양한 정보를 획득할 수 있으며, 정보를 전파하는 것은 개인 차원에서의 인적자원관리 외의 것에 해당한다.
② 자신과 직접적으로 관계가 형성된 사람들을 핵심 인맥, 이러한 핵심 인맥을 통해 관계가 형성되거나 우연한 계기로 관계가 형성된 사람들을 파생 인맥이라 지칭한다.
③ 개인 차원에서의 인적자원관리란 정치적, 경제적 또는 학문적으로 유대관계가 형성된 사람들과의 관계뿐만 아니라 더 나아가 자신이 알고 있는 모든 사람들과의 관계를 관리하는 것을 의미한다.

⑤ 인적자원관리를 위해 능동성, 개발가능성, 전략적 자원을 고려하는 것은 개인 차원에서의 인적자원관리가 아닌 조직 차원에서 조직의 실적을 높이기 위해 고려해야 하는 사항에 해당한다.

56   정답 ④

ㄴ. 능동적이고 반응적인 성격의 인적자원은 기업의 관리 여하에 따라 기업 성과에 기여하는 정도도 확연히 달라진다.
ㄹ. 기업의 성과는 자원을 얼마나 효율적으로 잘 활용하였는지에 따라 달려있다. 따라서 기업의 성과를 높이기 위해 전략적으로 인적자원을 활용하여야 한다.

오답분석

ㄱ. 자원 자체의 양과 질에 의해 기업 성과 기여도가 달라지는 수동적 성격의 물적자원과 달리, 인적자원은 개인의 욕구와 동기, 태도와 행동 및 만족감에 따라 그 기여도가 달라지는 능동적 성격의 자원에 해당한다.
ㄷ. 인적자원은 자연적인 성장뿐만 아니라 장기간에 걸쳐 개발될 수 있는 잠재력과 자질을 지니고 있다.

57   정답 ⑤

지식재산권은 재산적 가치가 구현될 수 있는 지식·정보·기술이나 표현·표시 등의 무형적인 것만을 말하며, 이에 대해 주어지는 권리를 말한다.

오답분석

① 기술개발의 성과인 독점적인 권리를 부여받음으로써, 더 나은 기술개발이 이루어질 수 있도록 장려한다.
② 국가 간의 기술 제휴와 같은 기술의 협력이 이루어지면서 세계화가 이루어지고 있다.
③ 형체가 있는 상품과 달리, 지식재산권은 형체가 없는 무형의 권리를 말한다.
④ 지식재산권은 최초로 만들거나 발견한 것 중 재산상 가치가 있는 것에 부여되는 권리를 말한다.

58   정답 ③

ㄴ. 날짜 작성 시에는 연도와 월일을 함께 기입하고, 날짜 다음에 마침표를 찍되, 만일 날짜 다음에 괄호가 사용되는 경우 마침표는 찍지 않는다.
ㄹ. 공문서 작성 시에는 한 장에 담아내는 것을 원칙으로 한다.
ㅁ. 공문서 작성을 마친 후에는 '내용 없음'이 아닌 '끝'이라는 문구로 마무리하여야 한다.

오답분석

ㄱ. 회사 외부 기관에 송달되는 공문서는 누가, 언제, 어디서, 무엇을, 어떻게, 왜가 명확히 드러나도록 작성하여야 한다.
ㄷ. 복잡한 내용을 보다 정확히 전달하기 위해, 항목별로 구분하여 작성하여야 하며, 이때에는 '-다음-' 또는 '-아래-'와 같은 표기를 사용할 수 있다.

59   정답 ②

공정 보상의 원칙은 모든 근로자에게 평등한 근로의 대가를 지급하는 것이 아닌, 공헌도에 따라 노동의 대가를 달리 지급함으로써 공정성을 갖도록 하는 것이다.

오답분석

① 알맞은 인재를 알맞은 자리에 배치하여 해당 업무에 가장 적합한 인재를 배치하는 것이 적재적소 배치의 원리이다.
③ 종업원의 직장 내에서의 직위와 근로환경을 보장함으로써 근로자에게 신뢰를 주어 업무에 안정적으로 임할 수 있게 하는 것이 종업원 안정의 원칙이다.
④ 근로자가 창의성 향상을 통해 새로운 것을 생각해낼 수 있도록 이에 필요한 다양한 기회의 장을 마련하여, 그 결과에 따라 적절한 보상을 제공하는 것이 창의력 계발의 원칙이다.

60   정답 ④

외적 시간낭비 요인이란 외부에서 일어나는 영향으로 시간이 낭비되는 것으로 본인이 조절할 수 없는 영역이다. 반면, 내적 시간낭비 요인이란 내부적 이유로 인해 시간이 낭비되는 것으로 이는 자신과 관련이 있다. ①·②·③은 자신과 관련된 요인으로 내적 시간낭비 요인에 해당하나, ④는 동료 직원, 즉 외적 요인에 의한 것으로 외적 시간낭비 요인에 해당한다.

제1회 모의고사 정답 및 해설

01	02	03	04	05	06	07	08	09	10
④	⑤	③	⑤	①	④	④	④	①	③
11	12	13	14	15	16	17	18	19	20
②	③	④	②	③	③	①	②	②	②
21	22	23	24	25	26	27	28	29	30
②	③	④	③	④	⑤	②	④	⑤	①
31	32	33	34	35	36	37	38	39	40
④	⑤	①	④	③	④	②	③	③	④
41	42	43	44	45	46	47	48	49	50
④	④	①	①	②	④	⑤	④	①	④
51	52	53	54	55	56	57	58	59	60
③	③	④	⑤	④	①	⑤	⑤	②	②

01
정답 ④

기안문 작성 시 유의사항
- 정확성(바른 글)
  - 필요한 내용을 빠뜨리지 않고, 잘못된 표현이 없도록 문서를 작성한다.
  - 의미전달에 혼동을 일으키지 않도록 정확한 용어를 사용하고 문법에 맞게 문장을 구성한다.
  - 애매모호하거나 과장된 표현에 의하여 사실이 왜곡되지 않도록 한다.
- 용이성(쉬운 글)
  - 상대방의 입장에서 이해하기 쉽게 작성한다.
  - 추상적이고 일반적인 용어보다는 구체적이고 개별적인 용어를 쓴다.
- 성실성(호감 가는 글)
  - 문서는 성의 있고 진실하게 작성한다.
  - 감정적이고 위압적인 표현을 쓰지 않는다.
- 경제성(효율적으로 작성하는 글)
  - 용지의 규격·지질을 표준화한다.
  - 서식을 통일하여 규정된 서식을 사용하는 것이 경제적이다.

02
정답 ⑤

언어의 친교적 기능이란 어떤 정보를 요구하거나 전달하기보다는 언어를 통해 사람들 간의 친밀한 관계를 확인하거나 유지하는 기능으로, 대부분의 인사말이 이에 속한다. ㉠의 '밥은 먹었니?', ㉢의 '이따가 전화하자.', ㉲의 '조만간 밥 한번 먹자.', ㉰의 '너 요즘도 거기서 근무하니?' 등은 어떤 대답을 요구하거나 행동을 할 것을 요청하는 것이 아니라 특별한 의미 없이 친근함을 나타내고 있다.

오답분석

㉡과 ㉣의 경우 A가 대답을 요구하는 질문을 함으로써 B는 그에 대한 정보를 전달하고 있으므로 친교적 기능이 드러난 대화로 보기 어렵다.

03
정답 ③

조직 내에서 의사소통이 중요시되는 이유는 인간관계가 의사소통을 통해서 이루어지는 상호과정이고, 상호 간의 일반적 이해와 동의를 얻기 위한 유일한 수단이기 때문이다. 또한 의사소통은 제각기 다른 사람들의 서로에 대한 지각의 차이를 좁혀 주며, 선입견을 줄이거나 제거해 줄 수 있는 수단이기 때문이다. 의사소통이란 무조건적인 정보의 전달이 아니라 두 사람 또는 그 이상의 사람들 사이에서 의사 전달과 상호교류가 이루어진다는 뜻이다.

04
정답 ⑤

K기업은 전자가격표시기 도입으로 작업 소요 시간을 일주일 평균 31시간에서 3.8시간으로 단축하였다. 기업의 입장에서 작업 소요 시간을 단축하게 되면 생산성 향상, 가격 인상, 위험 감소, 시장 점유율 증가의 효과를 얻을 수 있다.

05
정답 ①

S과장은 사회적으로는 좋은 일을 했지만, 회사의 입장에서는 자신의 책임을 그르친 행동을 하였다고 볼 수 있다. 직업을 가진 사람에게 자기가 맡은 업무는 함께한 동료들을 포함하여 수많은 사람과 관련된 공적인 약속이자 최우선 과제이다. S과장은 회사업무 중이었으므로 공적인 입장에서도 판단해야 한다.

06
정답 ④

김본부장과 이팀장의 대화를 살펴보면 이팀장은 정직하게 업무에 임하는 자세를 중요하게 생각하기 때문에 개인과 조직의 일과 관계에 대해 윤리적 갈등을 겪고 있다. 근로윤리 중 정직은 신뢰를 형성하고 유지하는 데 필요한 가장 기본적이고 필수적인 규범이다.

07
정답 ④

이팀장은 김본부장과의 대화에서 조직 내 관계의 측면에서는 사실대로 보고할지 김본부장의 말을 따를지 고민하는 진실 대 충성의 갈등, 조직의 업무 측면에 있어서는 단기 대 장기, 개인 대 집단의 갈등으로 고민하는 것을 알 수 있다.

08
정답 ④

'윈 – 윈(Win – Win) 관리법'은 갈등을 피하거나 타협하는 것이 아닌 모두에게 유리할 수 있도록 문제를 근본적으로 해결하는 방법이다. Z사원과 A사원이 공통적으로 가지는 근본적인 문제는 금요일에 일찍 퇴근할 수 없다는 것이므로, 금요일 업무시간 전에 청소를 할 수 있다면 Z사원과 A사원 모두에게 유리할 수 있는 갈등 해결방법이 된다.

오답분석
① '나도 지고 너도 지는 방법'인 회피형에 대한 방법이다.
② '나는 지고 너는 이기는 방법'인 수용형에 대한 방법이다.
③ '서로가 타협적으로 주고받는 방법'인 타협형에 대한 방법이다.
⑤ '나는 이기고 너는 지는 방법'인 경쟁형(지배형)에 대한 방법이다.

09
정답 ①

인맥관리카드는 자신의 주변에 있는 인맥을 관리카드로 작성하여 관리하는 것으로, 모두를 하나의 인맥관리카드에 작성하는 것보다 핵심인맥과 파생인맥을 구분하여 작성하는 것이 효과적이다.

오답분석
② NQ(Network Quotient)는 인맥 지수를 의미하며, 다른 사람들의 경조사에 참석함으로써 인맥을 관리할 수 있다.
③ 인맥을 키워나가기 위해서는 가장 먼저 인맥 지도 그리기를 통해 자신의 현재 인맥 상태를 점검해 보는 것이 좋다.
④ SNS상 정기적인 연락을 통해 인맥을 관리할 수 있다.
⑤ 명함을 효과적으로 관리하기 위해서는 명함에 상대에 대한 구체적인 정보들을 적어두는 것이 좋다.

10
정답 ③

문장은 되도록 간결체로 쓰는 것이 의미전달에 효과적이며, 행은 문장마다 바꾸는 것이 아니라 그 내용에 따라 적절하게 바꾸어 문서가 난잡하게 보이지 않도록 하여야 한다.

11
정답 ②

유사성의 원칙은 유사품은 인접한 장소에 보관한다는 것을 말한다. 같은 장소에 보관하는 것은 동일성의 원칙이다.

오답분석
① 물적자원관리 과정에서 첫 번째로 해야 할 일은 사용 물품과 보관 물품의 구분이며, 이는 물품 활용의 편리성과 반복 작업 방지를 위해 필요한 작업이다.
③ 물품 분류가 끝나면 보관장소를 선정해야 하는데, 물품의 특성에 맞게 분류하여 보관하는 것이 바람직하다. 이때 재질의 차이로 분류하는 방법도 옳은 방법이다.
④ 회전대응 보관의 원칙에 대한 옳은 설명이다. 물품 보관 장소까지 선정이 끝나면 차례로 정리하면 된다. 이때 회전대응 보관의 원칙을 지켜야 물품 활용도가 높아질 수 있다.
⑤ 물품 보관 장소를 선정할 때 무게와 부피에 따라 분류하는 방법도 중요하다. 만약 다른 약한 물품들과 같이 놓게 되면 무게 또는 부피가 큰 물품에 의해 다른 물품이 파손될 가능성이 크기 때문이다.

12
정답 ③

공식적 말하기는 대중을 상대로 사전에 준비된 내용을 말하는 것으로, 토론, 연설, 토의가 해당한다.

오답분석
ⓔ・ⓜ 의례적 말하기에 해당한다.
ⓗ 친교적 말하기에 해당한다.

13
정답 ④

성공적인 프레젠테이션을 위해서는 내용을 완전히 숙지해야 하며 (㉠), 예행연습을 철저히 해야 한다(㉡). 또한, 다양한 시청각 기자재를 활용하여 프레젠테이션 효과를 극대화해야 한다(㉣).

오답분석
㉢ 성공적인 프레젠테이션을 위해서는 청중의 니즈를 파악해야 한다. A대리의 프레젠테이션 청중은 A대리에게 광고를 의뢰한 업체 관계자이므로 A대리는 팀원이 아닌 업체 관계자의 니즈를 파악해야 한다.
㉤ 성공적인 프레젠테이션을 위해서는 일관된 흐름을 가지고 요점을 간결・명확하게 전달해야 한다. 따라서 A대리는 요점을 간결하면서도 명확하게 전달할 수 있도록 연습해야 한다.

14
정답 ②

바리스타로 일하는 것은 경제적 보상이 있으며, 자발적인 의사에 의한 것으로 볼 수 있고, 장기적으로 계속해서 일하는 점을 볼 때 직업의 사례로 적절하다.

오답분석
①・③・④ 취미활동과 봉사활동으로, 경제적인 보상이 없다.
⑤ 강제노동으로, 본인의 자발적인 의사에 위배되었다.

15
정답 ③

그림에 나타난 논리적 사고 개발 방법은 피라미드 구조 방법으로, 하위의 사실이나 현상부터 사고함으로써 상위의 주장을 만들어 간다. 그림의 'a ~ i'와 같은 보조 메시지들을 통해 주요 메인 메시지인 '1 ~ 3'을 얻고, 다시 메인 메시지를 종합한 최종적인 정보를 도출해낸다.

오답분석
① So What 기법에 대한 설명이다.
② Logic Tree 기법에 대한 설명이다.
④ SWOT 기법에 대한 설명이다.
⑤ MECE 기법에 대한 설명이다.

16
정답 ③

흥미나 적성은 선천적으로 부여되지만 꾸준한 연습으로 개발할 수 있으므로, 자신의 흥미나 적성을 발견하고 이를 적극적으로 개발하려는 노력이 필요하다.

17
정답 ①

제시된 사례는 불안전한 상태가 원인으로 이에 대한 예방 대책을 세워야 한다. 근로자 상호 간에 불안전한 행동을 지적하여 안전에 대한 이해를 증진시키는 것은 불안전한 행동에 대한 방지 방법이므로, 해당 사례의 재해를 예방하기 위한 대책으로 적절하지 않다.

18
정답 ②

브랜드를 소유하거나 사용해 보고 싶다는 동기를 유발하는 것처럼, 사람들로부터 자신을 찾게 하기 위해서는 다른 사람과 차별성을 가질 필요가 있다. 이를 위해서는 시대를 앞서 나가 다른 사람과 구별되는 능력을 끊임없이 개발해야 한다.

19
정답 ②

부어야 하는 물의 양을 xg이라 하면

$$\frac{\frac{12}{100} \times 600}{600 + x} \times 100 \le 4$$

$\rightarrow 7{,}200 \le 2{,}400 + 4x$

$\therefore x \ge 1{,}200$

따라서 최소 1,200g의 물을 부어야 한다.

20
정답 ②

4와 7은 서로소이고 4와 7의 최소공배수는 $4 \times 7 = 28$이므로 5호선과 6호선은 28분마다 동시에 정차하게 된다. 오전 9시에 5호선과 6호선이 동시에 정차했으므로, 이후 동시에 정차하는 시각은 다음과 같다.
• 9시 28분
• 9시 56분
• 10시 24분
• 10시 52분
• 11시 20분

따라서 오전 10시와 오전 11시 사이에 5호선과 6호선은 10시 24분과 10시 52분, 총 2번 동시에 정차한다.

21
정답 ②

7개의 팀을 두 팀씩 3개 조로 나누고, 한 팀은 부전승으로 둔다. 부전승 조가 될 수 있는 경우의 수는 7가지이고, 남은 6팀을 두 팀씩 3조로 나눌 수 있는 방법은 다음과 같다.

$${}_6\mathrm{C}_2 \times {}_4\mathrm{C}_2 \times {}_2\mathrm{C}_2 \times \frac{1}{3!} = \frac{6 \times 5}{2} \times \frac{4 \times 3}{2} \times 1 \times \frac{1}{3 \times 2} = 15가지$$

3개의 조로 나눈 다음 한 개의 조가 경기 후 부전승 팀과 시합을 하는 경우를 구하면 3가지가 나온다.

따라서 7개의 팀이 토너먼트로 경기를 할 수 있는 경우의 수는 $7 \times 15 \times 3 = 315$가지이다.

22
정답 ③

문제란 원활한 업무 수행을 위해 해결해야 하는 질문이나 의논 대상을 의미한다. 즉, 해결하기를 원하지만 실제로 해결해야 하는 방법을 모르고 있는 상태나 얻고자 하는 해답이 있지만 그 해답을 얻는 데 필요한 일련의 행동을 알지 못한 상태이다.

또한 문제점이란 문제의 근본 원인이 되는 사항으로, 문제해결에 필요한 열쇠의 핵심 사항을 말하며, 개선해야 할 사항이나 손을 써야 할 사항, 문제가 해결될 수 있고 문제의 발생을 미리 방지할 수 있는 사항을 말한다.

따라서 제시문에서 문제는 사업계획서 제출에 실패한 것이고, 문제점은 K기업의 전산망 마비로 전산시스템 접속이 불가능해진 것이라고 볼 수 있다.

23
정답 ④

연역법의 오류는 'A=B, B=C, so A=C'와 같은 삼단 논법에서 발생하는 오류를 의미한다.

'이현수 대리(A)는 기획팀(B)을 대표하는 인재인데(A=B), 이현수 대리가 이런 실수(C)를 하다니(A=C) 기획팀이 하는 업무는 모두 실수투성일 것이 분명할 것(B=C)'이라는 말은 'A=B, A=C, so B=C'와 같은 삼단 논법에서 발생하는 오류인 연역법의 오류에 해당한다.

오답분석
① 권위나 인신공격에 의존한 논증 : 위대한 성인이나 유명한 사람의 말을 활용해 자신의 주장을 합리화하거나 상대방의 주장이 아니라 상대방의 인격을 공격하는 것이다.
② 무지의 오류 : 증명되지 않았기 때문에 그 반대의 주장이 참이라는 것이다.
③ 애매성의 오류 : 언어적 애매함으로 인해 이후 주장이 논리적 오류에 빠지는 경우이다.

⑤ 허수아비 공격의 오류(Strawman's Fallacy) : 상대방의 주장
과는 전혀 상관없는 별개의 논리를 만들어 공격하는 경우이다.

24 정답 ③
기술선택을 위한 의사결정
- 상향식 기술선택(Bottom Up Approach) : 기업 전체 차원에서
필요한 기술에 대한 체계적인 분석이나 검토 없이 연구자나 엔지
니어들이 자율적으로 기술을 선택하는 것이다.
- 하향식 기술선택(Top Down Approach) : 기술경영진과 기술기
획담당자들에 의한 체계적인 분석을 통해 기업이 획득해야 하는
대상기술과 목표기술수준을 결정하는 것이다.

25 정답 ④
내부역량 분석은 기술능력, 생산능력, 마케팅 및 영업능력, 재무
능력 등에 대한 분석으로, 제시문에 따르면 이미 분석하였다.

기술선택을 위한 절차	내용
외부환경 분석	수요 변화 및 경쟁자 변화, 기술 변화 등 분석
중장기 사업목표 설정	기업의 장기비전, 중장기 매출목표 및 이익 목표 설정
내부역량 분석	기술능력, 생산능력, 마케팅 및 영업능력, 재무능력 등 분석
사업전략 수립	사업 영역 결정, 경쟁 우위 확보 방안 수립
요구기술 분석	제품 설계 및 디자인 기술, 제품 생산공정 · 원재료 및 부품 제조기술 분석
기술전략 수립	기술 획득 방법 결정, 핵심기술 선택

26 정답 ⑤
- 빈도 : 어떤 사건이 일어나거나 증상이 나타나는 정도를 의미
한다.
- 백분율(%) : 전체 수량을 100으로 하여 나타내려는 수량이 그
중 몇이 되는가를 나타내는 개념으로, $\dfrac{(나타내려는 수량)}{(전체수량)} \times 100$
으로 산출한다.
만족도 문항의 긍정 답변에 대하여 각각의 백분율을 계산하면, 긍
정 답변을 50명을 기준으로 나누어서 계산해야 한다.
㉠=(30÷50)×100=60%, ㉡=(25÷50)×100=50%, ㉢=(48
÷50)×100=96%, ㉣=(41÷50)×100=82%, ㉤=(30÷50)×
100=60%
따라서 백분율이 바르게 연결된 것은 ⑤이다.

27 정답 ②
K기업은 내년에도 S교육 컨설팅에게 교육을 맡겨야 하는지에 대
한 의사를 통계 결과를 활용하여 결정하려고 한다.

28 정답 ④
㉠ A는 패스트푸드점이 가까운 거리에 있음에도 불구하고 배달료
를 지불해야 하는 배달 앱을 통해 음식을 주문하고 있으므로
편리성을 추구하는 (나)에 해당한다.
㉡ B는 의자 제작에 필요한 재료들의 물적자원만 고려하고 시간
은 고려하지 않았으므로 시간이라는 자원에 대한 인식 부재인
(다)에 해당한다.
㉢ C는 자원관리의 중요성을 인식하고 프로젝트를 완성하기 위해
나름의 계획을 세워 수행하였지만, 경험이 부족하여 계획한 대
로 진행하지 못하였으므로 노하우 부족인 (라)에 해당한다.
㉣ D는 홈쇼핑 시청 중 충동적으로 계획에 없던 여행 상품을 구매
하였으므로 비계획적 행동인 (가)에 해당한다.

29 정답 ⑤
색칠된 부분의 넓이를 구하기 위해서는 △CDE와 부채꼴 BCE의
넓이, 그리고 둘 사이의 색칠되지 않은 부분의 넓이를 알아야 한다.
- △CDE의 넓이 : $\dfrac{\sqrt{3}}{4} \times 12^2$ (∵ 정삼각형의 넓이 공식) → $36\sqrt{3}$
- 부채꼴 BCE의 넓이 : $12^2\pi \times \dfrac{30°}{360°}$ (∵ 부채꼴의 넓이 공식) → 12π
- [색칠되지 않은 부분(EC)의 넓이]=(부채꼴 CDE의 넓이)−
(△CDE의 넓이) → $24\pi - 36\sqrt{3}$
∴ (색칠된 부분의 넓이)=$36\sqrt{3} + 12\pi - (24\pi - 36\sqrt{3})$
$= 72\sqrt{3} - 12\pi$

30 정답 ①
정보관리의 3원칙
- 목적성 : 사용목표가 명확해야 한다.
- 용이성 : 쉽게 작업할 수 있어야 한다.
- 유용성 : 즉시 사용할 수 있어야 한다.

31 정답 ④
사회적 입증 전략이란 사람은 과학적 이론보다 자신의 동료나 이웃의
말이나 행동에 의해서 쉽게 설득된다는 전략이다.

오답분석
① See−Feel−Change 전략 : 시각화하고 직접 보게 하여 이해
시키고(See), 스스로가 느끼게 하여 감동시키며(Feel), 이를 통
해 상대방을 변화시켜(Change) 설득에 성공한다는 전략이다.
② 호혜 관계 형성 전략 : 협상 당사자 간에 어떤 혜택들을 주고받
은 관계가 형성되어 있으면 그 협상과정상의 갈등 해결에 용이
하다는 것이다.
③ 헌신과 일관성 전략 : 협상 당사자가 기대하는 바에 일관성 있
게 헌신적으로 부응하여 행동하게 되면 협상과정상의 갈등해
결이 용이하다는 것이다.
⑤ 희소성 해결 전략 : 인적, 물적 자원 등의 희소성을 해결하는
것이 협상과정상의 갈등 해결에 용이하다는 것이다.

32
정답 ⑤

인적자원으로부터의 성과는 인적자원의 욕구와 동기, 태도와 행동 그리고 만족감 여하에 따라 결정되고, 인적자원의 행동 동기와 만족감은 경영관리에 의해 조건화된다. 반면, 예산과 물적자원은 성과에 기여하는 정도에 있어서 자원 자체의 양과 질에 의해 지배된다.

33
정답 ①

설득은 논쟁이 아니라 논증을 통해 더욱 정교해지며, 공감을 필요로 한다. 나의 주장을 다른 사람에게 이해시켜 납득시키고 그 사람이 내가 원하는 행동을 하게 만드는 것이며, 이해는 머리로 하고 납득은 머리와 가슴이 동시에 공감되는 것을 말하고 이 공감은 논리적 사고가 기본이 된다. 따라서 ①의 내용은 상대방이 했던 이야기를 이해하도록 노력하면서 공감하려는 태도가 보이므로 '설득'임을 알 수 있다.

오답분석
② 상대의 생각을 모두 부정하지 않고, 상황에 따른 생각을 이해함으로써 새로운 지식이 생길 가능성이 있으므로 논리적 사고 구성요소 중 '타인에 대한 이해'에 해당한다.
③ 상대가 말하는 것을 잘 알 수 없어 구체적인 사례를 들어 이해하려는 것으로, 논리적 사고 구성요소 중 '구체적인 생각'에 해당한다.
④ 상대 주장에 대한 이해가 부족하다는 것을 인식해 상대의 논리를 구조화하려는 것으로, 논리적 사고 구성요소 중 '상대 논리의 구조화'에 해당한다.
⑤ 상대방의 말한 내용이 명확하게 이해가 안 되어 먼저 자신이 생각하여 이해하도록 노력하는 것으로, 논리적 사고 구성요소 중 '생각하는 습관'에 해당한다.

34
정답 ④

경력개발계획 수립 과정
1. 직무정보 탐색 : 관심 직무에 대한 모든 정보를 알아내는 단계이다.
2. 자신과 환경이해 : 자기인식 관련 워크숍 참여 등의 자기 탐색과 경력 상담 회사 · 기관을 방문하는 등의 환경 탐색이 이루어지는 단계이다.
3. 경력목표 설정 : 하고 싶은 일과 이를 달성하기 위해서는 어떻게 능력을 개발해야 하는지에 대하여 단계별 목표를 설정한다.
4. 경력개발 전략수립 : 경력목표를 달성하기 위한 활동계획을 수립한다.
5. 실행 및 평가 : 목표달성을 위해 전략에 따라 실행하고 도출된 결과를 검토 · 수정한다.

35
정답 ③

상대방에게 잘못을 지적하며 질책을 해야 할 때는 '칭찬의 말+질책의 말+격려의 말'의 순서인 샌드위치 화법으로 표현하는 것이 좋다. 즉, 칭찬을 먼저 한 다음 질책의 말을 하고, 끝에 격려의 말로 마무리한다면 상대방은 크게 반발하지 않고 질책을 받아들이게 될 것이다.

오답분석
① 상대방의 잘못을 지적할 때는 지금 당장의 잘못에만 한정해야 하며, 추궁하듯이 묻지 않아야 한다.
② 상대방의 말이 끝나기 전에 어떤 답을 할까 궁리하는 것은 좋지 않다.
④ 상대방을 설득해야 할 때는 일방적으로 강요하거나 상대방에게만 손해를 보라는 식으로 대화해서는 안 된다. 먼저 양보해서 이익을 공유하겠다는 의지를 보여주는 것이 좋다.
⑤ 상대방에게 명령을 해야 할 때는 강압적으로 말하기보다는 '~ 해주는 것이 어떻겠습니까?'와 같이 부드럽게 표현하는 것이 효과적이다.

36
정답 ④

제시문은 민주 시민으로서 기본적으로 지켜야 하는 의무와 생활자세인 준법정신에 대한 일화이다. 사회가 유지되기 위해서는 준법정신이 필요한 것처럼 직장생활에서도 조직의 운영을 위해 준법정신이 필요하다.

오답분석
① 봉사(서비스)에 대한 설명이다.
② 근면에 대한 설명이다.
③ 책임에 대한 설명이다.
⑤ 정직과 신용에 대한 설명이다.

37
정답 ②

• A : 비판적 사고의 목적은 단순히 주장의 단점을 찾아내는 것이 아니라, 종합적인 분석과 검토를 통해 그 주장이 타당한지 아닌지를 밝혀내는 것이다.
• D : 비판적 사고는 논증, 추론에 대한 문제의 핵심을 파악하는 방법을 통해 배울 수 있으며, 타고난 것이라고 할 수 없다.

38
정답 ③

기술 발전에 있어 환경 보호를 추구하는 점을 볼 때, 지속가능한 개발의 사례로 볼 수 있다. 지속가능한 개발은 경제 발전과 환경 보전의 양립을 위하여 새롭게 등장한 개념으로 볼 수 있으며, 미래 세대가 그들의 필요를 충족시킬 수 있는 가능성을 손상시키지 않는 범위에서 현재 세대의 필요를 충족시키는 개발인 것이다.

① 개발독재 : 개발도상국에서 개발이라는 이름으로 행해지는 정치적 독재를 말한다.
② 연구개발 : 자연과학기술에 대한 새로운 지식이나 원리를 탐색하고 해명하여, 그 성과를 실용화하는 일을 말한다.
④ 개발수입 : 기술이나 자금을 제3국에 제공하여 미개발자원 등을 개발하거나 제품화하여 수입하는 것을 말한다.
⑤ 조직개발 : 기업이 생산능률을 높이기 위하여 기업조직을 개혁하는 일을 말한다.

39　　　　　　　　　　　　　　　　　　정답 ③

(가) 허수아비 공격의 오류 : 상대가 의도하지 않은 것을 강조하거나 허점을 비판하여 자신의 주장을 내세운다.
(나) 성급한 일반화의 오류 : 적절한 증거가 부족함에도 불구하고 몇몇 사례만을 토대로 성급하게 결론을 내린다.
(다) 대중에 호소하는 오류 : 타당한 논거를 제시하지 않고 많은 사람들이 그렇게 생각하거나 행동한다는 것을 논거로 제시한다.

• 인신공격의 오류 : 주장이 아닌 상대방을 공격하여 논박한다.
• 애매성의 오류 : 여러 가지 의미로 해석될 수 있는 용어를 사용하여 혼란을 일으킨다.
• 무지의 오류 : 상대가 자신의 주장을 입증하지 못함을 근거로 상대를 반박한다.

40　　　　　　　　　　　　　　　　　　정답 ④

④는 성희롱이 아니라, 일과 가정의 양립을 존중해 주는 것이다.

41　　　　　　　　　　　　　　　　　　정답 ④

기존의 정보를 객관적으로 분석하는 것은 논리적 사고 또는 비판적 사고와 관련이 있다. 창의적 사고에는 성격, 태도에 걸친 전인격적 가능성이 포함되므로 모험심과 호기심이 많고 집념과 끈기가 있으며, 적극적·예술적·자유분방적일수록 높은 창의력을 보인다.

42　　　　　　　　　　　　　　　　　　정답 ④

주어진 순서도에 따라 출력되는 값을 계산하면 다음과 같다.

a	n
2	0
$3\times2+(-1)^2=7$	1
$3\times7+(-1)^7=20$	2
$3\times20+(-1)^{20}=61$	3
$3\times61+(-1)^{61}=182$	4
$3\times182+(-1)^{182}=547$	5

43　　　　　　　　　　　　　　　　　　정답 ①

ㄷ. 전자상거래는 거래에 관련된 모든 기관과의 관련 행위를 포함한다.
ㄹ. 인터넷이라는 전자 매체를 이용한 재화 및 용역 거래는 전자상거래이다.

44　　　　　　　　　　　　　　　　　　정답 ①

제품의 질은 우수하나 브랜드의 저가 이미지 때문에 매출이 좋지 않은 것이므로, 선입견을 제외하고 제품의 우수성을 증명할 수 있는 블라인드 테스트를 통해 제품의 우수성을 인정받는다. 그리고 그 결과를 홍보의 수단으로 사용하는 것이 가장 적절하다.

45　　　　　　　　　　　　　　　　　　정답 ②

초고령화 사회는 실버산업(기업)의 외부환경 요소로 볼 수 있으므로, 기회 요인으로 보는 것이 가장 적절하다.

① 제품의 우수한 품질은 기업의 내부환경 요소로 볼 수 있으며, 강점 요인이다.
③ 기업의 비효율적인 업무 프로세스는 기업의 내부환경 요소로 볼 수 있으며, 약점 요인이다.
④ 살균제 달걀 논란은 기업의 외부환경 요소로 볼 수 있으며, 위험 요인으로 보는 것이 가장 적절하다.
⑤ 근육운동 열품은 기업의 외부환경 요소로 볼 수 있으며, 기회로 보는 것이 가장 적절하다.

46　　　　　　　　　　　　　　　　　　정답 ④

저장매체에 저장된 자료는 시간이 지나도 언제든지 동일한 형태로 재생이 가능하므로 정적정보에 해당된다.

① 정보는 원래 형태 그대로 활용하거나 분석, 정리 등 가공하여 활용할 수 있다.
② 정보를 가공하는 것뿐만 아니라 일정한 형태로 재표현하는 것도 가능하다.
③ 시의성이 사라지면 정보의 가치가 떨어지는 동적정보와 달리 정적정보의 경우, 이용 후에도 장래에 활용을 하기 위해 정리하여 보존하는 것이 좋다.
⑤ 동적정보의 특징은 입수 후 처리한 경우에는 폐기하여도 된다는 것이다. 오히려 시간의 경과에 따라 시의성이 점점 떨어지는 동적정보를 축적하는 것은 비효율적이다.

47
정답 ⑤

비효율적인 일중독자의 특징
• 가장 생산성이 낮은 일을 가장 오래 하는 경향이 있다.
• 최우선 업무보다는 가시적인 업무에 전력을 다하는 경향이 있다.
• 자신이 할 수 있는 일은 다른 사람에게 맡기지 않는 경향이 있다.
• 위기 상황에 과잉 대처하는 경향이 있다.
• 작은 일을 과장하는 경향이 있다.

48
정답 ③

경청이란 다른 사람의 말을 주의 깊게 들으며, 공감하는 능력이다. 경청은 대화의 과정에서 당신에 대한 신뢰를 쌓을 수 있는 최고의 방법이다. 우리가 경청하면 상대는 본능적으로 안도감을 느끼고, 우리가 말을 할 경우 자신도 모르게 더 집중하게 된다.

49
정답 ①

사무인수인계는 문서에 의함을 원칙으로 하나, 기밀에 속하는 사항은 구두 또는 별책으로 인수인계할 수 있도록 한다.

50
정답 ④

A, B, C는 각자 자신이 해야 할 일이 무엇인지 잘 알고 있으며, 서로의 역할도 이해하는 모습을 볼 수 있다. 이처럼 효과적인 팀은 역할을 명확하게 규정한다.

51
정답 ③

ERP(Enterprise Resource Planning)는 기업 내 인사·재무·생산 등의 경영 활동 프로세스를 통합적으로 연결하여 관리해 주는 전사적 자원관리 시스템을 말한다.

오답분석

① TPS(Transaction Processing Systems) : 반복적이고 일상적인 거래를 처리하고 그 거래로 발생하는 여러 가지 데이터를 저장하고 관리하는 거래처리 시스템이다.
② MRP(Material Requirement Planning) : 컴퓨터를 이용하여 최종제품의 생산계획에 따라 그에 필요한 부품 소요량의 흐름을 종합적으로 관리하는 생산관리 시스템이다.
④ CRM(Customer Relationship Management) : 기업이 고객과 관련된 자료를 분석·통합해 고객 중심 자원을 극대화하고 이를 바탕으로 마케팅 활동을 계획·지원하는 고객관계 관리이다.
⑤ MIS(Management Information System) : 기업의 경영관리에 필요한 정보를 신속하게 수집하고, 종합적으로 가공하여 제공하는 경영정보 시스템이다.

52
정답 ③

자원은 크게 시간, 돈, 물적자원, 인적자원으로 나눌 수 있다. 이때, 자원이 하나라도 확보되지 않으면 어떤 일도 진행할 수 없으며, 한 가지 유형의 자원이 없음으로 인해 다른 유형의 자원 확보가 어려울 수 있다. 따라서 모든 사람에게 자원관리를 적절하게 할 수 있는 능력은 필수적이라고 할 수 있다.

오답분석

④ 시간, 돈, 물적자원, 인적자원은 모두 제한적이다. 자원을 효과적으로 확보, 유지, 활용하는 자원관리가 중요한 이유는 자원의 유한성 때문이다.
⑤ 오늘날 우리는 자연자원만을 자원이라고 하지 않으며, 시간의 중요성이 커짐에 따라 시간 역시 중요한 자원이 되고 있다.

53
정답 ④

과거에는 의사소통을 기계적인 정보의 전달만으로 이해하였다. 그러나 의사소통은 정보 전달 이상의 것으로, 일방적인 언어나 문서를 통해 의사를 전달하는 것은 의사소통이라고 할 수 없다. 의사소통은 상대방에게 메시지를 전달하는 과정이 아니라 상대방과의 상호작용을 통해 메시지를 다루는 과정이다. 따라서 성공적인 의사소통을 위해서는 상대방이 어떻게 받아들일 것인가에 대한 고려를 바탕으로 메시지를 구성하여야 한다.

54
정답 ⑤

많은 시간을 직장에서 보내는 일중독자는 최우선 업무보다 가시적인 업무에 전력을 다하는 경향이 있다. 장시간 일을 한다는 것은 오히려 자신의 일에 대한 시간관리능력의 부족으로 잘못된 시간관리 행동을 하고 있다는 것이다. 시간관리를 잘하여 일을 수행하는 시간을 줄일 수 있다면 일 외에 다양한 여가를 즐길 수 있을 것이다.

55
정답 ④

사냥개의 한 걸음의 길이를 am, 토끼의 한 걸음의 길이를 bm, 사냥개와 토끼의 속력을 각각 c, dm/s라고 하자.
사냥개의 두 걸음의 길이와 토끼의 세 걸음의 길이가 같으므로
$$2a=3b \rightarrow a=\frac{3}{2}b$$
사냥개가 세 걸음 달리는 시간과 토끼가 네 걸음 달리는 시간이 같으므로
$$\frac{3a}{c}=\frac{4b}{d} \rightarrow \frac{9}{2}bd=4bc \rightarrow 8c=9d$$
사냥개가 9m를 뛸 동안 토끼는 8m를 뛰므로 사냥개가 9m를 뛰어야 토끼와의 간격이 1m 줄어든다.
따라서 사냥개가 10m 앞선 토끼를 잡으려면 사냥개는 앞으로 90m를 더 달려야 한다.

56
정답 ①

작년 기획팀 팀원 전체 나이의 합은 $20 \times 35 = 700$세였다. 여기서 65세 팀원 A와 55세 팀원 B가 퇴직하였으므로 두 직원을 제외한 팀원 전체 나이의 합은 $700 - (65 + 55) = 580$세이다. 이때, 새로 입사한 팀원 C의 나이를 c세라고 하면, 다음의 식이 성립한다.

$$\frac{580 + c}{19} = 32$$

따라서 직원 C의 나이는 28세이다.

57
정답 ⑤

오답분석

① 계층제의 원리 : 조직의 목표를 달성하기 위한 업무를 수행함에 있어 권한과 책임의 정도에 따라 직위가 수직적으로 서열화되어 있는 것이다.
② 분업의 원리 : 조직의 업무를 직능 또는 성질별로 구분하여 한 사람에게 동일한 업무를 분담시키는 것이다.
③ 조정의 원리 : 조직 내에서 업무의 수행을 조절하고 조화로운 인간관계를 유지함으로써 협동의 효과를 최대한 거두려는 것이다.
④ 적도집권의 원리 : 중앙집권제와 분권제 사이에 적절한 균형을 도모하려는 것이다.

58
정답 ⑤

기계적 조직과 유기적 조직의 특징을 통해 안정적이고 확실한 환경에서는 기계적 조직이 적절하고, 급변하는 환경에서는 유기적 조직이 적절함을 알 수 있다.

기계적 조직과 유기적 조직의 특징

기계적 조직	유기적 조직
• 구성원들의 업무가 분명하게 정의된다. • 많은 규칙과 규제들이 있다. • 상하 간 의사소통이 공식적인 경로를 통해 이루어진다. • 엄격한 위계질서가 존재한다. • 대표적인 기계조직으로 군대를 볼 수 있다.	• 의사결정 권한이 조직의 하부구성원들에게 많이 위임되어 있다. • 업무가 고정되지 않고, 공유 가능하다. • 비공식적인 상호의사소통이 원활하게 이루어진다. • 규제나 통제의 정도가 낮아 변화에 따라 의사결정이 쉽게 변할 수 있다.

59
정답 ②

편리성 추구는 너무 편한 방향으로 자원으로 활용하는 것을 의미한다. 일회용품을 사용하는 것, 늦잠을 자는 것, 주위 사람들에게 멋대로 대하는 것 등이 이에 포함된다. 지나친 편리성 추구는 물적자원뿐만 아니라 시간과 돈의 낭비를 초래할 수 있으며, 주위의 인맥도 줄어들게 될 수 있다.

오답분석

① 비계획적 행동 : 자원을 어떻게 활용할 것인가에 대한 계획이 없는 것으로, 충동적이고 즉흥적으로 행동하여 자원을 낭비하게 된다.
③ 자원에 대한 인식 부재 : 자신이 가지고 있는 중요한 자원을 인식하지 못하는 것으로, 무의식적으로 자원을 낭비하게 된다.
④ 노하우 부족 : 자원관리의 중요성을 인식하면서도 자원관리에 대한 경험이나 노하우가 부족하여 자원을 효과적으로 활용할 줄 모르는 경우를 말한다.

60
정답 ②

3단계는 상대방의 입장을 파악하는 단계이다. 자신의 생각을 말한 뒤 A씨의 견해를 물으며 상대방의 입장을 파악하려는 ②가 3단계에 해당하는 대화로 가장 적절하다.

제2회 모의고사 정답 및 해설

01	02	03	04	05	06	07	08	09	10
②	④	④	⑤	①	④	①	④	③	④
11	12	13	14	15	16	17	18	19	20
⑤	④	⑤	②	④	①	③	②	⑤	③
21	22	23	24	25	26	27	28	29	30
③	②	⑤	②	①	④	②	⑤	④	②
31	32	33	34	35	36	37	38	39	40
②	③	②	②	④	①	②	⑤	①	③
41	42	43	44	45	46	47	48	49	50
④	①	②	④	⑤	②	③	①	①	⑤
51	52	53	54	55	56	57	58	59	60
③	④	⑤	①	③	②	②	⑤	⑤	④

01 정답 ②

문서이해의 절차
1. 문서의 목적을 이해
2. 문서가 작성되게 된 배경과 주제 파악
3. 문서의 정보를 밝혀내고 문서가 제시하고 있는 현안 문제 파악
4. 문서를 통해 상대방의 욕구와 의도 및 요구되는 행동에 대한 내용 분석
5. 문서에서 이해한 목적 달성을 위해 취해야 할 행동을 생각하고 결정
6. 상대방의 의도를 도표나 그림 등으로 메모하여 요약·정리

02 정답 ④

A씨의 아내는 A씨가 자신의 이야기에 공감해주길 바랐지만, A씨는 아내의 이야기를 들어주기보다는 해결책을 찾아 아내의 문제에 대해 조언하려고만 하였다. 즉, 아내는 마음을 털어놓고 남편에게 위로받고 싶었지만, A씨의 조언하려는 태도 때문에 더 이상 대화가 이어질 수 없었다.

오답분석
① 짐작하기 : 상대방의 말을 듣고 받아들이기보다 자신의 생각에 들어맞는 단서들을 찾아 자신의 생각을 확인하는 것이다.
② 걸러내기 : 상대의 말을 듣기는 하지만 상대방의 메시지를 온전하게 듣는 것이 아닌 경우이다.

③ 판단하기 : 상대방에 대한 부정적인 판단 때문에, 또는 상대방을 비판하기 위하여 상대방의 말을 듣지 않는 것이다.
⑤ 옳아야만 하기 : 자존심이 강한 사람은 자존심에 관한 것을 전부 막아버리려 하기 때문에 자신의 부족한 점에 대한 상대방의 말을 들을 수 없게 된다.

03 정답 ④

시각화는 문서의 핵심을 파악하기 용이하도록 하는 것이므로, 구체적 자료를 모두 담기보다는 핵심 내용만 담는 것이 효과적이다.

> **문서를 시각화할 때 고려해야 하는 사항**
> • 보기 쉬워야 한다.
> • 이해하기 쉬워야 한다.
> • 다채롭게 표현해야 한다.
> • 숫자는 그래프로 표시한다.

04 정답 ⑤

ⓒ 시간계획을 하는 데 있어서 가장 중요한 것은 그 계획을 따르는 것이지만, 너무 계획에 얽매여서는 안 된다. 이를 방지하기 위해 융통성 있는 시간계획을 세워야 한다.
ⓓ 시간계획을 세우더라도 실제 행동할 때는 차이가 발생하기 마련이다. 자신은 뜻하지 않았지만 다른 일을 해야 할 상황이 발생할 수 있기 때문이다. 따라서 이를 염두하고 시간계획을 세우는 것이 중요하다.
ⓔ 이동시간이나 기다리는 시간 등 자유로운 여유 시간도 시간계획에 포함하여 활용해야 한다.

05 정답 ①

예산관리는 활동이나 사업에 소요되는 비용을 산정하고, 예산을 편성하는 것뿐만 아니라 예산을 통제하는 것 모두를 포함한다고 할 수 있다. 즉, 예산을 수립하고 집행하는 모든 일을 예산관리라고 할 수 있다.

06
정답 ④

조직목표의 기능
- 조직이 존재하는 정당성과 합법성 제공
- 조직이 나아갈 방향 제시
- 조직 구성원 의사결정의 기준
- 조직 구성원 행동수행의 동기 유발
- 수행평가의 기준
- 조직설계의 기준

07
정답 ①

보고서는 업무 진행 및 결과 보고에서 쓰는 경우가 대부분이므로 무엇을 도출하고자 했는지 핵심내용을 구체적으로 제시해야 한다. 내용의 중복을 피하고 간결하게 작성하며, 복잡한 내용일 때에는 도표나 그림을 활용한다. 또한, 보고서는 개인의 업무 결과를 평가하는 기본요인이므로 제출하기 전에 최종점검을 해야 한다. 따라서 P사원이 작성해야 할 문서는 보고서이다.

08
정답 ④

한자음 '녀'가 단어 첫머리에 올 때는 두음 법칙에 따라 '여'로 적으나, 의존 명사의 경우는 '녀' 음을 인정한다. 해를 세는 단위의 '년'은 의존 명사이므로 ④의 '연'은 '년'으로 적어야 한다.

오답분석
① 이사장의 말을 직접 인용하고 있으므로 '라고'의 쓰임은 적절하다.
② '말'이 표현을 하는 도구의 의미로 사용되었으므로 '로써'의 쓰임은 적절하다.
③ 받침 'ㅇ'으로 끝나는 말 뒤에 쓰였으므로 '률'의 쓰임은 적절하다.
⑤ 아라비아 숫자만으로 연월일을 모두 표시하고 있으므로 마침표의 사용은 적절하다.

09
정답 ③

김대리는 의지와 욕구는 있지만 업무전환에 대한 인식과 자기이해 노력이 부족했다. 직업인으로서 자신이 원하는 직업을 갖고 일을 효과적으로 수행하기 위해서는 장기간에 걸친 치밀한 준비와 노력이 필요하며, 자신을 분명하게 아는 것이 선행되어야 한다.

10
정답 ④

오답분석
① 단기적인 대응책보다는 장기적인 관점에서 성장할 방법을 찾아야 할 필요가 있다.
② 과거에 했던 일과 지금 하는 일을 모두 고려하여 자신의 흥미에 대해 고민해야 한다.
③ 업무에 대한 의지와 욕구는 이미 가지고 있다.
⑤ 자기개발로 지향하는 바는 개별적인 과정으로, 사람마다 다르다.

11
정답 ⑤

제시문에서는 '응용프로그램과 데이터베이스를 독립시킴으로써 데이터를 변경시키더라도 응용프로그램은 변경되지 않는다.'고 하였다. 따라서 데이터 논리적 의존성이 아니라 데이터 논리적 독립성이 적절하다.

오답분석
① '다량의 데이터는 사용자의 질의에 대한 신속한 응답 처리를 가능하게 한다.'라는 내용이 실시간 접근성에 해당한다.
② '삽입, 삭제, 수정, 갱신 등을 통하여 항상 최신의 데이터를 유동적으로 유지할 수 있으며'라는 내용을 통해 데이터베이스는 그 내용을 변화시키면서 계속적인 진화를 하고 있음을 알 수 있다.
③ '여러 명의 사용자가 동시에 공유할 수 있고'라는 부분에서 동시 공유가 가능함을 알 수 있다.
④ '각 데이터를 참조할 때는 사용자가 요구하는 내용에 따라 참조가 가능함'이라는 부분에서 내용에 의한 참조인 것을 알 수 있다.

12
정답 ④

(가) 하드 어프로치 : 하드 어프로치에 의한 문제해결 방법은 상이한 문화적 토양을 가지고 있는 구성원을 가정하고, 서로의 생각을 직설적으로 주장하고 논쟁이나 협상을 통해 서로의 의견을 조정해 가는 방법이다.
(나) 퍼실리테이션 : 퍼실리테이션이란 '촉진'을 의미하며, 어떤 그룹이나 집단이 의사결정을 잘 하도록 도와주는 일을 의미한다. 퍼실리테이션에 의한 문제해결 방법은 깊이 있는 커뮤니케이션을 통해 서로의 문제점을 이해하고 공감함으로써 창조적인 문제해결을 도모한다.
(다) 소프트 어프로치 : 소프트 어프로치에 의한 문제해결 방법은 대부분의 기업에서 볼 수 있는 전형적인 스타일로 조직 구성원들을 같은 문화적 토양을 가지고 이심전심으로 서로를 이해하는 상황을 가정한다.

13
정답 ⑤

B의 행동은 정직하고 성실한 노력을 꾸준히 하는 것만으로도 성공할 수 있다는 교훈을 주고 있다. B가 항상 해오던 정직과 성실함이 성업을 이루는 밑거름이 되었다.

14
정답 ②

임펠러 날개깃이 피로 현상으로 인해 결함을 일으킬 수 있다고 하였기 때문에 기술적 원인에 해당한다. 기술적 원인에는 기계 설계 불량, 재료의 부적합, 생산 공정의 부적당, 정비·보존 불량 등이 해당된다.

오답분석
① 작업 관리상 원인 : 안전 관리 조직의 결함, 안전 수칙 미제정, 작업 준비 불충분, 인원 배치 및 작업 지시 부적당 등
③ 교육적 원인 : 안전 지식의 불충분, 안전 수칙의 오해, 경험이나 훈련의 불충분과 작업관리자의 작업 방법의 교육 불충분, 유해 위험 작업 교육 불충분 등

15 정답 ④

층마다 높이는 동일하므로 건물 한 층의 높이는 $24 \div 8 = 3$m이다. 옥상의 넓이는 $17 \times 10 = 170$m^{2}이고, 7~8층의 4개의 면 넓이는 $[(10 \times 3 \times 2) + (17 \times 3 \times 2)] \times 2 = 162 \times 2 = 324$m^{2}이다. 따라서 태양광 패널 설치비용은 $(170 + 324) \times 30 = 494 \times 30 = 14,820$만 원이다.

16 정답 ①

사람의 행동이나 사회현상에는 기존패턴을 반복하려는 경향, 즉 타성이 존재한다. 도덕적 타성이란 나태함이나 게으름의 뜻을 내포하고 있는데, 바람직한 행동이 무엇인지 알면서 하지 않는 무기력한 모습을 말한다. 매출실적을 확대하기 위하여 거래 업체에 리베이트(부정한 금품)를 제공한다면, 윤리적인 올바름보다 당장의 매출실적이 선호대상이 되었기 때문에 이는 도덕적 타성에서 벗어나야만 해결이 가능하다.

17 정답 ③

비윤리적인 행위는 윤리적인 문제에 대하여 제대로 인식하지 못하는 데서 기인한다. 또한, 사람들이 가지고 있는 낙관적인 성향, 즉 비윤리적인 행동이 미치는 영향에 대하여 별거 아니라고 생각하거나 저절로 좋아질 것이라고 생각하는 데도 원인이 있다. 또한 일상생활에서 윤리적인 배려가 선택의 우선순위에서 밀려나거나 비윤리적 행위라는 것은 분명히 알고 있으나 그것과 서로 충돌하는 다른 가치가 있을 경우, 그것을 선호하는 경우이다.

18 정답 ②

문제란 업무를 수행함에 있어서 답을 요구하는 질문이나 의논하여 해결해야 하는 사항을 의미한다. 문제는 흔히 문제점과 구분하지 않고 사용되는데, 문제점이란 문제의 원인이 되는 사항으로, 해결을 위해서 손을 써야 할 대상을 말한다.

19 정답 ⑤

(평균 속력)$= \dfrac{(전체\ 이동\ 거리)}{(전체\ 소요\ 시간)}$

• 전체 이동 거리 : $(20 \times 10) + (20 \times 6) + (20 \times 4) = 400$km
• 전체 소요 시간 : 4시간

∴ (평균 속력)$= \dfrac{400}{4} = 100$km/h

20 정답 ③

박팀장은 갈등이 드러남으로써 문제해결의 실마리를 더 빨리 공동으로 모색할 수 있는 긍정적인 효과로 이끌고 있으므로, 갈등이 부정적인 결과를 초래한다는 인식을 전제로 하고 있다고 볼 수 없다.

21 정답 ③

제시된 결과를 이용해 성별·방송사별 응답자 수를 구하면 다음과 같다.

구분	남자	여자
전체 응답자 수	$\dfrac{40}{100} \times 200 = 80$명	$\dfrac{60}{100} \times 200 = 120$명
S사 응답자 수	18명	$\dfrac{50}{100} \times 120 = 60$명
K사 응답자 수	30명	40명
M사 응답자 수	$\dfrac{40}{100} \times 80 = 32$명	20명

즉, S방송사의 오디션 프로그램을 좋아하는 사람은 $18 + 60 = 78$명이다. 따라서 S방송사의 오디션 프로그램을 좋아하는 사람 중 남자의 비율은 $\dfrac{18}{78} = \dfrac{3}{13}$이다.

22 정답 ②

레이더 차트(방사형 그래프, 거미줄 그래프)에 대한 설명이다.

오답분석
① 막대 그래프 : 세로 또는 가로 막대로 사물의 양을 나타내며, 크고 작음을 한 눈에 볼 수 있기 때문에 편리하다.
③ 선 그래프 : 꺾은선 그래프라고도 하며, 시간에 따라 지속적으로 변화하는 것을 기록할 때 편리하다. 조사하지 않은 중간값도 대략 예측할 수 있다.
④ 층별 그래프 : 합계와 각 부분의 크기를 백분율 또는 실수로 나타내고, 시간적 변화를 보고자 할 때 쓰인다.
⑤ 점 그래프 : 통계학에서 데이터들의 분포를 점으로 나타내며, 점의 개수로 양의 많고 적음을 나타내는 그래프이다.

23 정답 ⑤

L사원이 자기개발을 하지 못하는 이유는 자기실현에 대한 욕구보다 인간의 기본적인 생리적 욕구를 더 우선적으로 여기기 때문이다.

24
정답 ②

해결안별 세부실행내용을 구체적으로 작성하는 것은 실행의 목적과 과정별 진행 내용을 일목요연하게 파악하도록 하는 것으로써, '실행계획 수립' 단계에 해당한다.

25
정답 ①

제시문에서 나타난 A, B, C사가 수행한 기술 선택 방법은 벤치마킹이다. 벤치마킹이란 단순한 모방과는 달리 특정 분야에서 우수한 기업이나 성공한 상품, 기술, 경영 방식 등의 장점을 충분히 익힌 후 자사의 환경에 맞추어 재창조하는 것을 의미한다.

오답분석

④ 비교대상에 따른 벤치마킹의 종류

비교대상에 따른 분류	내용
내부 벤치마킹	같은 기업 내의 다른 지역, 타 부서, 국가 간의 유사한 활용을 비교 대상으로 함
경쟁적 벤치마킹	동일 업종에서 고객을 직접적으로 공유하는 경쟁기업을 대상으로 함
비경쟁적 벤치마킹	제품, 서비스 및 프로세스의 단위 분야에 있어 가장 우수한 실무를 보이는 비경쟁적 기업 내의 유사 분야를 대상으로 함
글로벌 벤치마킹	프로세스에 있어 최고로 우수한 성과를 보유한 동일업종의 비경쟁적 기업을 대상으로 함

⑤ 수행방식에 따른 벤치마킹의 종류

수행방식에 따른 분류	내용
직접적 벤치마킹	벤치마킹 대상을 직접 방문하여 수행하는 방법
간접적 벤치마킹	인터넷 검색 및 문서 형태의 자료를 통해서 수행하는 방법

26
정답 ④

ⓒ · ⓔ C금융사는 비경쟁적 관계에 있는 신문사를 대상으로 한 비경쟁적 벤치마킹과 직접 방문을 통한 직접적 벤치마킹을 수행하였다.

오답분석

㉠ 내부 벤치마킹에 대한 설명이다.
ⓛ 경쟁적 벤치마킹에 대한 설명이다.
ⓜ 간접적 벤치마킹에 대한 설명이다.

27
정답 ②

고객은 대출 이자가 잘못 나갔다고 생각하며, 일처리를 잘못한다고 의심하는 상황이기 때문에 의심형 불만고객이다.

불만고객 유형
• 거만형 : 자신의 과시욕을 드러내고 싶어 하는 고객으로, 보통 제품을 폄하하는 고객이다.
• 의심형 : 직원의 설명이나 제품의 품질에 대해 의심을 많이 하는 고객이다.
• 트집형 : 사소한 것으로 트집을 잡는 까다로운 고객이다.
• 빨리빨리형 : 성격이 급하고, 확신 있는 말이 아니면 잘 믿지 않는 고객이다.

28
정답 ⑤

ⓒ 빠른 해결을 약속하지 않으면 다른 불만을 야기하거나 불만이 더 커질 수 있다.
ⓔ 고객의 불만이 대출과 관련된 내용이기 때문에 이 부분에 대해 답변을 해야 한다.

오답분석

㉠ 해결 방안은 고객이 아닌 K기관에서 제시하는 것이 적절하다.
ⓛ 불만을 동료에게 전달하는 것은 고객의 입장에서는 알 필요가 없는 정보이기 때문에 굳이 말할 필요가 없다.

29
정답 ④

ⓒ은 긴급하면서도 중요한 문제이므로 제일 먼저 해결해야 하는 1순위에 해당하며, ⓛ은 중요하지만 상대적으로 긴급하지 않으므로 계획하고 준비해야 할 문제인 2순위에 해당한다. ㉠은 긴급하지만 상대적으로 중요하지 않은 업무이므로 3순위에 해당하고, 마지막으로 중요하지도 긴급하지도 않은 ⓔ은 4순위에 해당한다.

30
정답 ②

구입한 제품 A의 수를 a개, 제품 B의 개수를 b개라고 하자.
$600a + 1,000b = 12,000$
→ $3a + 5b = 60$
a와 b를 (a, b)의 순서쌍으로 나타내면 다음과 같다.
$(0, 12)$, $(5, 9)$, $(10, 6)$, $(15, 3)$, $(20, 0)$
따라서 A와 B를 살 수 있는 경우의 수는 5가지이다.

31
정답 ②

• A : 창의적 사고는 아무것도 없는 무에서 유를 만들어 내는 것이 아니라, 끊임없이 참신한 아이디어를 산출하는 힘이다.
• D : 필요한 물건을 싸게 사기 위해서 하는 많은 생각들도 창의적 사고에 해당한다. 즉, 위대한 창의적 사고에서부터 일상생활의 조그마한 창의적 사고까지 창의적 사고의 폭은 넓으며, 우리는 매일매일 창의적 사고를 하고 있다고 볼 수 있다.

32 　　　　　　　　　　　　　　　　　정답 ③

세탁기 신상품의 컨셉이 중년층을 대상으로 하기 때문에 성별이 아닌 연령에 따라 자료를 분류하여 중년층의 세탁기 선호 디자인에 대한 정보가 필요함을 알 수 있다.

33 　　　　　　　　　　　　　　　　　정답 ②

㉠ 사업추진 경험을 강점으로 활용하여 예산 확보가 어렵다는 위협요소를 제거해 나가는 전략으로서 ST전략에 해당한다.
㉢ 국토정보 유지관리사업은 이미 강점에 해당하므로, 약점을 보완하여야 하는 WO전략으로 적절하지 않다.

34 　　　　　　　　　　　　　　　　　정답 ②

피장파장의 오류는 상대방의 잘못을 들추어 서로 낫고 못함이 없다고 주장하여 자신의 잘못을 정당화하는 오류이다.

오답분석

① 성급한 일반화의 오류 : 제한된 증거를 기반으로 성급하게 어떤 결론을 도출하는 오류이다.
③ 군중에 호소하는 오류 : 군중 심리를 자극하여 논지를 받아들이게 하는 오류이다.
④ 인신공격의 오류 : 주장하는 사람의 인품·직업·과거 정황을 트집 잡아 비판하는 오류이다.
⑤ 흑백사고의 오류 : 세상의 모든 일을 흑 또는 백이라는 이분법적 사고로 바라보는 오류이다.

35 　　　　　　　　　　　　　　　　　정답 ④

A씨는 주중에는 회사에서 패션디자이너로 일을 하고, 퇴근 후와 주말시간에는 유튜버로 활동하는 투잡을 가진 사람이다. 최근 사회 환경의 변화에 따라 투잡을 희망하거나 가지고 있는 사람이 꾸준히 증가하고 있다.

오답분석

① 청년실업은 외환위기 이후 우리나라 노동시장에서 부각된 문제로, 경기 침체 시 대부분의 기업들은 우선적으로 신규채용을 억제하기 때문에 청년 노동시장은 경기변동에 매우 민감한 특징이 있다.
② 전 세계적으로 창업이 증가하는 추세로, 최근에는 인터넷의 확산으로 공간이나 시간의 제약 없이 손쉽게 창업을 하고 있으며, 여성들의 창업도 증가하고 있다.
③ 지식과 정보의 폭발적인 증가로 새로운 기술개발에 따라 직업에서 요구되는 능력도 변화하고 있으며, 지속적인 능력개발이 필요한 시대가 되었다.
⑤ 우리나라의 경우 경쟁력 있는 복리후생 제도와 일과 삶의 균형에 대한 관심이 증가하고 있다.

36 　　　　　　　　　　　　　　　　　정답 ①

지속적인 경기불황에 따라 2개 혹은 그 이상의 직업을 가지는 사람이 늘고 있다. 특히 주 5일제와 주 52시간 근무제가 시행되면서 이러한 투잡은 더욱 확대되고 있으며, 경제적 이유, 자아실현, 실직 대비 등의 이유로 투잡을 원하는 사람들이 늘어가고 있다. 또한 취업 이후에도 지속적인 경력 개발의 중요성이 점점 커지고 있으며 환경의 변화가 잦고, 평생직장이라는 개념이 약해지면서 취업 이후에도 자신의 직업을 유지하기 위해 노력하는 것이 좋다.

37 　　　　　　　　　　　　　　　　　정답 ②

거래적 리더십은 기계적 관료제에 적합하고, 변혁적 리더십은 단순구조나 임시조직, 경제적응적 구조에 적합하다.
• 거래적 리더십 : 리더와 조직원들이 이해타산적 관계에 의해 규정에 따르며, 합리적인 사고를 중시하고 보강으로 동기를 유발한다.
• 변혁적 리더십 : 리더와 조직원들이 장기적 목표 달성을 추구하고, 리더는 조직원의 변화를 통해 동기를 부여하고자 한다.

38 　　　　　　　　　　　　　　　　　정답 ⑤

업무의 공공성을 바탕으로 공사구분을 명확히 하고, 모든 것을 숨김없이 투명하게 처리하는 원칙은 객관성의 원칙이다.

> **직업윤리의 5대 원칙**
> • 객관성의 원칙
> • 고객중심의 원칙
> • 전문성의 원칙
> • 정직과 신용의 원칙
> • 공정경쟁의 원칙

39 　　　　　　　　　　　　　　　　　정답 ①

기술시스템(Technological System)은 개별 기술이 네트워크로 결합하는 것을 말한다. 인공물의 집합체만이 아니라 투자회사, 법적 제도, 정치, 과학, 자연자원을 모두 포함하는 것으로 사회기술시스템이라고도 한다.

40 　　　　　　　　　　　　　　　　　정답 ③

비판적 사고를 발휘하는 데에는 개방성, 융통성 등이 필요하다. 개방성은 다양한 여러 신념들이 진실일 수 있다는 것을 받아들이는 태도로, 편견이나 선입견에 의하여 결정을 내려서는 안 된다. 융통성은 개인의 신념이나 탐구 방법을 변경할 수 있는 태도로, 비판적 사고를 위해서는 특정한 신념의 지배를 받는 고정성, 독단적 태도 등을 배제해야 한다. 따라서 비판적 평가에서 가장 낮은 평가를 받게 될 지원자는 본인의 신념을 갖고 상대를 끝까지 설득하겠다는 C지원자이다.

41
정답 ④

문제 도출은 선정된 문제를 분석하여 해결해야 할 것이 무엇인지를 명확히 하는 단계로, (가) 문제 구조 파악과 (나) 핵심 문제 선정의 절차를 거쳐 수행된다. 이때, 문제 구조 파악을 위해서는 현상에 얽매이지 말고 문제의 본질과 실제를 봐야 하며, 한쪽만 보지 말고 다면적으로 보며, 눈앞의 결과만 보지 말고 넓은 시야로 문제를 바라봐야 한다.

42
정답 ①

P부장은 자신감이 있고 지도력이 있으나, 논쟁적이고 독단이 강하여 대인 갈등을 겪을 수 있는 지배형에 해당한다. P부장에게는 타인의 의견을 경청하고 수용하는 자세가 필요하다.

오답분석
② 냉담형 : 이성적인 의지력이 강하고 타인의 감정에 무관심하고 피상적인 대인관계를 유지하므로, 타인의 감정 상태에 관심을 가지고 긍정적 감정을 표현하는 것이 필요하다.
③ 고립형 : 혼자 있는 것을 선호하고 사회적 상황을 회피하며 지나치게 자신의 감정을 억제하므로, 대인관계의 중요성을 인식하고 타인에 대한 비현실적인 두려움의 근원을 성찰해 볼 필요가 있다.
④ 복종형 : 수동적이고 의존적이며 자신감이 없으므로, 적극적인 자기표현과 주장이 필요하다.
⑤ 친화형 : 따뜻하고 인정이 많고 자기희생적이나 타인의 요구를 거절하지 못하므로, 타인과의 정서적인 거리를 유지하는 노력이 필요하다.

43
정답 ②

오답분석
① 분권화 : 의사결정 권한이 하급기관에 위임되는 조직구조이다.
③ 수평적 : 부서의 수가 증가하는 것으로 조직구조의 복잡성에 해당한다.
④ 공식성 : 조직 구성원의 행동이 어느 정도의 규칙성, 몰인격성을 갖는지에 대한 정도를 말한다.
⑤ 유기적 : 조직이 생물체처럼 서로 밀접하게 관련되어 있어 뗄 수 없게 된 것이다.

44
정답 ④

협상과정의 단계에 따르면 간접적인 방법으로 협상의사를 전달(협상시작 단계) → 적극적으로 자기주장 제시(상호이해 단계) → 분할과 통합 기법을 활용하여 이해관계 분석(실질이해 단계) → 협상 안건마다 대안 평가(해결대안 단계) → 합의문 작성(합의문서 단계)의 순서이다.

45
정답 ⑤

색인이란 주요 키워드나 주제어를 소장하고 있는 정보원을 관리하는 방법으로, 정보를 찾을 때 쓸 수 있는 키워드인 색인어와 색인어의 출처인 위치 정보로 구성한 것이다. 요리연구가 A씨는 요리의 주재료를 키워드로 하여 출처와 함께 정보를 기록하였다.

오답분석
① 목록 : 정보에서 중요한 항목을 찾아 기술한 후 정리한 것이다.
② 목차 : 책이나 서류 따위에서 항목 제목과 해당 쪽 번호를 차례대로 적은 목록으로, 그 내용을 간략하게 알거나 쉽게 찾아볼 수 있게 한 것이다.
③ 분류 : 유사한 정보끼리 모아 체계화하여 정리한 것이다.
④ 초록 : 논문 등 글의 앞부분에서 그 요지를 간략히 설명해 놓은 것이다.

46
정답 ②

B사원은 현재 문제 상황과 관련이 없는 A사원의 업무 스타일을 근거로 들며, A사원의 의견을 무시하고 있다. 즉, 상대방에 대한 부정적인 판단 때문에 상대방의 말을 듣지 않는 태도가 B사원의 경청을 방해하고 있는 것이다.

오답분석
① 짐작하기 : 상대방의 말을 듣고 받아들이기보다 자신의 생각에 들어맞는 단서들을 찾아 자신의 생각을 확인하는 것이다.
③ 조언하기 : 지나치게 다른 사람의 문제를 본인이 해결해 주고자 하여 상대방의 말끝마다 조언하려고 끼어드는 것이다.
④ 비위 맞추기 : 상대방을 위로하기 위해서 혹은 비위를 맞추기 위해서 너무 빨리 동의하는 것이다.
⑤ 대답할 말 준비하기 : 상대방의 말을 듣고 곧 자신이 다음에 할 말을 생각하기에 바빠 상대방의 말을 잘 듣지 않는 것이다.

47
정답 ③

제시된 사례에 나타난 의사표현에 영향을 미치는 요소는 연단공포증이다. 연단공포증은 90% 이상의 사람들이 호소하는 불안이므로, 이러한 심리현상을 잘 통제하면서 표현을 한다면 청자는 더 인간답다고 생각하게 될 것이다. 이러한 공포증은 본질적인 것이기 때문에 완전히 치유할 수는 없으나, 노력에 의해서 심리적 불안을 어느정도 유화시킬 수 있다. 따라서 완전히 치유할 수 있다는 ③은 적절하지 않다.

48
정답 ①

㉠은 능력주의, ㉡은 적재적소주의, ㉢은 적재적소주의, ㉣은 능력주의이다. 개인에게 능력을 발휘할 수 있는 기회와 장소를 부여하고, 그 성과를 바르게 평가한 뒤 평가된 능력과 실적에 대해 그에 상응하는 보상을 주는 능력주의 원칙은 적재적소주의 원칙의 상위개념이라고 할 수 있다. 따라서 적재적소주의는 능력주의의 하위개념에 해당한다.

49
정답 ①

인맥을 활용하면 각종 정보와 정보의 소스를 주변 사람으로부터 획득할 수 있다. 또한, '나' 자신의 인간관계나 생활에 대해서 알 수 있으며, 이로 인해 자신의 인생에 탄력을 불어넣을 수 있다. 그리고 주변 사람들의 참신한 아이디어를 통해 자신만의 사업을 시작할 수도 있다. 따라서 A사원의 메모는 모두 옳은 내용이다.

50
정답 ⑤

RFID 태그의 종류에 따라 반복적으로 데이터를 기록하는 것이 가능하며, 물리적인 손상이 없는 한 반영구적으로 이용할 수 있다.

> **RFID**
> 무선 주파수(RF; Radio Frequency)를 이용하여 대상을 식별(IDentification)하는 기술로, 정보가 저장된 RFID 태그를 대상에 부착한 뒤 RFID 리더를 통하여 정보를 인식한다. 기존의 바코드를 읽는 것과 비슷한 방식으로 이용되나, 바코드와 달리 물체에 직접 접촉하지 않고도 데이터를 인식할 수 있으며, 여러 개의 정보를 동시에 인식하거나 수정할 수 있다. 또한, 바코드에 비해 많은 양의 데이터를 허용함에도 데이터를 읽는 속도가 매우 빠르며 데이터의 신뢰도 또한 높다.

51
정답 ③

자원 활용 계획을 수립할 때는 자원의 희소성이 아닌 자원이 투입되는 활동의 우선순위를 고려하여 자원을 할당해야 한다.

52
정답 ④

상대방이 이해하기 어려운 전문적 언어(ㄹ)나 단조로운 언어(ㅁ)는 의사표현에 사용되는 언어로 적절하지 않다.

오답분석

의사표현에 사용되는 언어로는 이해하기 쉬운 언어(ㄱ), 상세하고 구체적인 언어(ㄴ), 간결하면서 정확한 언어(ㄷ), 문법적 언어(ㅂ), 감각적 언어 등이 있다.

53
정답 ⑤

일을 할 때에 너무 큰 단위로 하지 않고 작은 단위로 나누어 수행하는 것이 좋다. 작은 성공의 경험들이 축적되어 자신에 대한 믿음이 강화되면 보다 큰 일을 할 수 있기 때문이다. 즉, 작은 단위의 업무로 조금씩 성취감을 느끼는 것이 흥미와 적성을 개발하는 데 적절하다.

54
정답 ①

영리기반 공유경제 플랫폼은 효율적이지만, 노동자의 고용안정성을 취약하게 하고 소수에게 이익이 독점되는 문제가 있다.

55
정답 ③

경영활동은 조직의 효과성을 높이기 위해 총수입 극대화, 총비용 극소화를 통해 이윤을 창출하는 외부경영활동과 조직내부에서 인적, 물적 자원 및 생산기술을 관리하는 내부경영활동으로 구분할 수 있다. 인도네시아 현지 시장의 규율을 조사하는 것은 시장진출을 준비하는 과정으로, 외부경영활동에 해당된다.

오답분석

① 추후 진출 예정인 인도네시아 시장 고객들의 성향을 미리 파악하는 것은 외부경영활동이다.
② 가동률이 급락한 중국 업체를 대신해 국내 업체들과의 협력안을 검토하는 것은 내부 생산공정 관리와 같은 내부경영활동에 해당된다.
④ 내부 엔진 조립 공정을 개선하면 생산성을 증가시킬 수 있다는 피드백에 따라 이를 위한 기술개발에 투자하는 것은 생산관리로서, 내부경영활동에 해당된다.
⑤ 다수의 직원들이 유연근무제를 원한다는 설문조사 결과에 따라 유연근무제의 일환인 탄력근무제를 도입하여 능률적으로 인력을 관리하는 것은 내부경영활동에 해당한다.

56
정답 ③

농도가 10% 소금물의 양을 xg, 농도가 4% 소금물의 양을 yg이라 하면 다음과 같은 식이 성립한다.

$$\left(\frac{10}{100} \times x\right) + \left(\frac{4}{100} \times y\right) = \frac{8}{100} \times (x+y) \cdots ㉠$$

$$\left\{\frac{8}{100}(x+y-100)\right\} + 20 = \frac{12}{100}(x+y-100+20) \cdots ㉡$$

두 식을 간단히 정리하면

$x = 2y \cdots ㉠'$

$x + y = 540 \cdots ㉡'$

㉡'에 ㉠'을 대입하면 $2y + y = 540$이므로

$y = 180$이고 $x = 360$이다.

따라서 농도가 10%인 소금물의 양은 360g이다.

57
정답 ②

A종목에서 상을 받은 사람의 수를 $P(A)$, B종목에서 상을 받은 사람의 수를 $P(B)$, A종목과 B종목 모두 상을 받은 사람의 수를 $P(A \cap B)$라 할 때 다음과 같은 식이 성립한다.

• $P(A) + P(B) - P(A \cap B) = 30 \cdots ①$
• $P(A) = P(B) + 8 \cdots ②$

이때 $P(A \cap B) = 10$이므로

• $P(A) + P(B) = 40 \cdots ㉠$
• $P(A) = P(B) + 8 \cdots ㉡$

㉠과 ㉡을 연립하면 $P(A) = 24$, $P(B) = 16$이다.

따라서 A종목에서 상을 받은 사람의 상금의 합은 $24 \times 50,000 = 1,200,000$원이다.

58
정답 ⑤

시간관리를 통해 스트레스 감소, 균형적인 삶, 생산성 향상, 목표 성취 등의 효과를 얻을 수 있다.

시간관리를 통해 얻을 수 있는 효과
- 스트레스 감소 : 사람들은 시간이 부족하면 스트레스를 받기 때문에 모든 시간 낭비 요인은 잠재적인 스트레스 유발 요인이라 할 수 있다. 따라서 시간관리를 통해 시간을 제대로 활용한다면 스트레스 감소 효과를 얻을 수 있다.
- 균형적인 삶 : 시간관리를 통해 일을 수행하는 시간을 줄인다면, 일 외에 다양한 여가를 즐길 수 있다. 또한, 시간관리는 삶에 있어서 수행해야 할 다양한 역할들의 균형을 잡는 것을 도와준다.
- 생산성 향상 : 한정된 자원인 시간을 적절히 관리하여 효율적으로 일을 하게 된다면 생산성 향상에 큰 도움이 될 수 있다.
- 목표 성취 : 목표를 성취하기 위해서는 시간이 필요하고, 시간은 시간관리를 통해 얻을 수 있다.

59
정답 ⑤

(A)의 경우 상대방이 제시하는 것을 일방적으로 수용한다는 점을 볼 때, 유화전략임을 알 수 있으며, (B)의 경우 자신의 이익을 극대화하기 위한 공격적 전략이라는 점에서 강압전략임을 알 수 있다. (C)의 경우 협상을 피한다는 점으로 회피전략임을, (D)의 경우 협동과 통합으로 문제를 해결한다는 점에서 협력전략임을 알 수 있다.

60
정답 ④

주기적으로 한국산업인력공단, 산업자원부, 상공회의소 등의 사이트를 방문해 주기적으로 자료를 얻는 것이 필요하지만, 이는 국내동향이 아닌 국제동향에 대한 자료여야 한다.

오답분석
① 업무와 관련된 외국 어휘를 많이 알아야 원활한 협업이 가능하다.
② 신문의 국제면을 보며 시의성 있는 이슈를 파악하는 것이 필요하다.
③ 국제학술대회 혹은 세미나에 참석하도록 장려하기 위해 당일 공가를 제공하는 것도 국제감각 형성에 도움이 된다.
⑤ 언어 등 문화적 측면 외에도 제도 및 법규에 대한 이해도가 높아야 국제적 협업이 수월하다.

제3회 모의고사 정답 및 해설

01	02	03	04	05	06	07	08	09	10
④	④	⑤	②	①	④	④	①	③	②
11	12	13	14	15	16	17	18	19	20
⑤	⑤	④	④	②	④	①	⑤	③	③
21	22	23	24	25	26	27	28	29	30
⑤	②	④	④	③	④	③	②	③	③
31	32	33	34	35	36	37	38	39	40
④	④	④	③	④	①	④	③	④	④
41	42	43	44	45	46	47	48	49	50
②	③	④	③	③	⑤	④	①	④	④
51	52	53	54	55	56	57	58	59	60
④	②	②	③	④	⑤	①	①	⑤	③

01
정답 ④

경청의 5단계
㉠ 무시(0%)
㉡ 듣는 척하기(30%)
㉢ 선택적 듣기(50%)
㉣ 적극적 듣기(70%)
㉤ 공감적 듣기(100%)

02
정답 ④

조직의 구조, 기능, 규정 등이 조직화되어 있는 것은 공식조직이며, 비공식조직은 개인들의 협동과 상호작용에 따라 형성된 자발적인 집단으로 볼 수 있다. 공식조직은 인간관계에 따라 형성된 비공식조직으로부터 시작되지만, 조직의 규모가 커지면서 점차 조직 구성원들의 행동을 통제할 장치를 마련하게 되고, 이를 통해 공식화된다.

03
정답 ⑤

비영리조직은 공익을 추구하는 특징을 가진다. 공장은 하나의 기업으로, 이윤을 목적으로 하는 영리조직이다.

04
정답 ②

부패의 원인은 사회적 윤리 의식의 부재, 공사구분을 모호하게 하는 문화적 특성, 건전한 가치관의 미정립, 과도한 법규의 규제, 효율적 사회 시스템의 미비, 과거를 답습하는 문화 등 여러 가지가 있을 수 있다. 하지만 제시문에서는 사회 시스템에 대한 내용은 언급되지 않았다.

05
정답 ①

제시문은 정부 사업을 수주하는 업체가 정부기관의 권력을 이용해 이익을 취하고 기업의 건전한 이윤추구의 가치를 훼손시킨 사례이다. 부패는 사회 시스템 전체가 유기적으로 움직이는 데 피해를 주고, 다른 사회구성원들로 하여금 엄청난 사회적 비용을 물도록 하여 국가와 사회의 정상적인 발전을 저해한다. 따라서 거래 당사자 간의 문제에 그치는 것이 아니라 사회적 비용으로 보아야 한다.

06
정답 ④

원통형 기둥 윗면의 넓이는 $\pi r^2 = 3 \times \left(\dfrac{0.8}{2}\right)^2 = 0.48\text{m}^2$ (r은 원의 반지름), 옆면은 $2\pi r l = 2 \times 3 \times 0.4 \times 1 = 2.4\text{m}^2$ (l은 원기둥의 높이)이다. 따라서 페인트칠에 들어가는 총비용은 $(0.48 \times 100{,}000) + (2.4 \times 70{,}000) = 48{,}000 + 168{,}000 = 216{,}000$원이다.

07
정답 ④

문제해결은 조직, 고객, 자신의 세 가지 측면에서 도움을 줄 수 있다.
• 조직 측면 : 자신이 속한 조직의 관련 분야에서 세계 일류 수준을 지향하며, 경쟁사와 대비하여 탁월하게 우위를 확보하기 위해서 끊임없는 문제해결이 요구된다.
• 고객 측면 : 고객이 불편하게 느끼는 부분을 찾아 개선하고, 고객 감동을 통해 고객만족을 높이는 측면에서 문제해결이 요구된다.
• 자신의 측면 : 불필요한 업무를 제거하거나 단순화하여 업무를 효율적으로 처리하게 됨으로써 자신을 경쟁력 있는 사람으로 만들어 나가는 데 문제해결이 요구된다.

08
정답 ①

전략적 사고란 당면하고 있는 문제와 그 해결방법에만 집착하지 않고, 그 문제와 해결 방안이 상위 시스템과 어떻게 연결되어 있는지 생각하는 사고이다. 본사의 규정 변화가 영업점에 미칠 영향을 분석하는 것은 문제나 해결 방안이 하위 시스템과 어떻게 연결되어 있는지를 생각하는 것이다.

오답분석

② 문제와 해경방안이 상위 시스템 또는 다른 문제와 어떻게 연결되어 있는지를 생각하는 전략적 사고에 해당한다.
③ 경영성과와 같은 객관적 사실로부터 사고와 행동을 시작하는 사실 지향의 문제적 사고는 분석적 사고에 해당한다.
④ 전체를 각각의 요소로 나누어 그 요소의 의미를 도출하는 것은 분석적 사고에 해당한다.
⑤ 기대하는 결과를 명시하고 효과적으로 달성하는 방법을 여러 요소의 측면에서 도출한 분석적 사고에 해당한다.

09
정답 ③

임파워먼트의 장애요인

• 개인 차원 : 주어진 일을 해내는 역량의 결여, 대응성, 동기의 결여, 결의의 부족, 책임감 부족, 성숙 수준의 전반적인 의존성, 빈곤의 정신 등
• 대인 차원 : 다른 사람과의 성실성 결여, 약속 불이행, 성과를 제한하는 조직의 규범, 갈등처리 능력의 결여, 승패의 태도 등
• 관리 차원 : 통제적 리더십 스타일, 효과적 리더십 발휘능력 결여, 경험 부족, 정책 및 기획의 실행능력 결여, 비전의 효과적 전달능력 결여 등
• 조직 차원 : 공감대 형성이 없는 구조와 시스템, 제한된 정책과 절차 등

10
정답 ②

직장 내에서의 서열과 직위를 고려한 소개의 순서를 볼 때, 내가 속해 있는 회사의 관계자를 타 회사의 관계자에게 먼저 소개하는 것이 적절하다.

11
정답 ⑤

• 형성기 : 리더가 단독으로 의사결정을 하며 구성원들을 이끄는 지시형의 리더십이 필요하다.
• 혼란기 : 리더가 사전에 구성원들에게 충분한 설명을 제공한 후 의사결정을 하는 코치형의 리더십이 필요하다.
• 규범기 : 리더와 구성원들이 공동으로 참여하여 의사를 결정하는 참여형의 리더십이 필요하다.
• 성취기 : 권한을 위임받은 구성원들이 의사결정을 하는 위임형 리더십이 필요하다.

12
정답 ⑤

빨리빨리형의 경우 성격이 급하고, 확신이 있는 말이 아니면 잘 믿지 않는 고객을 말한다. 빨리빨리형에게 애매한 화법을 사용하면 고객의 기분은 더욱 나빠질 수 있으므로, 만사를 시원스럽게 처리하는 모습으로 응대하는 것이 가장 적절하다.

불만고객 유형별 대처 시 주의사항

• 거만형
  − 정중하게 대하는 것이 좋다.
  − 자신의 과시욕이 채워지도록 뽐내든 말든 내버려 둔다.
• 의심형
  − 분명한 증거나 근거를 제시하여 스스로 확신을 갖도록 유도한다.
  − 때로는 책임자로 하여금 응대하는 것도 좋다.
• 트집형
  − 이야기를 경청하고, 맞장구치고, 추켜세우고, 설득해 가는 방법이 효과적이다.
    예 '손님의 말씀이 맞습니다. 역시 손님께서 정확하십니다.' 하고 고객의 지적이 옳음을 표시한 후 '저도 그렇게 생각하고 있습니다만….' 하고 설득한다.
  − 고객의 의견을 경청하고 사과를 하는 응대가 바람직하다.
• 빨리빨리형
  − "글쎄요?", "아마 …", "저 …." 하는 식의 애매한 화법을 사용하면 고객은 신경이 더욱 날카롭게 곤두서게 된다.
  − 만사를 시원스럽게 처리하는 모습을 보이면 응대하기 쉽다.

13
정답 ④

협상전략 수립, 협상환경 분석 등은 협상 전 단계에서 이루어진다.

오답분석

① 협상 후 단계에서는 협의 내용의 비준과 실행, 분석평가가 이루어진다.
② 정보교환, 설득, 협상전략 및 전술구사는 협상진행 단계에서 이루어진다.
③ 합의문 작성 및 교환은 협상종결 단계로, 협상진행 단계에서 이루어진다.
⑤ 협상의 준비, 집행, 평가 등을 계획하는 기획과정은 협상 전 단계에 해당한다.

14
정답 ④

시간계획이란 시간이라고 하는 자원을 최대한 활용하기 위하여 가장 많이 반복되는 일에 가장 많은 시간을 분배하고, 최단 시간에 최선의 목표를 달성하는 것을 의미한다. 자신의 시간을 잘 계획하면 할수록 일이나 개인적 측면에서 자신의 이상을 달성할 수 있는 시간을 창출할 수 있다.

15 정답 ②

기술 시스템의 발전 단계

발명·개발·혁신의 단계 → 기술 이전의 단계 → 기술 경쟁의
단계 → 기술 공고화 단계

16 정답 ④

기술 시스템의 발전 단계

단계	중요 역할자
발명·개발·혁신의 단계	기술자
기술 이전의 단계	기술자
기술 경쟁의 단계	기업가
기술 공고화 단계	자문 엔지니어, 금융 전문가

17 정답 ①

상향식 기술선택(Bottom Up Approach)은 기술자들로 하여금
자율적으로 기술을 선택하게 함으로써 기술자들의 흥미를 유발할
수 있고, 이를 통해 그들의 창의적인 아이디어를 활용할 수 있다는
장점이 있다.

오답분석

② 상향식 기술선택은 기술자들로 하여금 자율적으로 기술을 선
택하게 함으로써, 시장에서 불리한 기술이 선택될 수 있다.
③ 상향식 기술선택은 기술자들이 자신의 과학기술 전문 분야에
대한 지식과 흥미만을 고려하여 기술을 선택하게 함으로써, 시
장의 고객들이 요구하는 제품이나 서비스를 개발하는 데 부적
합한 기술이 선택될 수 있다.
④ 하향식 기술선택은 기술에 대한 체계적인 분석을 한 후, 기업
이 획득해야 하는 대상기술과 목표기술수준을 결정한다.
⑤ 하향식 기술선택은 먼저 기업이 직면하고 있는 외부환경과 기
업의 보유 자원에 대한 분석을 통해 기업의 중장기적인 사업목
표를 설정하고, 이를 달성하기 위해 확보해야 하는 핵심고객층
과 그들에게 제공하고자 하는 제품과 서비스를 결정한다.

18 정답 ⑤

외부환경 모니터링은 정보적 역할에 해당된다.

민츠버그의 경영자 역할에 따른 분류

대인적 역할	조직의 대표자, 조직의 리더, 상징자, 지도자
정보적 역할	외부환경 모니터링, 변화전달, 정보전달자
의사결정적 역할	문제 조정, 대외적 협상 주도, 분쟁조정자, 자원 배분자, 협상가

19 정답 ③

조직외부의 정보를 내부 구성원들에게 전달하는 것은 정보 수문장
(Gate Keeping)의 혁신 활동으로 볼 수 있다. (C)에는 '프로젝트
의 효과적인 진행을 감독한다.' 등이 적절하다.

20 정답 ③

잔액에는 당월 실적이 아닌 배정액에서 누적 실적(ⓒ)을 뺀 값을
작성한다.

21 정답 ⑤

피드백은 상대방이 원하는 경우 대인관계에 있어서 그의 행동을
개선할 수 있는 기회를 제공해 줄 수 있다. 하지만 부정적이고 비
판적인 피드백만을 계속적으로 주는 경우에는 오히려 역효과가 나
타날 수 있으므로 피드백을 줄 때 상대방의 긍정적인 면과 부정적
인 면을 균형 있게 전달하도록 유의하여야 한다.

22 정답 ②

C주임은 최대 작업량을 잡아 업무를 진행하면 능률이 오를 것이라
는 오해를 하고 있다. 하지만 이 경우 시간에 쫓기게 되어 오히려
능률이 떨어질 가능성이 있다. 따라서 실현 가능한 목표를 잡고
우선순위를 세워 진행하는 것이 적절하다.

23 정답 ④

문제해결은 문제해결자의 개선의식, 도전 의식과 끈기를 필요로
한다. 특히 문제해결자의 현상에 대한 도전 의식과 새로운 것을
추구하려는 자세, 난관에 봉착했을 때 헤쳐 나가려는 태도 등이
문제해결의 밑바탕이 된다. A씨의 경우 문제해결방법에 대한 지
식이 충분함에도 불구하고 이런 도전 의식과 끈기가 부족하여 문
제해결에 어려움을 겪고 있다.

24 정답 ④

자기개발은 개별적인 과정으로, 자신에 대한 이해를 바탕으로 환
경변화를 예측하고, 자신에게 적합한 목표를 설정하며, 자신에게
알맞은 자기개발 전략이나 방법을 선정하여야 한다.

오답분석

① 자기개발은 일과 관련하여 이루어지는 활동으로, 생활 가운데
이루어져야 한다.
② 자기개발에서 개발의 주체는 타인이 아니라 자기 자신으로, 자
기개발은 스스로 계획하고 실행하는 것이다.
③ 자기개발은 보다 보람되고 나은 삶을 영위하고자 노력하는 사
람이라면 누구나 해야 하는 것이다.
⑤ 자기개발은 평생에 걸쳐서 이루어지는 과정으로, 변화하는 환
경에 적응하기 위해서는 지속적인 자기개발이 필요하다.

25
정답 ③

'1인 가구의 인기 음식(ⓒ)'과 '5세 미만 아동들의 선호 색상(ⓗ)'은 각각 음식과 색상에 대한 자료를 가구, 연령으로 특징지음으로써 자료를 특정한 목적으로 가공한 정보(Information)로 볼 수 있다.

오답분석

ⓐ·ⓓ·ⓜ 특정한 목적이 없는 자료(Data)의 사례이다.
ⓒ 특정한 목적을 달성하기 위한 지식(Knowledge)의 사례이다.

26
정답 ④

보기의 자료는 '운동'을 주제로 나열되어 있는 자료임을 알 수 있다. ④는 운동이 아닌 '식이요법'을 목적으로 하는 지식의 사례이다.

27
정답 ③

정보를 관리하지 않고 그저 머릿속에만 기억해 두는 것은 정보관리에 허술한 사례이다.

오답분석

① · ④ 정보검색의 바람직한 사례이다.
② 정보전파의 바람직한 사례이다.
⑤ 정보관리의 바람직한 사례이다.

28
정답 ②

세계화 시장에서는 외국의 기업들과도 경쟁을 하여야 하므로 조직은 더 강한 경쟁력을 갖추어야 한다.

오답분석

① 세계화는 활동범위가 단순히 도시로 제한되지 않는 것이 아니라, 국경을 넘어 세계로 확대되는 것을 가리킨다.
③ 다국적 내지 초국적 기업이 등장하여 범지구적 시스템과 네트워크 안에서 기업 활동이 이루어지는 국제경영이 중요시되고 있다.
④ 다국적 기업의 증가에 따라 각국에서의 기업의 경영환경 동형화 및 기업 간 협력 등을 이유로 국가 간의 경제통합은 강화되고 있다.
⑤ 자유무역협정(FTA; Free Trade Agreement) 체결은 국가 간 무역장벽을 제거하고 경제국경을 개방하기 위한 협정이다.

29
정답 ③

ⓐ은 생리적 욕구가 자기개발을 방해하는 장애요인으로 작용한 것이다. 생리적 욕구는 인간의 생명 자체를 유지시켜 주는 기본적인 욕구로서, 음식물, 수면, 성생활 등 본능적 생리현상에 따른 욕구를 말한다.

30
정답 ③

A금속과 B금속의 실제 질량을 ag, bg이라 가정하자. (A+B)합금의 실제 질량과 물속에서의 질량에 대한 방정식을 세우면 다음과 같다.

$a+b=58 \cdots \bigcirc$

$\frac{4}{5}a+\frac{2}{3}b=42 \rightarrow 6a+5b=315 \cdots \bigcirc$

ⓐ과 ⓑ을 연립하면 $a=25$, $b=33$임을 알 수 있다.
따라서 합금에 포함된 A금속의 실제 질량은 25g이다.

31
정답 ④

거절의 의사결정에는 거절함으로써 발생될 문제들과 자신이 거절하지 못해서 그 일을 수락했을 때의 기회비용을 따져봐야 하고, 이를 추진할 수 있는 의지가 필요하다. 또한, 거절의 의사표현을 할 때에는 문제의 본질을 파악하여 생각해야 하고 빠르게 결정하여 거절해야 하며, 분명한 이유를 제시하거나 대안을 제시하는 것이 좋다.

32
정답 ④

문서의 기능

- 의사의 기록·구체화
  문서는 사람의 의사를 구체적으로 표현하는 기능을 갖는다. 사람이 가지고 있는 주관적인 의사는 문자·숫자·기호 등을 활용하여 종이나 다른 매체에 표시하여 문서화함으로써 그 내용이 구체화된다.
- 의사의 전달
  문서는 자신의 의사를 타인에게 전달하는 기능을 갖는다. 문서에 의한 의사 전달은 전화나 구두로 전달하는 것보다 좀 더 정확하고 변함없는 내용을 전달할 수 있다.
- 의사의 보존
  문서는 의사를 오랫동안 보존하는 기능을 갖는다. 문서로써 전달된 의사는 지속적으로 보존할 수 있고, 역사자료로서 가치를 갖기도 한다.
- 자료 제공
  보관·보존된 문서는 필요한 경우 언제든 참고자료 내지 증거자료로 제공되어 행정 활동을 지원·촉진시킨다.
- 업무의 연결·조정
  문서의 기안·결재 및 협조 과정 등을 통해 조직 내외의 업무처리 및 정보 순환이 이루어져 업무의 연결·조정 기능을 수행하게 한다.

33
정답 ⑤

타인의 부탁을 거절해야 할 경우 도움을 요청한 타인의 입장을 고려하여 인간관계를 해치지 않도록 신중하게 거절하는 것이 중요하다. 먼저 도움이 필요한 상대방의 상황을 충분히 이해했음을 표명하고, 도움을 주지 못하는 자신의 상황이나 이유를 분명하게 설명해야 한다. 그 후 도움을 주지 못하는 아쉬움을 표현하도록 한다.

34
정답 ③

1. 나는 내가 해야 할 일이라면, 개인적인 일을 빠르게 끝내고 신속히 수행한다.
   → 자신이 해야 할 일이라면, 개인적인 일은 포기하고 먼저 하는 것이 책임 있는 행동이다.
4. 나의 부서의 일은 내가 속한 부서의 책임이라고 생각한다.
   → 나의 부서의 일은 내 책임이라고 생각하는 것이 책임 있는 행동이다.
8. 나는 미리 계획하여, 책임질 수 있는 범위 이상의 일을 맡는다.
   → 책임질 수 있는 범위의 일을 맡는 것이 책임 있는 행동이다.

35
정답 ④

D는 물품을 분실한 경우로, 보관 장소를 파악하지 못한 경우와 비슷할 수 있으나 분실한 경우에는 물품을 다시 구입하지 않으면 향후 활용할 수 없다는 점에서 차이가 있다. 물품을 분실한 경우 물품을 다시 구입해야 하므로 경제적인 손실을 가져올 수 있으며, 경우에 따라 동일한 물품이 시중에서 판매되지 않는 경우가 있을 수 있다.

36
정답 ①

서번트 리더십은 다른 사람을 섬기는 사람이 리더가 될 수 있다는 내용의 이론으로, 전통적 리더십과의 차이점은 다음과 같다.

요소	전통적 리더십	서번트 리더십
관심영역	• 일의 결과 • 추진과정과 방법 • 최종결과 중심의 평가	• 일 추진 과정의 장해 요소 • 일 추진 시 필요한 지원과 코칭 • 노력에 대한 평가
가치관	• 자기중심적	• 타인을 믿고 수용하는 개방적인 가치관 • 긍정적 마인드
인간관	• 여러 자원 중 하나 • 과제가 우선	• 가장 중요한 자원 • 사람이 우선
리더 – 직원 간의 인식	• 복종	• 존중, 관심 • 공동체 이미지 추구
경제에 대한 시각	• 내부경쟁을 조장 • 리더 중심으로 부하의 수행방식을 요구	• 지나친 개인경쟁을 지양 • 구성원의 성공전략을 모색
생산성	• 양적인 척도 • 결과중심의 사고	• 과정 중심의 사고

37
정답 ③

K대리는 통화를 마칠 때, 전화를 건 상대방에게 감사의 표시를 하지 않았다. '네! 전화 주셔서 감사합니다. 이만 전화 끊겠습니다.'와 같이 전화를 건 상대방에게 감사의 표시를 하는 것이 적절하다.

38
정답 ④

(가)의 입장을 반영하면 국가 청렴도가 낮은 문제를 해결하기 위해서는 청렴을 강조한 전통 윤리를 지킬 필요가 있다. 이에 개인을 넘어서 공동체, 나아가 국가의 공사(公事)를 우선하는 봉공 정신, 청빈한 생활 태도를 유지하면서 국가의 일에 충심을 다하려는 청백리 정신을 실천하는 자세가 필요하다.

39
정답 ③

직장에서의 근면한 생활을 위해서는 B사원과 같이 일에 지장이 없도록 항상 건강관리에 유의해야 하며, C대리와 같이 오늘 할 일을 내일로 미루지 않고, 업무 시간에 개인적인 일을 하지 않아야 한다.

오답분석
• A사원 : 항상 일을 배우는 자세로 임하여 열심히 해야 한다.
• D대리 : 사무실 내에서 메신저 등을 통해 사적인 대화를 나누지 않아야 한다.

40
정답 ④

B대리는 A사원의 질문에 대해 명료한 대답을 하지 않고 모호한 태도를 보이고 있으므로 협력의 원리 중 태도의 격률을 어기고 있음을 알 수 있다.

41
정답 ②

설정형 문제는 앞으로 어떻게 할 것인가의 문제를 의미한다. 설정형 문제는 지금까지 해오던 것과 전혀 관계없이 미래 지향적으로 새로운 과제 또는 목표를 설정함에 따라 발생하는 문제로서, 목표 지향적 문제라고 할 수 있다. 문제해결에 많은 창조적인 노력이 요구되어 창조적 문제라고 하기도 한다.

오답분석
① 발생형 문제 : 우리가 바로 직면하고 걱정하고 해결하기 위해 고민하는 문제를 의미한다. 문제의 원인이 내재되어 있기 때문에 원인 지향적인 문제라고도 한다.
③ 잠재형 문제 : 드러나지 않았으나 방치해 두면 불량이 발생하는 문제를 의미한다.
④ 탐색형 문제 : 현재 상황을 개선하거나 효율을 높이기 위한 문제를 의미한다. 문제를 방치하면 뒤에 큰 손실이 따르거나 결국 해결할 수 없는 문제로 나타나게 된다.
⑤ 원상회복형 문제 : 과거의 상태를 이상적인 상태로 여기고 현재의 상태를 과거의 상태로 회복하고자 하는 문제 유형을 의미한다.

42
정답 ③

A사원은 자사의 수익과 성과가 적은 이유를 단순히 영업에서의 문제로 판단하고, 타사의 근무하는 친구의 경험만을 바탕으로 이에 대한 해결 방안을 제시하였다. 따라서 문제를 각각의 요소로 나누어 판단하는 분석적 사고가 부족한 사례로 볼 수 있다. A사원은 먼저 문제를 각각의 요소로 나누고, 그 요소의 의미를 도출한 후 우선순위를 부여하여 구체적인 문제해결방법을 실행해야 한다.

43
정답 ④

㉠ 수행성취, ㉡ 모델링, ㉢ 사회적, ㉣ 정서적 각성

44
정답 ③

시간계획을 세울 때 한정된 시간을 효율적으로 활용하기 위해서는 명확한 목표를 설정하는 것이 중요하다. 명확한 목표를 설정하면 일이 가진 중요성과 긴급성을 바탕으로 우선순위를 정하고, 예상 소요시간을 적어본다. 그리고 시간 계획서를 작성하면 보다 효율적으로 일을 처리할 수 있다. 따라서 효율적인 시간계획의 순서는 (나) − (가) − (라) − (다)이다.

45
정답 ③

리더는 조직 구성원들 중 한 명일 뿐이라는 점에서 파트너십 유형임을 알 수 있다. 독재자 유형과 민주주의에 근접한 유형은 리더와 조직 구성원 사이에 명확한 구분이 있으나, 파트너십 유형에서는 그러한 구분이 희미하고, 리더가 조직의 구성원이 되기도 한다.

오답분석
① 독재자 유형 : 독재자에 해당하는 리더가 집단의 규칙 하에 지배자로 군림하며, 팀원들이 자신의 권위에 대한 도전이나 반항 없이 순응하도록 요구하고, 개개인들에게 주어진 업무만을 묵묵히 수행할 것을 기대한다.
② 민주주의에 근접한 유형 : 리더는 팀원들이 동등하다는 것을 확신시키고 경쟁과 토론, 새로운 방향의 설정에 팀원들을 참여시킨다. 비록 민주주의적이긴 하지만 최종 결정권은 리더에게 있음이 특징이다.
④ 변혁적 유형 : 변혁적 리더를 통해 개개인과 팀이 유지해온 업무수행 상태를 뛰어넘으려 한다. 변혁적 리더는 특정한 카리스마를 통해 조직에 명확한 비전을 제시하고, 그 비전을 향해 자극을 주고 도움을 주는 일을 수행한다.
⑤ 자유방임적 유형 : 리더가 조직의 의사결정과정을 이끌지 않고 조직 구성원들에게 의사결정 권한을 위임해버리는 리더십 유형이다. 자유로운 회의를 통해 다양한 의견을 제시할 수 있으나, 리더의 지시나 명령이 영향력을 발휘하지 못하고, 구성원의 역량이 낮을 때 의사결정을 내리기 어려운 단점을 볼 수 있다.

46
정답 ⑤

물적자원을 효과적으로 관리하기 위해서는 먼저 사용 물품과 보관 물품으로 구분하고, 동일 및 유사 물품으로 분류한 뒤 물품을 적절하게 보관할 수 있는 장소를 선정해야 한다. 따라서 효과적인 물적자원관리 과정은 (다) − (나) − (가)의 순서로 이루어져야 한다.

47
정답 ④

물품은 일괄적으로 같은 장소에 보관하는 것이 아니라 개별 물품의 재질, 부피, 무게 등 특성을 고려하여 보관 장소를 선정해야 한다. 물품에 따라 재질, 부피, 무게 등을 기준으로 물품을 분류하기도 하지만, 모든 물품의 분류 기준이 되는 것은 아니므로 재질, 부피, 무게 등을 모두 포함하는 물품의 특성이 기준이 된다.

48
정답 ①

SWOT 분석은 내부환경요인과 외부환경요인으로 구성되어 있다. 내부환경요인은 자사 내부의 환경을 분석하는 것으로, 자사의 강점과 약점으로 분석되며, 외부환경요인은 자사 외부의 환경을 분석하는 것으로, 기회와 위협으로 구분된다.

49
정답 ④

(가) 자료(Data) : 정보 작성을 위하여 필요한 데이터를 말하는 것으로, 이는 '아직 특정의 목적에 대하여 평가되지 않은 상태의 숫자나 문자들의 단순한 나열'을 뜻한다.
(나) 정보(Information) : 자료를 일정한 프로그램에 따라 처리·가공함으로써 '특정한 목적을 달성하는 데 필요하거나 특정한 의미를 가진 것으로 다시 생산된 것'을 뜻한다.
(다) 지식(Knowledge) : '특정한 목적을 달성하기 위해 과학적 또는 이론적으로 추상화되거나 정립되어 있는 일반화된 정보'를 뜻하는 것으로, 어떤 대상에 대하여 원리적·통일적으로 조직되어 객관적 타당성을 요구할 수 있는 판단의 체계를 제시한다.

50
정답 ④

[B9] 셀에 입력된 1,260,000 값은 [B2] 셀에 입력된 1,252,340의 값을 만 단위로 올림하여 나타낸 것이므로 인수를 지정한 자릿수로 올림한 값을 구하는 ROUNDUP 함수가 사용되었으며, 함수에서 단위별 자릿수는 다음과 같다.

만 단위	천 단위	백 단위	십 단위
−4	−3	−2	−1
일 단위	소수점 첫째 자리	소수점 둘째 자리	소수점 셋째 자리
0	1	2	3

따라서 만 단위를 나타내는 자릿수는 −4이므로 [B9] 셀에는 「=ROUNDUP(B2,−4)」 함수가 입력되었다.

① · ② ROUND(인수,자릿수) 함수 : 인수를 지정한 자릿수로 반올림한 값을 구한다.

⑤ ROUNDDOWN(인수,자릿수) 함수 : 인수를 지정한 자릿수로 내림한 값을 구한다.

51 정답 ④

주어진 상황을 모두 고려하면 '자동차 관련 기업의 주식을 사서는 안 된다.'는 결론이 가장 적절하다.

① 두 번째, 세 번째 상황을 고려하고 있지 않다.

② 세 번째 상황을 고려하고 있지 않다.

③ 주어진 상황을 모두 고려하고 있으나, 자동차 산업과 주식시장이 어떻게 되는가를 전달하고 있지 않다.

⑤ 두 번째 상황을 고려하고 있지 않다.

52 정답 ②

예산수립 절차

필요한 과업 및 활동 규명 – 우선순위 결정 – 예산 배정

53 정답 ②

(가) 강제연상법 : 각종 힌트에서 강제적으로 연결 지어서 발상하는 방법이다.

(나) 자유연상법 : 어떤 생각에서 다른 생각을 떠올리는 작용을 통해 어떤 주제에서 생각나는 것을 열거해 나가는 방법이다.

(다) 비교발상법 : 주제가 본질적으로 닮은 것을 힌트로 하여 새로운 아이디어를 얻는 방법이다.

54 정답 ③

대부상황은 개인정보 중 신용정보로 분류된다.

55 정답 ④

문화 및 제도적인 차이에 대한 부분을 통해 글로벌 벤치마킹에 대한 설명임을 알 수 있다.

① 내부 벤치마킹 : 같은 기업 내의 다른 지역, 타 부서, 국가 간의 유사한 활용을 비교 대상으로 한다. 자료 수집이 용이하고 다각화된 우량기업의 경우 효과가 큰 반면, 관점이 제한적일 수 있고, 편중된 내부 시각에 대한 우려가 있다는 단점을 가지고 있다.

② 경쟁적 벤치마킹 : 동일 업종에서 고객을 직접적으로 공유하는 경쟁기업을 대상으로 한다. 경영성과와 관련된 정보 입수가 가능하고 업무 / 기술에 대한 비교가 가능한 반면, 윤리적인 문제가 발생할 소지가 있으며, 대상의 적대적 태도로 인해 자료 수집이 어렵다는 단점이 있다.

③ 비경쟁적 벤치마킹 : 제품, 서비스 및 프로세스의 단위 분야에 있어 가장 우수한 실무를 보이는 비경쟁적 기업 내의 유사 분야를 대상으로 하는 방법이다. 혁신적인 아이디어의 창출 가능성이 높은 반면 다른 환경의 사례를 가공하지 않고 적용할 경우 효과를 보지 못할 가능성이 높다는 단점이 있다.

⑤ 간접적 벤치마킹 : 벤치마킹을 수행 방식에 따라 분류한 것으로, 인터넷 및 문서 형태의 자료를 통해서 간접적으로 수행하는 방법이다.

56 정답 ⑤

ㄱ. 세계화는 조직 구성원들의 근무환경 등 개인의 삶에도 직·간접적으로 영향을 주므로 구성원들은 의식 및 태도, 지식습득에 있어서 적응이 필요하다. 따라서 기업의 대외적 경영 측면뿐 아니라 대내적 관리에도 영향을 준다.

ㄷ. 이문화 이해는 언어적 소통 및 비언어적 소통, 문화, 정서의 이해를 모두 포괄하는 개념이다. 따라서 이문화 이해가 곧 언어적 소통이 되는 것은 아니다.

ㄹ. 문화란 장시간에 걸쳐 무의식적으로 형성되는 영역으로, 단기간에 외국문화를 이해하는 것은 한계가 있기 때문에 지속적인 학습과 노력이 요구된다.

ㄴ. 대상국가의 법규 및 제도 역시 기업이 적응해야 할 경영환경이다.

57 정답 ①

벤치마킹 데이터를 수집하고 분석하는 과정에서는 여러 보고서를 동시에 보고, 붙이고 자르는 작업을 용이하게 해주는 문서 편집 시스템을 이용하는 것이 유용하다.

58 정답 ①

자기관리는 자신의 목표성취를 위해 자신의 행동과 자신의 업무수행을 관리하고 조정하는 것이라는 점에서 (가) 자기관리 계획, (마) 업무의 생산성 향상 방안, (아) 대인관계 향상 방안이 자기관리에 해당하는 질문으로 적절하다.

• (나), (라), (자) : 자아인식에 해당하는 질문이다.

• (다), (바), (사) : 경력개발에 해당하는 질문이다.

59
정답 ⑤

준법이란 민주 시민으로서 기본적으로 지켜야 하는 의무이며, 생활 자세이다. 민주 사회에서 법과 규칙을 준수하는 것은 시민으로서의 자신의 권리를 보장받고, 다른 사람의 권리를 보호해 주며, 사회 질서를 유지하는 역할을 한다. 어떻게 보면 별거 아니라고 생각될 수 있는 교통질서이지만, 한 사람의 질서 거부가 전체 시스템의 마비로 이어질 수 있다. 그리고 그 피해는 결국 다른 사람은 물론 나 자신에게도 돌아오기 때문에 개개인의 준법의식이 매우 중요하다.

60
정답 ③

제시된 사례에 따르면 혼잡한 시간대에도 같은 노선의 앞차를 앞지르지 못하는 버스 운행 규칙으로 인해 버스의 배차 간격이 일정하지 않은 문제가 나타났다.

제4회 모의고사 정답 및 해설

01	02	03	04	05	06	07	08	09	10
①	①	④	③	②	①	②	③	②	②
11	12	13	14	15	16	17	18	19	20
③	⑤	③	⑤	①	③	③	⑤	③	④
21	22	23	24	25	26	27	28	29	30
②	⑤	④	②	⑤	②	⑤	③	②	⑤
31	32	33	34	35	36	37	38	39	40
④	①	④	④	②	①	⑤	⑤	④	⑤
41	42	43	44	45	46	47	48	49	50
①	⑤	③	①	②	④	④	④	②	①
51	52	53	54	55	56	57	58	59	60
④	②	③	②	②	②	③	①	③	③

01 정답 ①

상대방의 잘못을 지적할 때는 모호한 표현은 설득력을 약화시키기 때문에 상대방이 알 수 있도록 확실하게 지적해야 한다.

02 정답 ①

물적자원관리 과정
• 사용 물품과 보관 물품의 구분 : 반복 작업 방지, 물품 활용의 편리성
• 동일 및 유사 물품으로의 분류 : 통일성의 원칙, 유사성의 원칙
• 물품 특성에 맞는 보관 장소 선정 : 물품의 형상, 물품의 소재

03 정답 ④

• C사원 : 문서의 첨부 자료는 반드시 필요한 자료 외에는 첨부하지 않도록 해야 하므로 옳지 않다.
• D사원 : 문서를 작성한 후에는 다시 한번 내용을 검토해야 하지만, 문장표현은 작성자의 성의가 담기도록 경어나 단어 사용에 신경을 써야 하므로 낮춤말인 '해라체'로 고쳐 쓰는 것은 옳지 않다.

04 정답 ③

자기개발이 자신의 직위와 직급을 향상시키기 위해서 필요하다는 내용은 제시문을 통해 확인할 수 없다. 자기개발은 효과적으로 업무를 처리하기 위하여, 즉 업무의 성과를 향상시키기 위해서 필요한 것이며, 직위와 직급 향상은 이를 통해 부차적으로 얻게 된다.

05 정답 ②

백과사전은 2차 자료에 해당한다.

1차 자료	단행본, 학술지와 학술지 논문, 학술회의자료, 연구보고서, 학위논문, 특허정보, 표준 및 규격자료, 레터, 출판 전 배포자료, 신문, 잡지, 웹 정보자원 등
2차 자료	사전, 백과사전, 편람, 연감, 서지 데이터베이스 등

06 정답 ①

조직의 규칙과 규정은 조직의 목표나 전략에 따라 수립되어 조직구성원들의 활동범위를 제약하고 일관성을 부여하는 기능을 한다. 예를 들면 인사규정, 총무규정, 회계규정 등이 있다.

07 정답 ②

오답분석
① 제목에서 실무자 회의라 했으므로 받는 사람이 실무자가 되어야 한다.
③ 이메일 내용이 회의에 대해 형식에 맞고 간결한 안내가 되어 있지 않고, 비즈니스 서식에도 맞지 않게 작성되었다.
④ 첨부 파일명에 세부 내용 요약이 되어 있지 않다.
⑤ 참조하는 사람이 관리자가 되어야 한다.

바람직한 이메일 예절
• 서두에 소속과 이름을 밝힌다.
• 메일 제목은 반드시 쓰고 간결하면서 핵심을 알 수 있게 작성한다.
• 내용은 일시, 장소, 참석자, 안건 등 업무 성격에 맞는 형식으로 일목요연하게 정리되어야 하고 간결하면서도 명확하게 써서 수신자가 빨리 읽고 제대로 응답할 수 있도록 한다.
• 첨부파일은 상대방이 내용에 대해 쉽게 인지할 수 있도록 세부 내용을 요약하여 이름을 정해야 한다.

08
정답 ③

부득이하게 참석이 어려운 사람에 대한 회신은 이미 이메일 내용에 언급되어 있다.

오답분석

① 비즈니스 서식에는 맞지 않는 구어체를 사용하고 있으므로 수정해야 한다.
② 서두에 회의의 목적에 대해 명확하게 기술되어 있지 않아 받는 사람이 바로 의도를 파악하기 어려워 빨리 응답받기 어려울 수 있으므로 수정해야 한다.
④ 일시, 장소, 참석자, 안건 등 필요 내용이 일목요연하고 간결하게 정리되어 있지 않아 응답자가 빨리 응답하기 어려우므로 수정할 필요가 있다.
⑤ 첨부 파일명에 세부 내용 요약이 되어 받는 사람이 내용에 대해 쉽게 인지할 수 있도록 수정해야 한다.

09
정답 ②

창의적 사고는 선천적으로 타고날 수도 있지만, 후천적 노력에 의해 개발이 가능하다.

오답분석

① 새로운 경험을 찾아 나서는 사람은 적극적이고 모험심과 호기심 등을 가진 사람으로, 창의력 교육훈련에 필요한 요소를 가지고 있는 사람이다.
③ 창의적인 사고는 창의력 교육훈련을 통해 후천적 노력에 의해서도 개발이 가능하다.
④ 창의력은 본인 스스로 자신의 틀에서 벗어나도록 노력하는 것으로, 통상적인 사고가 아니라 기발하고 독창적인 것을 말한다.
⑤ 창의적 사고는 전문지식보다 자신의 경험 및 기존의 정보를 특정한 요구 조건에 맞추거나 유용하도록 새롭게 조합시킨 것이다.

10
정답 ②

코칭을 준비할 경우 어떤 활동을 다룰 것이며 시간은 어느 정도 소요될 것인지에 대해서 직원들에게 구체적이고 명확히 밝혀야 한다. 또한 지나치게 많은 지시와 정보로 직원들을 압도하는 일이 없도록 하고, 질문과 피드백에 충분한 시간을 할애해야 한다.

오답분석

ㄴ. 직원 스스로 해결책을 찾도록 유도한다.
ㅁ. 핵심적인 질문으로 효과를 높일 뿐 아니라 적극적으로 경청한다.

코칭의 진행 과정
• 시간을 명확히 알린다.
• 목표를 확실히 밝힌다.
• 핵심적인 질문으로 효과를 높인다.
• 적극적으로 경청한다.
• 반응을 이해하고 인정한다.
• 직원 스스로 해결책을 찾도록 유도한다.
• 코칭 과정을 반복한다.
• 인정할 만한 일은 확실히 인정한다.
• 결과에 대한 후속 작업에 집중한다.

11
정답 ③

제시된 문제해결방법은 Logic Tree 방법이다. Logic Tree 방법은 문제의 원인을 깊이 파고들거나 해결책을 구체화할 때 제한된 시간 속에 넓이와 깊이를 추구하는 데 도움이 되는 기술로, 주요 과제를 나무 모양으로 분해·정리하는 기술이다.

오답분석

① So What 방법 : '그래서 무엇이지?' 하고 자문자답하는 것으로, 눈앞에 있는 정보로부터 의미를 찾아내어 가치 있는 정보를 이끌어내는 방법이다.
② 피라미드 구조 방법 : 하위의 사실이나 현상부터 사고함으로써 상위의 주장을 만들어가는 방법이다.
④ SWOT 분석 방법 : 기업내부의 강점, 약점과 외부환경의 기회, 위협요인을 분석 평가하고 이들을 서로 연관 지어 전략과 문제해결 방안을 개발하는 방법이다.
⑤ 3C 분석 방법 : 환경을 구성하고 있는 요소인 자사, 경쟁사, 고객에 대해 체계적으로 분석하는 방법이다.

12
정답 ⑤

제시된 사례는 과학적인 논리보다 동료나 사람들의 행동에 의해서 상대방을 설득하는 사회적 입증 전략의 사례로 가장 적절하다.

오답분석

① 상대방 이해 전략 : 상대방에 대한 이해를 바탕으로 갈등해결을 용이하게 하는 전략이다.
② 권위 전략 : 지위나 전문성, 외모 등을 활용하여 협상을 용이하게 하는 전략이다.
③ 희소성 해결 전략 : 인적·물적자원 등의 희소성을 해결함으로써 협상과정상의 갈등 해결을 용이하게 하는 전략이다.
④ 호혜 관계 형성 전략 : 서로에게 도움을 주고 받는 관계 형성을 통해 협상을 용이하게 하는 전략이다.

13
정답 ③

다혈질적인 면은 K사원 자신은 알고, 타인은 모르는 자신의 모습이다. 따라서 자신이 다혈질적인지 생각해 볼 필요는 없으며, 자신이 가지고 있는 다혈질적인 면을 사람들과의 대인관계에 있어 어떻게 해야 할지 고민하는 것이 가장 적절하다.

14
정답 ⑤

벤치마킹은 비교대상에 따라 내부·경쟁적·비경쟁적·글로벌 벤치마킹으로 분류되며, 네스프레소는 뛰어난 비경쟁 기업의 유사 분야를 대상으로 벤치마킹하는 비경쟁적 벤치마킹을 하고 있다. 비경쟁적 벤치마킹은 아이디어 창출 가능성은 높으나 가공하지 않고 사용하면 실패할 가능성이 높다.

오답분석
① 내부 벤치마킹에 대한 설명이다.
②·③ 글로벌 벤치마킹에 대한 설명이다.
④ 경쟁적 벤치마킹에 대한 설명이다.

15
정답 ①

석유자원을 대체하고 에너지의 효율성을 높이는 것은 기존 기술에서 탈피하고 새로운 기술을 습득하는 기술경영자의 능력으로 볼 수 있다.

기술경영자의 능력
- 기술을 기업의 전반적인 전략 목표에 통합시키는 능력
- 빠르고 효과적으로 새로운 기술을 습득하고 기존의 기술에서 탈피하는 능력
- 기술을 효과적으로 평가할 수 있는 능력
- 기술 이전을 효과적으로 할 수 있는 능력
- 새로운 제품개발 시간을 단축할 수 있는 능력
- 크고 복잡하며 서로 다른 분야에 걸쳐 있는 프로젝트를 수행할 수 있는 능력
- 조직 내의 기술 이용을 수행할 수 있는 능력
- 기술 전문 인력을 운용할 수 있는 능력

16
정답 ③

- 다섯 사람이 일렬로 줄을 서는 경우의 수 : $5!=120$가지
- B, D가 양 끝에 서는 경우의 수 : $2\times$(A, C, E가 일렬로 줄을 서는 경우)$=2\times3!=12$가지

따라서 B, D가 양 끝에 서게 될 확률은 $\dfrac{12}{120}=\dfrac{1}{10}$이다.

17
정답 ③

K유통업체는 바코드(Bar Code)를 사용하여 물품을 관리하고 있다. 물품의 수명기간 동안 무선으로 물품을 추적 관리할 수 있는 것은 바코드가 아닌 RFID 물품관리 시스템으로, 물품에 전자태그(RFID)를 부착하여 물품을 관리하는 것이다.

18
정답 ⑤

군인은 하나의 직업으로, 직업을 가진 사람이라면 누구나 반드시 지켜야 할 직업윤리를 가진다. 직업윤리는 기본적으로 개인윤리를 바탕으로 성립되는 규범이기는 하지만 상황에 따라 개인윤리와 직업윤리는 서로 충돌하는 경우가 발생한다. 즉 사례의 경우 K씨의 입장에서 타인에 대한 물리적 행사가 절대 금지되어 있다고 생각되는 개인윤리와 군인의 입장에서 필요한 경우 물리적 행사가 허용된다는 직업윤리가 충돌하고 있다. 이러한 상황에서 직업인이라면 직업윤리를 개인윤리보다 우선하여야 한다는 조언이 가장 적절하다.

19
정답 ③

(가), (다), (라)의 경우 외부로부터의 강요가 아니라 자진해서 행동하고 있다. 자진해서 하는 근면은 능동적이고 적극적인 태도가 우선시된다.

오답분석
- (나) : 팀장으로부터 강요당하였다.
- (마) : 어머니로부터 강요당하였다.

20
정답 ④

㉠은 고객접점 서비스이다. 고객접점 서비스는 짧은 순간의 서비스를 통해 고객의 인상이 달라질 수 있으며, 이로 인해 서비스 직원의 첫인상은 매우 중요하다고 볼 수 있다. 따뜻한 미소와 친절한 한마디 역시 중요하지만, 서비스 직원의 용모와 복장은 친절한 서비스를 제공하기 전에 첫인상을 좌우하는 첫 번째 요소이므로 고객접점 서비스에서 중요하다.

21
정답 ②

기술선택을 위한 절차
- 외부환경분석 : 수요 변화 및 경쟁자 변화, 기술 변화 등 분석
- 중장기 사업목표 설정 : 기업의 장기비전, 중장기 매출목표 및 이익목표 설정
- 내부역량 분석 : 기술능력, 생산능력, 마케팅 / 영업능력, 재무능력 등 분석
- 사업전략 수립 : 사업 영역 결정, 경쟁 우위 확보 방안 수립
- 요구기술 분석 : 제품 설계 / 디자인 기술, 제품 생산 공정, 원재료 / 부품 제조기술 분석
- 기술전략 수립 : 기술획득 방법 결정

22
정답 ⑤

사례에 나타난 사업 구조조정 전략은 리스트럭처링(Restructuring) 전략이다. 리스트럭처링은 기업의 비전을 구체화하기 위해 계획된 급진적 사업 구조조정 전략으로, 급변하는 국제 경제의 환경 속에서 기업이 생존·성장해 나가기 위해 기업의 비전을 사업구조 차원에서 구체화시키는 경영혁신 기법이다. 기존 사업 단위를 통·폐합하거나, 축소·폐지하여 신규 사업에 진출하는 방법 등이 있다.

오답분석
① · ③ 리엔지니어링(Reengineering)에 대한 설명이다.
② 리스트럭처링은 미래에 대한 비전을 계획하고 시행하는 것으로 볼 수 있다.
④ 다운사이징(Downsizing)에 대한 설명이다.

23
정답 ④

IT와 융합한 지능형 로봇이 유망한 기술로 전망되는 것을 볼 때, 빈칸에 들어갈 용어로 가장 적절한 것은 전기전자공학임을 알 수 있다.

오답분석
① 토목공학 : 도로·하천·도시계획 등 토목에 대한 이론과 실제를 연구하는 공학의 한 부문으로, 국토를 대상으로 해서 그 보전·개수·개발경영을 맡는 공학이다.
② 환경공학 : 대기·수질·폐기물·토양·해양 등의 오염 예방과 소음 및 진동공해 방지 등의 환경문제를 해결하기 위하여 학문적인 연구를 하는 분야이다.
③ 생체공학 : 생체의 기구·기능을 공학적으로 연구해서 얻은 지식을 기술적 문제에 응용하는 학문이다.
⑤ 자원공학 : 지구의 표면 및 내부, 즉 지하와 해저에 부존하는 유용자원과 지하매체를 경제적인 목적과 관련하여 각종 원리와 방법을 이용하여 다루는 학문이다.

전기전자공학
국가 기간산업의 근간을 이루며 최근 전자와 정보(컴퓨터), 정보통신공학의 기본이 되는 공학이다. 전기전자공학에서는 전기 에너지의 생산, 수송 및 변환, 반도체 소자와 컴퓨터를 계측기화 할 수 있는 각종 컴퓨터 언어와 하드웨어, 그리고 컴퓨터를 이용한 디지털 시스템 설계, VHDL 및 VLSI 설계, 시스템의 자동계측, 자동화, 디지털통신 기술 및 영상 신호 처리, 고속전기철도 등을 중심으로 기본 원리부터 응용에 이르기까지 기술적인 방법 등을 다룬다.

24
정답 ②

자기주장을 굽히지 않는 상대방에게는 '밀어서 안 되면 당겨보라.'는 전략을 사용하는 것도 한 가지 방법이 된다. 이쪽이 자기주장을 부정하고 상대방의 주장을 따르는 듯한 자세를 취하면 상대방도 자기주장만 내세울 수 없게 된다.

25
정답 ⑤

• 기율 : 무관심이란 자신의 행위가 비윤리적이라는 것은 알고 있지만, 윤리적인 기준에 따라 행동해야 한다는 것을 중요하게 여기지 않는 것을 의미하므로 옳은 설명이다.
• 지현 : 무절제란 자신의 행위가 잘못이라는 것을 알고 그러한 행위를 하지 않으려고 함에도 불구하고 자신의 통제를 벗어나는 어떤 요인으로 인하여 비윤리적 행위를 저지르는 것이므로 옳은 설명이다.

오답분석
• 지원 : 비윤리적 행위의 주요 원인은 무지, 무관심, 무절제이며, 자유는 비윤리적 행위의 직접적 원인으로 볼 수 없다.
• 창인 : 어떤 사람이 악이라는 사실을 모른 채 선이라고 생각하여 노력하였다면, 이는 무관심이 아닌 무지에서 비롯된 것이다.

26
정답 ②

• A : 아이의 이야기를 들어주기보다는 자신의 기준에 따라 성급하게 판단하여 충고를 하고 있다. 상대방의 생각이나 느낌과 일치된 의사소통을 하지 못하는 인습적 수준에 해당한다.
• B : 아이의 이야기에 대하여 긍정적으로 반응하고 아이가 자신의 일에 책임감을 가질 수 있도록 돕고 있다. 상대방의 내면적 감정과 사고를 지각하고 적극적인 성장 동기를 이해하는 심층적 수준에 해당한다.
• C : 아이의 현재 마음 상태를 이해하고 있으며, 아이의 의견을 재언급하면서 반응을 보이고 있다. 상대방의 마음 상태나 전달하려는 내용을 파악하고 그에 맞는 반응을 보이는 기본적 수준에 해당한다.

공감적 이해
• 인습적 수준 : 청자가 상대방의 말을 듣고 그에 대한 반응을 보이기는 하지만, 청자가 주로 자신의 생각에 사로잡혀 있기 때문에 자기주장만 할 뿐 상대방의 생각이나 느낌과 일치된 의사소통을 하지 못하는 경우이다.
• 심층적 수준 : 청자는 언어적으로 명백히 표현되지 않은 상대방의 내면적 감정과 사고를 지각하고 이를 자신의 개념 틀에 의하여 왜곡 없이 충분히 표현함으로써 상대방의 적극적인 성장 동기를 이해하고 표출한다.
• 기본적 수준 : 청자는 상대방의 행동이나 말에 주의를 기울여 상대방의 현재 마음 상태나 전달하려는 내용을 정확하게 파악하고 그에 맞는 반응을 보인다.

27
정답 ⑤

앞의 두 항을 더하면 다음 항이 되는 피보나치 수열이다.
$1+2=A \rightarrow A=3$
$13+21=B \rightarrow B=34$
$\therefore B-A=34-3=31$

28
정답 ③

A톱니바퀴가 x바퀴 회전했다고 하면, A톱니바퀴와 B톱니바퀴가 회전한 길이는 같다.

톱니바퀴의 둘레를 구하는 공식은 $2\pi r$(r : 반지름)이므로

$27\pi \times 10 = 15\pi \times x$

$\therefore x = 18$

29
정답 ②

제시된 시간계획의 기본원리 설명에서는 기본 원칙으로 '60 : 40 의 원칙'을 정의하고 있다. 이때 ㉠은 계획 행동, ㉡은 계획 외 행동, ㉢은 자발적 행동이다.

30
정답 ⑤

유니온 숍과 오픈 숍은 경영참가제도가 아닌 노동조합의 가입과 관련된 제도이다.

오답분석

① 경영참가제도의 가장 큰 목적은 경영의 민주성을 제고하는 것이다.

②·③ 근로자 또는 노동조합이 경영과정에 참여하여 자신의 의사를 반영함으로써 공동으로 문제를 해결하고, 노사 간의 세력 균형을 이룰 수 있다.

④ 근로자나 노동조합이 새로운 아이디어를 제시하거나 현장에 적합한 개선방안을 마련함으로써 경영의 효율성을 높일 수 있다.

31
정답 ④

먼저 이슈 분석은 현재 수행하고 있는 업무에 가장 큰 영향을 미치는 핵심이슈 설정, 이슈에 대한 일시적인 결론을 예측해 보는 가설 설정, 가설검증계획에 의거하여 분석결과를 이미지화하는 Output 이미지 결정의 절차를 거쳐 수행된다. 다음으로 데이터 분석은 목적에 따라 데이터 수집 범위를 정하는 데이터 수집계획 수립, 정량적이고 객관적인 사실을 수집하는 데이터 수집, 수집된 정보를 항목별로 분류·정리한 후 의미를 해석하는 데이터 분석의 절차를 거쳐 수행된다. 마지막으로 원인 파악 단계에서는 이슈와 데이터 분석을 통해서 얻은 결과를 바탕으로 최종 원인을 확인한다. 따라서 원인 분석 단계는 ㉢-㉤-㉠-㉡-㉥-㉣의 순서로 진행된다.

32
정답 ①

조직이 생존하기 위해서는 급변하는 환경에 적응하여야 한다. 이를 위해서는 원칙이 확립되어 있고 고지식한 기계적 조직보다는 운영이 유연한 유기적 조직이 더 적절하다.

오답분석

② 대규모 조직은 소규모 조직과는 다른 조직구조를 갖게 되는데, 대규모 조직은 소규모 조직에 비해 업무가 전문화, 분화되어 있고 많은 규칙과 규정이 존재하게 된다.

③ 조직구조 결정요인으로는 크게 전략, 규모, 기술, 환경이 있다. 전략은 조직의 목적을 달성하기 위하여 수립한 계획으로, 조직이 자원을 배분하고 경쟁적 우위를 달성하기 위한 주요 방침이며, 기술은 조직이 투입요소를 산출물로 전환시키는 지식, 기계, 절차 등을 의미한다. 또한 조직은 환경의 변화에 적절하게 대응하기 위해 환경에 따라 조직의 구조를 다르게 조작한다.

④ 조직 활동의 결과에 따라 조직의 성과와 조직만족이 결정되며, 그 수준은 조직 구성원들의 개인적 성향과 조직문화의 차이에 따라 달라진다.

⑤ 조직구조의 중요 요인 중 하나인 기술은 조직이 투입요소를 산출물로 전환시키는 지식, 기계, 절차 등을 의미하며, 소량생산기술을 가진 조직은 유기적 조직구조를, 대량생산기술을 가진 조직은 기계적 조직구조를 가진다.

33
정답 ④

'피재해자는 전기 관련 자격이 없었으며, 복장은 일반 안전화, 면장갑, 패딩점퍼를 착용한 상태였다.'는 문장에서 불안전한 행동·상태, 작업 관리상 원인, 작업 준비 불충분이었다는 것을 확인할 수 있다. 그러나 기술적 원인은 제시문에서 찾을 수 없다.

오답분석

① 불안전한 행동 : 위험 장소 접근, 안전장치 기능 제거, 보호장비의 미착용 및 잘못 사용, 운전 중인 기계의 속도 조작, 기계·기구의 잘못된 사용, 위험물 취급 부주의, 불안전한 상태 방치, 불안전한 자세와 동작, 감독 및 연락 잘못 등이 해당한다.

② 불안전한 상태 : 시설물 자체 결함, 전기 시설물의 누전, 구조물의 불안정, 소방기구의 미확보, 안전 보호 장치 결함, 복장·보호구의 결함, 시설물의 배치 및 장소 불량, 작업 환경 결함, 생산 공정의 결함, 경계 표시 설비의 결함 등이 해당한다.

③ 작업 관리상 원인 : 안전 관리 조직의 결함, 안전 수칙 미제정, 작업 준비 불충분, 인원 배치 및 작업 지시 부적당 등이 해당한다.

⑤ 작업 준비 불충분 : 작업 관리상 원인의 하나이며, 피재해자는 경첩의 높이가 높음에도 불구하고 작업 준비에 필요한 자재를 준비하지 않은 채 불안전한 자세로 일을 시작하였다.

34
정답 ④

직업생활에서의 목표를 단지 높은 지위에 올라가는 것이라고 생각하는 것은 잘못된 직업관으로, 입사 동기들보다 빠른 승진을 목표로 삼은 D는 잘못된 직업관을 가지고 있는 것이다.

바람직한 직업관
- 소명의식과 천직의식을 가져야 한다.
- 봉사정신과 협동정신이 있어야 한다.
- 책임의식과 전문의식이 있어야 한다.
- 공평무사한 자세가 필요하다.

35
정답 ②

퍼실리테이션은 단순히 타협점을 조정하는 것에 그치는 것이 아니라 창조적인 해결 방안까지 도출하고자 한다.

오답분석

① 깊이 있는 커뮤니케이션을 통해 서로의 문제점을 이해하고 공감하게 한다.
③ 초기에 생각하지 못했던 창조적인 해결방법을 도출한다.
④ 구성원이 자율적으로 실행하는 것으로, 제3자가 합의점이나 줄거리를 준비해 놓고 예정대로 결론이 도출되는 것이 아니다.
⑤ 구성원의 동기가 강화되고 팀워크도 한층 강화된다는 특징을 보인다.

36
정답 ①

• ㉠ · ㉢ : 현재 직면하고 있으면서 해결 방법을 찾기 위해 고민하는 발생형 문제에 해당한다.
• ㉡ · ㉣ : 현재 상황은 문제가 아니지만, 상황 개선을 통해 효율을 높일 수 있는 탐색형 문제에 해당한다.
• ㉤ · ㉥ : 새로운 과제나 목표를 설정함에 따라 발생할 수 있는 설정형 문제에 해당한다.

37
정답 ⑤

좋은 경청은 상대방과 상호작용하고, 말한 내용에 관해 생각하며, 무엇을 말할지 기대하는 것을 의미한다. 질문에 대한 답이 즉각적으로 이루어질 수 없다고 하더라도 질문을 하려고 하면 오히려 경청하는 데 적극적 태도를 갖게 되고 집중력이 높아질 수 있다.

38
정답 ⑤

전략적 사고란 현재 당면하고 있는 문제와 그 해결방법에만 집착하지 않고, 그 문제와 해결 방안이 상위 시스템과 어떻게 연결되어 있는지를 생각하는 것을 의미한다.

오답분석

① 분석적 사고 : 전체를 각각의 요소로 나누어 그 요소의 의미를 도출한 다음 우선순위를 부여하여 구체적인 문제해결방법을 실행하는 것을 의미한다.
② 발상의 전환 : 사물과 세상을 바라보는 기존의 인식 틀을 전환하여 새로운 관점에서 바라보는 것을 의미한다.
③ 내 · 외부자원의 활용 : 문제해결 시 기술, 재료, 방법, 사람 등 필요한 자원 확보 계획을 수립하고 내 · 외부자원을 효과적으로 활용한다.
④ 창의적 사고 : 당면한 문제를 해결하기 위해 이미 알고 있는 경험지식을 해체하여 새로운 아이디어를 다시 도출하는 것을 의미한다.

39
정답 ④

전략정보 시스템은 기업의 전략을 실현하여 경쟁우위를 확보하기 위한 목적으로 사용되는 정보 시스템으로, 기업의 궁극적 목표인 이익에 직접 영향을 줄 수 있는 시장점유율 향상, 매출신장, 신상품 전략, 경영전략 등의 전략계획에 도움을 준다.

오답분석

① 비지니스 프로세스 관리 : 기업 내외의 비즈니스 프로세스를 실제로 드러나게 하고, 비즈니스의 수행과 관련된 사람 및 시스템을 프로세스에 맞게 실행 · 통제하며, 전체 비즈니스 프로세스를 효율적으로 관리하고 최적화할 수 있는 변화 관리 및 시스템 구현 기법이다.
② 전사적 자원관리 : 인사 · 재무 · 생산 등 기업의 전 부문에 걸쳐 독립적으로 운영되던 각종 관리시스템의 경영자원을 하나의 통합 시스템으로 재구축함으로써 생산성을 극대화하려는 경영혁신기법이다.
③ 경영정보 시스템 : 기업 경영정보를 총괄하는 시스템으로서, 의사결정 등을 지원하는 종합시스템이다.
⑤ 의사결정 지원 시스템 : 컴퓨터의 데이터베이스 기능과 모델 시뮬레이션 기능을 이용하여 경영의 의사결정을 지원하는 시스템이다.

40
정답 ⑤

사람들은 마감 기한보다 결과의 질을 중요하게 생각하는 경향이 있으나, 어떤 일이든 기한을 넘겨서는 안 된다. 완벽에 가깝지만 기한을 넘긴 일은 완벽하지는 않지만 기한 내에 끝낸 일보다 인정을 받기 어렵다. 따라서 시간관리에 있어서는 주어진 기한을 지키는 것이 가장 중요하다.

오답분석

① 시간관리는 상식에 불과하다는 오해를 하고 있다.
② 시간에 쫓기면 일을 더 잘한다는 오해를 하고 있다.
③ 시간관리는 할 일에 대한 목록만으로 충분하다는 오해를 하고 있다.
④ 창의적인 일을 하는 사람에게는 시간관리가 맞지 않는다는 오해를 하고 있다.

41
정답 ①

예산의 구성요소

• 직접비용 : 제품 또는 서비스를 창출하기 위해 직접 소비된 것으로 여겨지는 비용을 말한다.
• 간접비용 : 과제를 수행하기 위해 소비된 비용 중 직접비용을 제외한 비용으로, 생산에 직접 관련되지 않은 비용을 말한다.

42
정답 ⑤

ㄱ. 자기개발은 크게 자아인식, 자기관리, 경력개발로 이루어진다.

ㄷ. 경력개발이 아닌 자기관리에 대한 설명이다.

ㄹ. 자기관리가 아닌 경력개발에 대한 설명이다.

오답분석

ㄴ. 자신의 가치, 신념, 흥미, 적성, 성격 등을 바르게 인식하는 자아인식은 자기개발의 첫 단계가 되며, 자신이 어떠한 특성을 가지고 있는지를 바르게 인식할 수 있어야 적절한 자기개발이 이루어질 수 있다.

43
정답 ③

오답분석

① 가계부는 개인 차원에서의 관리에 활용되며, 프로젝트나 과제의 경우에는 워크시트를 작성함으로 효과적인 예산 집행 과정을 관리할 수 있다.

② 예산을 잘 수립했다고 해서 예산을 잘 관리하는 것은 아니다. 예산을 적절하게 수립하였다고 하더라도 집행 과정에서 관리에 소홀하면 계획은 무용지물이 된다.

④ 예산 사용 내역에서 계획보다 비계획의 항목이 더 많은 경우는 예산 집행 과정을 적절하게 관리하지 못한 경우라고 할 수 있다.

⑤ 예산 집행 과정에서의 관리 및 통제는 사업과 같은 큰 단위만이 해당되는 것이 아니라 직장인의 경우 월급, 용돈 등 개인적인 단위에도 해당된다.

44
정답 ①

데이터베이스(DB; Data Base)란 어느 한 조직의 여러 응용 프로그램들이 공유하는 관련 데이터들의 모임이다. 대학 내 서로 관련 있는 데이터들을 하나로 통합하여 데이터베이스로 구축하게 되면 학생 관리 프로그램, 교수 관리 프로그램, 성적 관리 프로그램은 이 데이터베이스를 공유하며 사용하게 된다. 이처럼 데이터베이스는 여러 사람에 의해 공유되어 사용될 목적으로 통합하여 관리되는 데이터의 집합을 말하며, 자료항목의 중복을 없애고 자료를 구조화하여 저장함으로써 자료 검색과 갱신의 효율을 높인다.

오답분석

② 유비쿼터스 : 사용자가 네트워크나 컴퓨터를 의식하지 않고 장소에 상관없이 자유롭게 네트워크에 접속할 수 있는 정보통신 환경을 의미한다.

③ RFID : 극소형 칩에 상품정보를 저장하고 안테나를 달아 무선으로 데이터를 송신하는 장치를 말한다.

④ NFC : 전자태그(RFID)의 하나로, 13.56MHz 주파수 대역을 사용하는 비접촉식 근거리 무선통신 모듈이며, 10cm의 가까운 거리에서 단말기 간 데이터를 전송하는 기술을 말한다.

⑤ 와이파이 : 무선접속장치(AP; Access Point)가 설치된 곳에서 전파를 이용하여 일정 거리 안에서 무선인터넷을 할 수 있는 근거리 통신망을 칭하는 기술이다.

45
정답 ②

목표관리(MBO; Management By Objectives)란 조직의 상하 구성원들이 참여의 과정을 통해 조직 단위와 구성원의 목표를 명확하게 설정하고, 그에 따라 생산 활동을 수행하도록 한 뒤 업적을 측정·평가하는 포괄적 조직관리 체제를 말한다. 목표관리는 종합적인 조직운영 기법으로 활용될 뿐만 아니라 근무성적평정 수단, 예산 운영 및 재정관리의 수단으로 다양하게 활용되고 있다.

오답분석

① 과업평가계획(Project Evaluation and Review Technique) : 특정 프로젝트의 일정과 순서를 계획적으로 관리하는 기법으로, 계획내용인 프로젝트의 달성에 필요한 모든 작업을 작업 관련 내용과 순서를 기초로 하여 네트워크상으로 파악한다.

③ 조직개발(Organization Development) : 조직의 유효성과 건강을 높이고, 환경변화에 적절하게 대응하기 위하여 구성원의 가치관과 태도, 조직풍토, 인간관계 등을 향상시키는 변화활동을 의미한다.

④ 총체적 품질관리(Total Quality Management) : 조직의 생산성·효율성 제고를 목표로 조직 구성원 전원이 참여해 고객의 욕구와 기대를 충족시키기 위한 지속적인 개선 활동을 하는 것을 의미한다.

⑤ 전사적 자원관리(Enterprise Resource Planning) : 기업 내 생산, 물류, 재무, 회계, 영업과 구매, 재고 등 경영 활동 프로세스들을 통합적으로 연계해 관리하며, 기업에서 발생하는 정보를 공유하여 새로운 정보의 생성과 빠른 의사결정을 도와주는 전사적 자원관리 시스템을 의미한다.

46
정답 ④

당직근무 배치가 원활하지 않아 일어난 사고는 배치의 불충분으로 일어난 산업 재해의 경우로, 4M 중 Management(관리)에 해당된다.

오답분석

① 개인의 심리적 요인으로, 4M 중 Man에 해당된다.

② 작업 공간 불량으로, 4M 중 Media에 해당된다.

③ 점검, 정비의 결함으로, 4M 중 Machine에 해당된다.

⑤ 안전보건교육 부족으로, 4M 중 Management에 해당된다.

47
정답 ④

• (A) : 구명밧줄이나 공기 호흡기 등을 준비하지 않아 사고가 발생했음을 알 수 있다. 따라서 보호구 사용 부적절로, 4M 중 Media의 사례이다.

• (B) : 안전장치가 제대로 작동하지 않았음을 볼 때, Machine의 사례이다.

48
정답 ④

10명의 동아리 회원 중 3명이 당첨되는 경우는 $_{10}C_3 = \dfrac{10 \times 9 \times 8}{3 \times 2 \times 1}$

$= 120$가지이고, 3명 중 남자가 여자보다 당첨자가 많을 경우는 다음과 같다.

ⅰ) 남자 3명이 모두 당첨자가 되는 경우

$\quad _4C_3 = {}_4C_1 = 4$가지

ⅱ) 남자 2명, 여자 1명이 당첨자가 되는 경우

$\quad _4C_2 \times {}_6C_1 = \dfrac{4 \times 3}{2 \times 1} \times 6 = 36$가지

따라서 당첨자 중 남자가 여자보다 많을 확률은 $\dfrac{(4+36)}{120} \times 100$

$= \dfrac{1}{3} \times 100 \fallingdotseq 33.33\%$이다.

49
정답 ②

Why(왜)는 목적을 의미하며, ②는 강연 목적으로 적절하다.

오답분석

① Why(왜)에 해당한다.
③ When(언제)에 해당한다.
④ Who(누가)에 해당한다.
⑤ Where(어디서)에 해당한다.

50
정답 ①

①은 예산(금액, 인력, 시간, 시설자원 등)을 나타내는 내용에 가깝다. 따라서 How Much(얼마나)에 들어가야 한다.

51
정답 ④

자연자원의 경우 자연 상태에 있는 그대로의 자원을 말하므로 석탄, 햇빛, 구리, 철광석, 나무 등이 이에 해당한다. 반면 인공자원의 경우 사람들이 인위적으로 가공하여 만든 물적자원으로, 시설이나 장비 등이 포함되므로 댐, 인공위성, 컴퓨터가 이에 해당한다.

52
정답 ②

직업인의 기본자세
• 소명의식
• 천직의식
• 봉사정신
• 협동정신
• 책임의식
• 전문의식
• 공평무사한 자세

53
정답 ③

(가) 공리주의 : 최대 다수를 위한 최대 행복이 의사결정의 합리적 판단 기준이 된다.
(나) 권리 : 헌법과 법에 의해 보호되는 기본적인 권리를 의사결정의 기준으로 삼는다.
(다) 공정성 : 이익과 비용에 대한 공평한 배분과 공정한 과정을 중시한다.

54
정답 ②

K사원의 전화통화 내용을 보면 고객이 키보드 작동 문제에 설명하려고 하는 도중에 말을 끊고 바로 사과하고 있다. 즉, 고객의 말을 주의 깊게 들어주지 않은 실수를 하였다.

55
정답 ②

구성원들이 보유하고 있는 능력, 스킬, 욕구, 태도 등은 구성원(Staff)에 해당된다. 조직구조(Structure)는 전략을 실행하기 위한 틀로서, 조직도라 할 수 있으며, 구성원들의 역할과 구성원 간 상호관계를 지배하는 공식 요소들(예 권한, 책임)을 포함한다. 또한, 제도, 절차(System)와 함께 구성원들의 행동을 특정 방향으로 유도하는 역할을 한다.

> **맥킨지 7S 모델**
> • 공유가치(Shared Value) : 모든 조직 구성원들이 공유하는 기업의 핵심 이념이나 가치관, 목적 등을 말한다.
> • 전략(Strategy) : 조직의 장기적 계획 및 목표를 달성하기 위한 수단이나 방법을 말한다.
> • 제도, 절차(System) : 조직의 관리체계나 운영절차, 제도 등을 말한다.
> • 조직구조(Structure) : 전략을 실행하기 위한 틀로서, 조직도라 할 수 있다.
> • 리더십 스타일(Style) : 조직을 이끌어나가는 관리자의 경영방식이나 리더십 스타일을 말한다.
> • 관리기술(Skill) : 전략을 실행하는 데 필요한 구체적 요소를 말한다.
> • 구성원(Staff) : 조직 내 인력 구성을 말한다. 구성원들의 단순한 인력 구성 현황을 의미하기보다는 구성원들이 보유하고 있는 능력, 스킬, 욕구, 태도 등을 포함한다.

56
정답 ②

최선의 대안에 대해서 합의하고 선택하는 것은 '해결 대안'에 해당하는 내용이다.

57 정답 ③

LEFT(데이터가 있는 셀 번호, 왼쪽을 기준으로 가져올 자릿수)이기 때문에 주민등록번호가 있는 [C2] 셀을 선택하고 왼쪽을 기준으로 생년월일은 6자리이기 때문에 「=LEFT(C2,6)」를 입력해야 한다.

58 정답 ①

자아인식은 자신의 직업 흥미, 적성, 장단점을 분석하고 인식하는 것이다. 자기개발의 첫 단계로 표준화된 검사 척도를 이용하여 자아를 인식한다. 자아를 인식한 후, 자기관리 단계에서 비전과 목표 수립이 이루어진다.

59 정답 ③

피드백의 효과를 극대화하려면 즉각적(㉠)이고, 정직(㉡)하고 지지(㉢)하는 자세여야 한다.
㉠ 즉각적 : 시간을 낭비하지 않는 것이다. 다시 말하기를 통해 상대방의 말을 이해했다고 생각하자마자 명료화하고, 바로 피드백을 주는 것이 좋다. 시간이 갈수록 피드백의 영향력은 줄어든다.
㉡ 정직 : 진정한 반응뿐만 아니라 조정하고자 하는 마음, 또는 보이고 싶지 않은 부정적인 느낌까지 보여주어야 한다.
㉢ 지지 : 정직하다고 해서 잔인해서는 안 된다. 부정적인 의견을 표현할 때도 상대방의 자존심을 상하게 하거나 약점을 이용하거나 위협적인 표현 방법을 택하는 대신에 부드럽게 표현하는 방법을 사용할 필요가 있다.

60 정답 ③

규칙과 법을 준수하고 관행과 안정, 문서와 형식, 명확한 책임소재 등을 강조하는 관리적 문화의 특징을 가진 문화는 (다)이다.
(가)는 집단문화, (나)는 개발문화, (다)는 계층문화, (라)는 합리문화이며, 분야별 주요 특징은 다음과 같다.

조직문화 유형	주요 특징
집단문화	관계지향적인 문화이며, 조직 구성원 간 인간애 또는 인간미를 중시하는 문화로서, 조직내부의 통합과 유연한 인간관계를 강조한다. 따라서 조직 구성원 간 인화단결, 협동, 팀워크, 공유가치, 사기, 의사결정과정 참여 등을 중요시하며, 개인의 능력개발에 대한 관심이 높고, 조직 구성원에 대한 인간적 배려와 가족적인 분위기를 만들어 내는 특징을 가진다.
개발문화	높은 유연성과 개성을 강조하며, 외부환경에 대한 변화지향성과 신축적 대응성을 기반으로 조직 구성원의 도전의식, 모험성, 창의성, 혁신성, 자원획득 등을 중시하며, 조직의 성장과 발전에 관심이 높은 조직문화를 의미한다. 따라서 조직 구성원의 업무수행에 대한 자율성과 자유재량권 부여 여부가 핵심요인이다.
계층문화	조직내부의 통합과 안정성을 확보하고, 현상유지 차원에서 계층화되고 서열화된 조직구조를 중요시하는 조직문화이다. 즉, 위계질서에 의한 명령과 통제, 업무처리 시 규칙과 법을 준수, 관행과 안정, 문서와 형식, 보고와 정보관리, 명확한 책임소재 등을 강조하는 관리적 문화의 특징을 나타내고 있다.
합리문화	과업지향적인 문화로, 결과지향적인 조직으로써의 업무의 완수를 강조한다. 조직의 목표를 명확하게 설정하여 합리적으로 달성하고, 주어진 과업을 효과적이고 효율적으로 수행하기 위하여 실적을 중시하고, 직무에 몰입하며, 미래를 위한 계획을 수립하는 것을 강조한다. 때로는 지나친 성과를 강조하게 되어 조직에 대한 조직 구성원들의 방어적인 태도와 개인주의적인 성향을 드러내는 경향을 보인다.

모듈형 NCS 집중학습 봉투모의고사 답안카드

번호	답란	번호	답란	번호	답란
1	① ② ③ ④ ⑤	21	① ② ③ ④ ⑤	41	① ② ③ ④ ⑤
2	① ② ③ ④ ⑤	22	① ② ③ ④ ⑤	42	① ② ③ ④ ⑤
3	① ② ③ ④ ⑤	23	① ② ③ ④ ⑤	43	① ② ③ ④ ⑤
4	① ② ③ ④ ⑤	24	① ② ③ ④ ⑤	44	① ② ③ ④ ⑤
5	① ② ③ ④ ⑤	25	① ② ③ ④ ⑤	45	① ② ③ ④ ⑤
6	① ② ③ ④ ⑤	26	① ② ③ ④ ⑤	46	① ② ③ ④ ⑤
7	① ② ③ ④ ⑤	27	① ② ③ ④ ⑤	47	① ② ③ ④ ⑤
8	① ② ③ ④ ⑤	28	① ② ③ ④ ⑤	48	① ② ③ ④ ⑤
9	① ② ③ ④ ⑤	29	① ② ③ ④ ⑤	49	① ② ③ ④ ⑤
10	① ② ③ ④ ⑤	30	① ② ③ ④ ⑤	50	① ② ③ ④ ⑤
11	① ② ③ ④ ⑤	31	① ② ③ ④ ⑤	51	① ② ③ ④ ⑤
12	① ② ③ ④ ⑤	32	① ② ③ ④ ⑤	52	① ② ③ ④ ⑤
13	① ② ③ ④ ⑤	33	① ② ③ ④ ⑤	53	① ② ③ ④ ⑤
14	① ② ③ ④ ⑤	34	① ② ③ ④ ⑤	54	① ② ③ ④ ⑤
15	① ② ③ ④ ⑤	35	① ② ③ ④ ⑤	55	① ② ③ ④ ⑤
16	① ② ③ ④ ⑤	36	① ② ③ ④ ⑤	56	① ② ③ ④ ⑤
17	① ② ③ ④ ⑤	37	① ② ③ ④ ⑤	57	① ② ③ ④ ⑤
18	① ② ③ ④ ⑤	38	① ② ③ ④ ⑤	58	① ② ③ ④ ⑤
19	① ② ③ ④ ⑤	39	① ② ③ ④ ⑤	59	① ② ③ ④ ⑤
20	① ② ③ ④ ⑤	40	① ② ③ ④ ⑤	60	① ② ③ ④ ⑤

성 명

지원 분야

문제지 형별기재란

ⒶⒷ

( )형

수 험 번 호

⓪	①	②	③	④	⑤	⑥	⑦	⑧	⑨
⓪	①	②	③	④	⑤	⑥	⑦	⑧	⑨
⓪	①	②	③	④	⑤	⑥	⑦	⑧	⑨
⓪	①	②	③	④	⑤	⑥	⑦	⑧	⑨
⓪	①	②	③	④	⑤	⑥	⑦	⑧	⑨
⓪	①	②	③	④	⑤	⑥	⑦	⑧	⑨
⓪	①	②	③	④	⑤	⑥	⑦	⑧	⑨

감독위원 확인

(인)

모듈형 NCS 집중학습 봉투모의고사 답안카드

1	①	②	③	④	⑤		21	①	②	③	④	⑤		41	①	②	③	④	⑤
2	①	②	③	④	⑤		22	①	②	③	④	⑤		42	①	②	③	④	⑤
3	①	②	③	④	⑤		23	①	②	③	④	⑤		43	①	②	③	④	⑤
4	①	②	③	④	⑤		24	①	②	③	④	⑤		44	①	②	③	④	⑤
5	①	②	③	④	⑤		25	①	②	③	④	⑤		45	①	②	③	④	⑤
6	①	②	③	④	⑤		26	①	②	③	④	⑤		46	①	②	③	④	⑤
7	①	②	③	④	⑤		27	①	②	③	④	⑤		47	①	②	③	④	⑤
8	①	②	③	④	⑤		28	①	②	③	④	⑤		48	①	②	③	④	⑤
9	①	②	③	④	⑤		29	①	②	③	④	⑤		49	①	②	③	④	⑤
10	①	②	③	④	⑤		30	①	②	③	④	⑤		50	①	②	③	④	⑤
11	①	②	③	④	⑤		31	①	②	③	④	⑤		51	①	②	③	④	⑤
12	①	②	③	④	⑤		32	①	②	③	④	⑤		52	①	②	③	④	⑤
13	①	②	③	④	⑤		33	①	②	③	④	⑤		53	①	②	③	④	⑤
14	①	②	③	④	⑤		34	①	②	③	④	⑤		54	①	②	③	④	⑤
15	①	②	③	④	⑤		35	①	②	③	④	⑤		55	①	②	③	④	⑤
16	①	②	③	④	⑤		36	①	②	③	④	⑤		56	①	②	③	④	⑤
17	①	②	③	④	⑤		37	①	②	③	④	⑤		57	①	②	③	④	⑤
18	①	②	③	④	⑤		38	①	②	③	④	⑤		58	①	②	③	④	⑤
19	①	②	③	④	⑤		39	①	②	③	④	⑤		59	①	②	③	④	⑤
20	①	②	③	④	⑤		40	①	②	③	④	⑤		60	①	②	③	④	⑤

성 명

지원 분야

문제지 형별기재란
Ⓐ Ⓑ
(형)

수험번호

⓪	①	②	③	④	⑤	⑥	⑦	⑧	⑨
⓪	①	②	③	④	⑤	⑥	⑦	⑧	⑨
⓪	①	②	③	④	⑤	⑥	⑦	⑧	⑨
⓪	①	②	③	④	⑤	⑥	⑦	⑧	⑨
⓪	①	②	③	④	⑤	⑥	⑦	⑧	⑨
⓪	①	②	③	④	⑤	⑥	⑦	⑧	⑨
⓪	①	②	③	④	⑤	⑥	⑦	⑧	⑨

감독위원 확인
(인)

모듈형 NCS 집중학습 봉투모의고사 답안카드

번호	1	2	3	4	5	번호	1	2	3	4	5	번호	1	2	3	4	5
1	①	②	③	④	⑤	21	①	②	③	④	⑤	41	①	②	③	④	⑤
2	①	②	③	④	⑤	22	①	②	③	④	⑤	42	①	②	③	④	⑤
3	①	②	③	④	⑤	23	①	②	③	④	⑤	43	①	②	③	④	⑤
4	①	②	③	④	⑤	24	①	②	③	④	⑤	44	①	②	③	④	⑤
5	①	②	③	④	⑤	25	①	②	③	④	⑤	45	①	②	③	④	⑤
6	①	②	③	④	⑤	26	①	②	③	④	⑤	46	①	②	③	④	⑤
7	①	②	③	④	⑤	27	①	②	③	④	⑤	47	①	②	③	④	⑤
8	①	②	③	④	⑤	28	①	②	③	④	⑤	48	①	②	③	④	⑤
9	①	②	③	④	⑤	29	①	②	③	④	⑤	49	①	②	③	④	⑤
10	①	②	③	④	⑤	30	①	②	③	④	⑤	50	①	②	③	④	⑤
11	①	②	③	④	⑤	31	①	②	③	④	⑤	51	①	②	③	④	⑤
12	①	②	③	④	⑤	32	①	②	③	④	⑤	52	①	②	③	④	⑤
13	①	②	③	④	⑤	33	①	②	③	④	⑤	53	①	②	③	④	⑤
14	①	②	③	④	⑤	34	①	②	③	④	⑤	54	①	②	③	④	⑤
15	①	②	③	④	⑤	35	①	②	③	④	⑤	55	①	②	③	④	⑤
16	①	②	③	④	⑤	36	①	②	③	④	⑤	56	①	②	③	④	⑤
17	①	②	③	④	⑤	37	①	②	③	④	⑤	57	①	②	③	④	⑤
18	①	②	③	④	⑤	38	①	②	③	④	⑤	58	①	②	③	④	⑤
19	①	②	③	④	⑤	39	①	②	③	④	⑤	59	①	②	③	④	⑤
20	①	②	③	④	⑤	40	①	②	③	④	⑤	60	①	②	③	④	⑤

성 명

지원 분야

문제지 형별기재란

( )형　Ⓐ　Ⓑ

수 험 번 호

⓪	①	②	③	④	⑤	⑥	⑦	⑧	⑨
⓪	①	②	③	④	⑤	⑥	⑦	⑧	⑨
⓪	①	②	③	④	⑤	⑥	⑦	⑧	⑨
⓪	①	②	③	④	⑤	⑥	⑦	⑧	⑨
⓪	①	②	③	④	⑤	⑥	⑦	⑧	⑨
⓪	①	②	③	④	⑤	⑥	⑦	⑧	⑨
⓪	①	②	③	④	⑤	⑥	⑦	⑧	⑨

감독위원 확인

㊞

모듈형 NCS 집중학습 봉투모의고사 답안카드

문번	①	②	③	④	⑤	문번	①	②	③	④	⑤	문번	①	②	③	④	⑤
1	①	②	③	④	⑤	21	①	②	③	④	⑤	41	①	②	③	④	⑤
2	①	②	③	④	⑤	22	①	②	③	④	⑤	42	①	②	③	④	⑤
3	①	②	③	④	⑤	23	①	②	③	④	⑤	43	①	②	③	④	⑤
4	①	②	③	④	⑤	24	①	②	③	④	⑤	44	①	②	③	④	⑤
5	①	②	③	④	⑤	25	①	②	③	④	⑤	45	①	②	③	④	⑤
6	①	②	③	④	⑤	26	①	②	③	④	⑤	46	①	②	③	④	⑤
7	①	②	③	④	⑤	27	①	②	③	④	⑤	47	①	②	③	④	⑤
8	①	②	③	④	⑤	28	①	②	③	④	⑤	48	①	②	③	④	⑤
9	①	②	③	④	⑤	29	①	②	③	④	⑤	49	①	②	③	④	⑤
10	①	②	③	④	⑤	30	①	②	③	④	⑤	50	①	②	③	④	⑤
11	①	②	③	④	⑤	31	①	②	③	④	⑤	51	①	②	③	④	⑤
12	①	②	③	④	⑤	32	①	②	③	④	⑤	52	①	②	③	④	⑤
13	①	②	③	④	⑤	33	①	②	③	④	⑤	53	①	②	③	④	⑤
14	①	②	③	④	⑤	34	①	②	③	④	⑤	54	①	②	③	④	⑤
15	①	②	③	④	⑤	35	①	②	③	④	⑤	55	①	②	③	④	⑤
16	①	②	③	④	⑤	36	①	②	③	④	⑤	56	①	②	③	④	⑤
17	①	②	③	④	⑤	37	①	②	③	④	⑤	57	①	②	③	④	⑤
18	①	②	③	④	⑤	38	①	②	③	④	⑤	58	①	②	③	④	⑤
19	①	②	③	④	⑤	39	①	②	③	④	⑤	59	①	②	③	④	⑤
20	①	②	③	④	⑤	40	①	②	③	④	⑤	60	①	②	③	④	⑤

성 명

지원 분야

문제지 형별기재란

( )형　Ⓐ　Ⓑ

수 험 번 호

⓪	①	②	③	④	⑤	⑥	⑦	⑧	⑨
⓪	①	②	③	④	⑤	⑥	⑦	⑧	⑨
⓪	①	②	③	④	⑤	⑥	⑦	⑧	⑨
⓪	①	②	③	④	⑤	⑥	⑦	⑧	⑨
⓪	①	②	③	④	⑤	⑥	⑦	⑧	⑨
⓪	①	②	③	④	⑤	⑥	⑦	⑧	⑨
⓪	①	②	③	④	⑤	⑥	⑦	⑧	⑨

감독위원 확인

(인)